AF369277

BOSSUET

ET

L'ÉLOQUENCE SACRÉE

AU XVII⁰ SIÈCLE

TOME SECOND

DU MÊME AUTEUR

Études sur les Pères des trois premiers siècles. 10 vol. in-8 . . . . 60 fr.

ON VEND SÉPARÉMENT :

Les Pères apostoliques et leur époque. 1 vol. in-8 . . . . 6 fr.

Apologistes chrétiens au II* siècle.

  — 1re PARTIE : *saint Justin*. 1 vol. in-8 . . . . 6 fr.

  — 2* PARTIE : *Tatien, Hermias*, etc. 1 vol. in-8 . . . . 6 fr.

Saint Irénée. 1 vol. in-8 . . . . 6 fr.

Tertullien. 2 vol. in-8 . . . . 12 fr.

Saint Cyprien. 1 vol. in-8 . . . . 6 fr.

Clément d'Alexandrie. 1 vol. in-8 . . . . 6 fr.

Origène. 2 vol. in-8 . . . . 12 fr.

Panégyrique de Jeanne d'Arc. In-8 . . . . 80 c.

Étude sur le Protestantisme. In-8 . . . . 1 fr.

OUVRAGE POSTHUME

Commodien, Arnobe et Lactance, et autres fragments inédits . . . . 6 fr.

ABBEVILLE. — TYP. ET STÉR. V° RETAUX. — 1893.

BOSSUET

ET

L'ÉLOQUENCE SACRÉE AU XVIIe SIÈCLE

PAR

Mgr FREPPEL

ÉVÊQUE D'ANGERS

COURS D'ÉLOQUENCE SACRÉE

Fait à la Sorbonne

PENDANT LES ANNÉES 1855-1856 ET 1856-1857

TOME SECOND

PARIS

VICTOR RETAUX ET FILS, LIBRAIRES-ÉDITEURS

82, RUE BONAPARTE, 82

1893

SERMONS ET ORAISONS FUNÈBRES

DIX-SEPTIÈME LEÇON

LES SERMONS DE METZ

Méthode que l'auteur se propose de suivre dans l'examen des sermons de Bossuet. — Parmi les sermons de Metz, il semble préférable de choisir pour exemple le sermon sur la royauté de Jésus-Christ. — Caractère des mystères chrétiens; pourquoi ils sont le faîte de la prédication évangélique, et avec quelle largeur de vue Bossuet les a traités. — Le texte de l'Écriture en tête des sermons, et l'invocation à Marie, qui termine l'exorde : que penser de ces usages? — Bossuet entre en matière, et divise son sujet; légère critique. — Est-il vrai qu'il perd en profondeur ce qu'il gagne en élévation? Preuves évidentes du contraire. — Il prend son vol dès le début; ses apparentes digressions. — Traits sublimes par lesquels il démontre la royauté de Jésus-Christ. — Ce que c'est qu'être roi: dans l'Église, il doit y avoir autant de rois que de citoyens. — Magnifique contraste entre les conquêtes spirituelles du Sauveur, et les victoires sanglantes des monarques du monde. — Les plaies de l'Homme-Dieu et les cicatrices du soldat. — Insignes et titre de la royauté de Jésus-Christ. — Le Christ-Roi peint par Tertullien et par Bossuet. — Un salut à la croix. — Critiques finales : il y a, dans ce sermon de Bossuet, parmi des beautés de premier ordre, plusieurs imperfections de détail, un peu d'affectation dans la rhétorique, quelques lignes indécises, certaines tournures embarrassées.

Messieurs,

Nous abordons aujourd'hui l'étude détaillée des sermons de Bossuet. Or, avant d'aller plus loin, je dois vous faire connaître le plan que je me propose de suivre dans cette nouvelle partie de mon programme. Évidemment il ne saurait être question de parcourir l'un après l'autre chacun de ces discours, pour apprécier toutes les beautés qu'ils renferment. Dix années nous suffiraient à peine pour remplir cette tâche. C'est donc ici le cas de mettre en pratique le précepte de Boileau, qui s'applique à ceux qui parlent comme à ceux qui écrivent : « qui ne sut se borner, ne sut jamais écrire. » D'autre part cependant, il ne faudrait pas rester en deçà du but, par crainte de le dépasser. Voici une méthode qui me paraît de nature à concilier, autant que possible, les exigences de mon sujet avec les limites que je dois m'imposer. Je choisirai, aux différentes époques de la carrière oratoire de Bossuet, un sermon qui me semblera caractéristique, en essayant d'y ramener, comme à un point central, les diverses productions du même genre ou du même temps qui peuvent offrir quelque analogie. Et, afin de ne négliger aucun des aspects sous lesquels se présente cette grande éloquence, je me propose de chercher successivement mes exemples dans l'une ou dans l'autre de ces cinq catégories, qui, en dehors des oraisons funèbres, embrassent toutes les œuvres oratoires de Bossuet : ses sermons sur les mystères, ses panégyriques, ses sermons de morale, ses discours de controverse, et ses sermons pour les vêtures ou pour les professions religieuses.

L'ordre des matières m'amène naturellement à vous entretenir d'abord des sermons de Metz. Or, comme j'ai eu l'honneur de vous le dire dans ma dernière leçon, parmi les sermons qui nous restent de Bossuet, il en est une vingtaine qui doivent être indubitablement rapportés à cette période de sa jeunesse : à savoir six panégyriques, ceux de saint François d'Assise, de saint Bernard, de sainte Thérèse, les deux panégyriques de saint Gorgon, et le deuxième panégyrique de saint François de Paule; de plus, sept sermons sur les mystères, le troisième pour la Nativité, et le deuxième pour la Compassion de la Vierge, le premier sermon pour la Toussaint, le premier pour la Circoncision, le premier pour le Vendredi saint, le premier pour le jour de Pâques, et un sermon sur les mystères de la sainte Enfance ; enfin quatre sermons sur divers points de morale et trois sermons de vêture. Je ne compte pas les deux oraisons funèbres de madame Yolande de Monterby et de Henri de Gournay, qui ne rentrent pas dans mon sujet.

Parmi ces discours composés par Bossuet, depuis l'âge de vingt-cinq jusqu'à l'âge de trente ans, il en est, tels que le sermon sur la Nativité et le sermon sur la Toussaint, que l'on peut considérer comme les essais d'un jeune homme ; d'autres, au contraire, sont de vrais chefs-d'œuvre. Les panégyriques, sans en excepter un seul, me paraissent des compositions remarquables. Quant à ses sermons sur les mystères, ce sont en général de magnifiques ébauches, que l'orateur achèvera plus tard en traitant les mêmes sujets. Je ne puis en dire autant de ses discours de vêture. Sauf peut-être le sermon pour la profession de madame de la Vallière, Bossuet n'a rien fait de mieux en ce genre. Comme œuvre de style, les sermons dont je parle, prennent place dans l'histoire de la prose française entre le *Discours de la Méthode* et les *Provinciales* de Pascal. A ce titre déjà, ils mériteraient une attention toute particulière. Pour caractériser le talent oratoire de Bossuet dès ses premiers débuts, vous me permettrez de choisir le sermon de la Circoncision, sur la royauté de Jésus-Christ, prêché à Metz le 1er janvier de l'année 1654 ou 1656. Il nous montrera de quelle manière Bossuet sait traiter le mystère.

Si j'appelle votre attention tout d'abord sur un discours de cette nature, c'est que les mystères du chris-

tianisme sont le faîte de la prédication évangélique. C'est
là, dans cette partie haute, dans cette métaphysique de la
doctrine, que l'orateur sacré est à même de déployer toute la
plénitude de ses moyens, toute la puissance de son génie. Si
Buffon a dit, et comme je le pense avec assez de fondement,
que le sublime ne peut se trouver que dans les grands sujets,
il n'en est pas à coup sûr, où le sublime de l'expression suive
plus naturellement le sublime de la pensée, que dans les
dogmes chrétiens. Là tout est grand, parce que Dieu, suivant
le mot de Pascal, y est l'objet de tout et le centre où tout tend.
C'est l'histoire, ou pour mieux dire, la philosophie des faits
divins. Le mystère est une face de l'infini, qui se découvre à
la lumière d'une réalité ou d'un acte fini. C'est un composé
d'ombres et de lumières, qui se mélangent dans une propor-
tion, telle que la foi et la science y trouvent chacune leur part.
Voilà son vrai caractère; et je me hâte d'ajouter, en passant,
que ce caractère est commun à toutes les connaissances
humaines; car le propre de la raison de l'homme, appliquée
à tel ordre de choses que ce soit, c'est précisément d'aller de
l'infini au fini et réciproquement, et par suite de s'agiter dans
ce *clair obscur*, qui tient également de la science et de la foi.
Il a fallu, en vérité, toute la perturbation profonde qu'une philosophie étroite est venue jeter dans les idées modernes,
pour faire naître quelque doute sur la convenance du
mystère. Le mystère n'est pas seulement convenable, il est
nécessaire, il existe partout, par la raison bien simple que
l'homme heurte l'infini de quelque côté qu'il se tourne.
C'est la grandeur de la raison humaine d'être enveloppée
de mystères; car, pour s'en dégager entièrement, il faudrait
de deux choses l'une, ou qu'elle fît place à l'instinct de l'a-
nimal qui ne soupçonne pas l'infini, ou qu'elle devînt
identique à l'intelligence de Dieu qui est l'infini. Cela posé,

il est logique que le mystère ne tienne nulle part plus de place que dans la religion, dont l'objet immédiat est l'infini lui-même ou Dieu. Mais vous devez comprendre, par la même raison, que si la religion doit avoir des mystères, parce qu'elle est la science de l'infini dans ses rapports avec le fini, c'est là aussi qu'elle triomphe, et qu'elle fait éclater, dans le développement du dogme, toute la force de l'éloquence chrétienne. Nulle part l'orateur sacré ne se sent plus à l'aise, s'il a du génie, qu'en face d'un mystère de la foi. D'un pas, il se trouve au centre de la doctrine, au fondement de la morale, au sommet de l'histoire. A cette hauteur, il peut embrasser la religion dans ce qu'elle a de plus large, la pénétrer dans ce qu'elle a de plus profond, la dominer dans ce qu'elle a de plus élevé. Appuyé sur un mystère, en présence de chrétiens, pour peu qu'il ait d'âme et de feu, sa force est invincible. Il peut même jeter à toute autre doctrine le défi que lui portait Bossuet, dans son sermon sur la Nativité. « Ah ! que la superbe philosophie cherche de tous côtés des raisonnements contre l'amour désordonné des richesses, qu'elle les étale avec grande emphase ; combien tous ses arguments sont-ils éloignés de la force de ces deux mots : Jésus-Christ est pauvre, un Dieu est pauvre ! » Voilà pourquoi j'ai eu raison de dire que les mystères de la foi sont le faîte de la prédication évangélique. Aussi, est-ce en les développant que le génie de Bossuet a trouvé ses plus belles inspirations.

J'ai fait choix, Messieurs, pour le prouver, d'un mystère qui, en apparence, offre un thème assez peu fécond, celui de la Circoncision. Car je ne veux pas que vous m'accusiez d'avoir cherché une preuve trop facile, en m'arrêtant aux mystères qui présentent à l'orateur sacré les plus grandes ressources. Non pas, toutefois, que le discours dont je parle n'occupe un rang distingué parmi les sermons de Bossuet ; c'est une œuvre de premier mérite. Vous allez en juger par le peu que je vais vous en dire. Rappelons-nous d'abord le point de vue auquel se place Bossuet, et qui est celui de l'éloquence sacrée au dix-septième siècle. L'archidiacre de Metz s'adresse à des chrétiens qui croient, ce qui malheureusement n'est pas toujours le cas de nos jours. Aussi, sommes-nous obligés, avant d'aborder un dogme, d'user de précautions infinies, pour que nos arguments ne tombent pas dans le vide ; d'établir préalablement qu'il ne répugne pas à la raison, qu'il n'a rien de contraire à l'esprit moderne, que la civilisation a tout à y gagner et rien à y perdre, etc., etc. À peine si, après tous ces préambules, il reste assez de temps, comme disait **La Bruyère**, pour parler de Dieu dans un sermon précipité. Bossuet n'a pas l'air de s'inquiéter de ce qu'il appelle quelque part une curiosité peu respectueuse, parce qu'il sait, dit-il, que Dieu modère comme il lui plaît l'ouvrage de notre salut, que nos sens humains n'y comprennent rien, que tout les choque, que tout les embarrasse, et qu'un jour nous verrons un ordre parfait dans ce qui paraissait à nos sens si confus et si mal digéré. Il se plaît même à jeter au front des hommes des vérités toutes sèches. Voilà pourquoi, dès le premier pas, il prend pied dans le dogme, le scrute avec l'œil de la foi, et, après l'avoir creusé jusqu'au fond, étonne et confond l'auditoire par ce qu'il y a dans la religion de grand et de beau. Telle est sa marche habituelle.

Son texte est fort simple, tiré de l'Évangile du jour, comme il a coutume de faire. *Vous appellerez son nom Jésus, car c'est lui qui sauvera le peuple.* Libre à Voltaire de critiquer, dans son *Siècle de Louis XIV*, cet usage fort ancien de rattacher toute la suite du sermon à une phrase de l'Écriture, comme à une idée-mère qui le contient en germe. Par elle-même, cette pratique est aussi raisonnable que pieuse,

Elle consacre le rapport qui doit exister entre la prédication évangélique et l'Écriture sainte, qui en est le thème principal. Ce qui ne veut pas dire, pourtant, qu'il faille, par un tour de force assez peu digne de la chaire, s'ingénier à trouver précisément dans le texte la division et les lignes fondamentales du discours. Cette recherche puérile, qui a fort tourmenté certains prédicateurs, n'occupe pas Bossuet. Il se contente de prendre dans l'Écriture une pensée, qui réponde d'assez près à la matière qu'il veut traiter : on pourrait peut-être lui reprocher, avec plus de raison, un tour trop ingénieux dont il use parfois pour arriver à la salutation angélique, qui termine l'exorde, d'après une coutume introduite en France depuis le seizième siècle. Je vous demande pardon, Messieurs, de vous entretenir de ces détails, mais rien n'est indifférent lorsqu'on parle d'un grand homme. Je citerai donc, à cet effet, son premier sermon de vêture prêché à Metz, où, s'adressant à la religieuse vers la fin de l'exorde, il lui dit :

« Vous ne refusez, ma très chère sœur, ni la dureté ni la contrainte de cette clôture, vous ressouvenant que Jésus, cet aimable libérateur de nos âmes, afin de nous retirer de la servitude dans laquelle nous gémissions, n'a pas craint de se renfermer lui-même jusque dans les entrailles de la sainte Vierge, après que l'ange l'eût saluée par ces mots que nous lui allons encore adresser, etc. »

Cela est ingénieux sans doute, mais un peu trop subtil, et je dirai même alambiqué.

Pour en revenir au sermon sur la royauté de Jésus-Christ, je vais, Messieurs, vous lire une partie de l'exorde qui est à la fois simple et grand.

« Aujourd'hui le Dieu d'Israël qui est venu visiter son peuple, revêtu d'une chair humaine, fait sa première entrée en son temple ; aujourd'hui le grand prêtre du Nouveau Testament, le souverain sacrificateur selon l'ordre de Melchisedech, se met entre les mains des pontifes successeurs d'Aaron, qui portait la figure de son sacerdoce ; aujourd'hui le Dieu de Moïse se soumet volontairement à toute la loi de Moïse ; aujourd'hui l'Ineffable, dont le nom est incompréhensible, daigne recevoir un nom humain, qui lui est donné par la bouche des hommes, mais par l'instigation de l'esprit de Dieu. Que dirai-je ? où me tournerai-je, environné de tant de mystères ?... »

Voilà, Messieurs, une entrée en matière qu'affectionne Bossuet. Dès l'exorde, dès la première phrase, vous voyez un homme qui, tout éloigné qu'il est du ton emphatique, des termes sonores, des grands mots, aime néanmoins la pompe du langage, qui se plait dans l'appareil et dans la mise en scène ! Son génie est en action comme son sujet. C'est là un des caractères de l'éloquence de Bossuet. Il s'attache, dès le début, à saisir fortement l'imagination de l'auditoire, il le jette dans l'étonnement par le tour singulier qu'il prête à sa proposition. Il traitera « d'un différend mémorable entre Dieu et le pécheur », ou bien il « fera l'histoire de notre paix » ; sans courir le moins du monde au paradoxe, il excite l'attention par le talent qu'il possède d'agrandir son sujet, de l'élargir, de le présenter sous une forme qui, de prime abord, paraît étrange, inouie. Vous venez d'entendre sur quel ton simple et solennel il célèbre l'entrée de Jésus-Christ dans le temple de Jérusalem. Écoutez-le, dans son premier sermon sur l'Assomption, annonçant le triomphe de Marie qu'il va décrire : même majesté, même pompe.

« Le ciel, aussi bien que la terre, a ses solennités et ses triomphes, ses cérémonies et ses jours d'entrées, ses magnificences et ses spectacles ; ou plutôt la terre usurpe ces noms, pour donner quelque éclat à ses vaines pompes, mais les choses ne s'en trouvent véritablement dans toute leur force, que dans les fêtes augustes de notre céleste patrie, la sainte et triomphante Jérusalem. »

Cette pompe que j'appellerais théâtrale, si le mot comme l'idée n'était profane, Bossuet la déploie chaque fois qu'une grande circonstance ou un grand sujet enflamme son imagination. Mais, Messieurs, si, comme nous venons de voir, il saisit les choses de haut ; si, dans l'annonce du sujet, il trouve un langage dont la solennité répond à la grandeur de l'idée, son coup d'œil philosophique n'est pas moins pénétrant dans l'analyse et dans la discussion du mystère. J'insiste là-dessus avec d'autant plus de force que Gioberti, dans son livre *del Primato*, semble refuser au génie de Bossuet, en profondeur, ce qu'il lui accorde en élévation.

Partant du nom de Jésus, imposé au divin enfant lors de sa circoncision, Bossuet veut faire voir l'excellence de la qualité de Sauveur, car tel est le sens du mot Jésus dans la langue hébraïque. « Le Fils de Dieu, dit-il, est roi et pontife, parce qu'il est sauveur. C'est par son sang qu'il s'est acquis la royauté et le sacerdoce. » Tel est le fond de son discours. Ici, Messieurs, si je voulais me permettre une légère critique, je dirais que le sujet est trop vaste. L'orateur l'a bien senti. Aussi, ne traite-t-il complètement que sa première partie, qui porte sur la royauté de Jésus-Christ. Ce défaut, si c'en est un, Bossuet le partage avec Massillon, dont les secondes parties sont souvent écourtées, par suite des proportions qu'il donne aux premières. Quant aux sermons de Bourdaloue, ils sont tous symétriquement ordonnés, et ressemblent chacun à une horloge bien montée, à laquelle il ne manque pas le moindre ressort. Mais ce n'est pas de cela qu'il s'agit en ce moment. Ce que je voudrais vous faire admirer, c'est le coup d'œil philosophique de Bossuet, dans la manière dont il va prendre la royauté et le sacerdoce de Jésus-Christ, à leur point de départ et comme à leur racine.

Il me paraît impossible, je vous l'avoue, d'aller plus avant dans la méditation d'un sujet. Pour descendre à la racine de la puissance royale et de l'ordre sacerdotal, Bossuet arrête d'abord son regard sur la nature angélique. Il observe en elle « deux merveilleux mouvements » : le premier, selon lequel les esprits bienheureux, « reconnaissant que leurs lumières sont dérivées d'une autre lumière infinie, retournent à leur principe d'une promptitude incroyable, et cherchent leur perfection où ils trouvent leur origine : » le second, en vertu duquel ils « sont touchés les uns pour les autres d'une puissante inclination qui met l'ordre dans leurs hiérarchies, et établit entre leurs légions une sainte et éternelle alliance. » Passant de là à la nature humaine, il n'a pas de peine à découvrir au fond de l'âme ces deux belles inclinations qu'il admirait tout à l'heure dans la nature des anges. D'une part, il surprend en elle un instinct secret qui la porte vers Dieu dans toutes ses afflictions, dans tous ses besoins, dans toutes les nécessités de la vie. C'est ce qu'il appelle fort bien « le christianisme de la nature », ou selon le langage de Tertullien, qu'il suit pas à pas dans ce magnifique développement, le témoignage de l'âme naturellement chrétienne : *Testimonium animæ naturaliter christianæ.* D'autre part, dit-il, il n'est pas moins certain que « le plaisir de l'homme, c'est l'homme. De là, cette douceur sensible que nous trouvons dans une honnête conversation. De là, cette familière communication des esprits par le commerce de la parole. De là, la correspondance des lettres ; de là, pour passer plus avant, les États et les Républiques. » Cela posé, voici comment il conclut : de ces deux inclinations, « l'une nous élève vers Dieu, l'autre nous lie d'amitié avec nos semblables. De l'une est née la religion, et de l'autre la société. Mais d'autant que les choses humaines vont naturellement au désordre, si elles ne sont retenues par la discipline, il a été nécessaire d'établir une forme de gouvernement dans les choses saintes et dans les profanes ; sans quoi la religion tomberait bientôt en ruine, et la société dégénérerait en confusion. Et c'est ce qui a introduit dans le monde les deux seules autorités légitimes, celle des princes et des magistrats, celle des prêtres et des pontifes. De là, la puissance royale, de là l'ordre sacerdotal. »

J'ignore, Messieurs, si vous êtes frappés comme moi de la profondeur de ces vues. Pour ma part, je dois le dire : même dans les nombreux ouvrages qui ont paru, depuis lors, sur ces matières, je n'ai rien lu de plus clair, de mieux déduit, de plus concluant, que cette analyse si simple et si fine, qui fait dériver des deux inclinations radicales de la nature humaine la religion et la société, et comme formes nécessaires de l'une et de l'autre, les deux puissances royale et sacerdotale. L'auteur de la *Politique* sacrée est déjà là tout entier, dans le jeune orateur de vingt-huit ans. Cette pénétration d'esprit, ou pour mieux dire, cette sagacité philosophique ne fait défaut à Bossuet dans aucun de ses sermons sur les mystères. C'est dans les conditions de la nature humaine, ou bien dans les premiers principes de l'ordre moral et de l'ordre métaphysique, qu'il cherche son point de départ et qu'il trouve le fondement des grandes vérités de la foi. Pour vous en convaincre encore davantage, je vous prierai de lire le premier point du deuxième sermon pour la Toussaint, qui appartient également à la jeunesse de Bossuet, et dans lequel après avoir établi, d'une part, que toute cause intelligente se propose une fin de son ouvrage, et de l'autre, que l'imparfait se doit rapporter au parfait, il montre, dans la gloire des élus, le dernier accomplissement des ouvrages de Dieu. Vous y trouverez une profondeur de coup d'œil, et une métaphysique du dogme qui vous prouveront que Bossuet pénètre aussi avant dans son sujet pour le creuser, qu'il s'élève au-dessus de lui pour le dominer.

Mais, Messieurs, ce qui anime ces déductions, ce qui prête à ces idées un tour vraiment oratoire, c'est que, dès le début, tout est en mouvement. Bossuet ne disserte pas seulement comme ferait Bourdaloue. Il emporte l'auditoire par l'élan de son âme. Ainsi, après avoir plongé du regard à la racine du pouvoir sacerdotal et de l'autorité royale, pour les appliquer à Jésus-Christ, son cœur éclate :

« Vous qui vous êtes scandalisés autrefois de voir couler le sang de mon maître, vous qui avez cru que sa mort violente était une marque de son impuissance, ah ! que vous entendez peu ses mystères ! La croix de mon roi, c'est son trône, la croix de mon pontife, c'est son autel. Cette chair déchirée, c'est la force et la vertu de mon roi : cette même chair déchirée, c'est la victime de mon pontife. Le sang de mon roi, c'est sa pourpre ; le sang de mon pontife, c'est sa consécration. Mon roi est installé, mon pontife est consacré par son sang ; et c'est par ce moyen qu'il est le véritable Jésus, l'unique sauveur des hommes..... »

Après avoir ému l'auditoire par ce cri de la foi, l'orateur passe au développement de son sujet. La royauté de Jésus-Christ, conquête de son sang, tel est le fond du discours. Car Bossuet subdivise rarement. Il émet une grande pensée et, sans indiquer d'avance par où il va conduire l'esprit, il l'entraine sur ses pas au fil qu'il lui tend. Parfois ce fil parait rompu, tant les transitions sont vives et soudaines. Mais le désordre n'est qu'apparent. Au fond, l'enchaînement se continue ; à l'instant même où vous croyez avoir perdu la trace, un éclair

rapide vous remet sur la voie. Bossuet ne renferme pas
l'auditoire dans un horizon court et déterminé, il n'arrête pas
son regard sur un point isolé; mais sans l'égarer jamais, il le
promène çà et là, il va et il vient, il sorte du cadre et il y rentre
avec une égale facilité, il étend ou resserre à volonté la sphère
dans laquelle il se meut. Sa marche est inégale, mais elle ne
tend que mieux au but. Parfois il avance lentement, il suit pas
à pas et en droite ligne l'idée qu'il développe ; puis, par un
détour subit, il se rejette de côté sur un chemin de traverse qui
parait l'en détourner, mais qui ne l'y ramène que plus sûrement. A peine a-t-il repris son cours paisible et régulier que
le mouvement de la pensée l'emporte de rechef. Alors sa
marche se précipite : sans se soucier des transitions, il fran-
chit les intervalles, et d'un trait s'élance au cœur de son sujet,
enlevant avec lui l'auditoire que subjugue cette logique impétueuse, mieux que ne ferait une gradation d'idées lente et
habile. De là vient que l'analyse d'un sermon de Bossuet
n'est pas d'ordinaire chose facile, bien qu'en y regardant de
près, la trame des idées ne laisse pas d'être fortement serrée.

Ainsi, pour nous en tenir au discours qui nous occupe, il
cherche d'abord dans les prophéties le fondement de la
royauté de Jésus-Christ. Il cite à cet effet les textes qui l'éta-
blissent. Il combat l'une après l'autre l'interprétation gros-
sière qu'en faisait le peuple Juif, et la fausse idée qu'en avaient
conçue les apôtres eux-mêmes. « Étrange illusion des hommes,
s'écrie-t-il en terminant, parmi lesquels ordinairement toutes
sortes d'opinions sont reçues, excepté la bonne et la véritable. » Après avoir ainsi exposé les divers sentiments des
hommes touchant la royauté de Jésus, il se demande ce qu'en
pensait le Christ lui-même. Il observe avec étonnement,
qu'après avoir fait « parade de sa bassesse durant le cours de
sa vie mortelle, le débonnaire Jésus ne parle plus que de

gloire quand il sent approcher son heure dernière. » C'est alors que le Christ proclame hautement sa royauté devant le peuple et devant les pouvoirs de la nation.

« En effet, s'écrie l'orateur, quand est-ce qu'on l'a vu paraître avec une contenance plus ferme et avec un maintien plus auguste, que dans le temps de sa passion ? Que je me plais de le voir devant le tribunal de Pilate, bravant pour ainsi dire la majesté des faisceaux romains par la générosité de son silence ! »

Voilà, Messieurs, un de ces traits sublimes familiers à Bossuet, et qui expriment à merveille les deux caractères de son éloquence, la force et la majesté. Ses sermons en fourmillent. Veut-il peindre par exemple l'action divine dans la glorification des élus ? « Ce sera pour lors, dit-il, que Dieu donnera ce grand coup de maître qui rendra à jamais les saints étonnés de leur propre gloire. » (2ᵉ serm. pour la Toussaint.) Veut-il abattre d'un seul mot l'ambition humaine ? il s'écriera : « Dans cet accroissement infini que notre **vanité** s'imagine, l'homme ne s'avise jamais de se mesurer à son cercueil, qui seul néanmoins le mesure au juste. » (Sermon sur l'honneur.) Veut-il abaisser la vanité nobiliaire ? « Ce n'est presque jamais, dira-t-il aux religieuses de Saint-Cyr, qu'un vieux nom oublié dans le monde, avili par beaucoup de gens sans mérite qui n'ont pas su le soutenir. » Veut-il exprimer tout ce qu'il y a dans l'homme d'indocilité opiniâtre à l'endroit de la vérité ? « Si la raison lui manque, dira-t-il, il emprunte les armes de la fureur pour se maintenir en possession de sa profonde et superbe ignorance. » (Sermon sur l'Église) « Cherche-t-il à revendiquer pour l'Église le pouvoir de l'enseignement ? voici le tour qu'il trouve sous la main : « Si l'Église est une mère, si elle peut engendrer les enfants de Dieu, qui doute qu'elle puisse les nourrir ? La nature ne fait

jamais une mère qu'elle ne fasse en même temps une nour-
rice. » Je m'en tiens-là pour le moment, car je pourrais vous
citer dans les sermons de Bossuet mille phrases de la même
vigueur. Le sublime lui échappe comme naturellement.
Cette énergie et cette profondeur de trait, il ne la partage
qu'avec Tertullien et Pascal.

Mais revenons à la royauté de Jésus-Christ. L'orateur
s'étonne, et à bon droit, que le Sauveur confesse *nuement* sa
royauté devant Pilate, à l'instant même où il va succomber à
la dernière des infirmités humaines. Selon sa coutume, il
laisse l'auditoire en suspens, devant la solution d'un problème
qui semble tenir du paradoxe. Mais il lève bientôt toute incertitude, par la définition qu'il donne de la royauté. « La royauté,
s'écrie-t-il, c'est une puissance de faire du bien : voilà son
vrai caractère, c'est ce qui fait la majesté des monarques. Voilà
pourquoi le Christ proclame sa royauté au fort de sa passion :
il est roi parce qu'il sauvera son peuple. » Ici Bossuet est
admirable. Permettez-moi de vous lire cette magnifique
tirade :

« Certes, je ne craindrai pas de le dire, ce ne sont ni les
trônes, ni les palais, ni la pourpre, ni les richesses, ni les
gardes qui environnent le prince, ni cette longue suite de
grands seigneurs, ni la foule des courtisans qui s'empressent
autour de sa personne ; non, non, ce ne sont pas ces choses
que j'admire le plus dans les rois. Mais quand je considère
cette multitude infinie de peuples qui attend de leur protection son salut et sa liberté ; quand je vois que, dans un État
policé, si la terre est bien cultivée, si les mers sont libres, si
le commerce est riche et fidèle, si chacun vit dans sa maison
doucement et en assurance, c'est un effet des conseils et de
la vigilance du prince ; quand je vois que, comme un soleil,
sa munificence porte sa vertu jusque dans les provinces les

plus reculées, que ses sujets lui doivent les uns leurs honneurs et leurs charges, les autres leur fortune ou leur vie, tous la sûreté publique et la paix, de sorte qu'il n'y en a pas un seul qui ne doive le chérir comme son père ; c'est ce qui me ravit, chrétiens, c'est en quoi la majesté des rois me semble entièrement admirable : c'est en cela que je les reconnais pour les vivantes images de Dieu, qui se plaît de remplir le ciel et la terre des marques de sa bonté, ne laissant aucun endroit de ce monde vide de ses bienfaits et de ses largesses. »

C'est bien là, Messieurs, cette sévérité chrétienne, cette vigueur apostolique, que nous admirerons plus tard dans le sermon sur les devoirs des rois. Cette notion de la royauté, si haute à la fois et si juste, Bossuet l'applique au Sauveur. « La munificence de notre prince, dit-il, passe à un tel excès de bonté qu'il ne se contente pas de briser les fers de ses sujets, il fait d'eux autant de monarques, il ne veut voir en sa cour que des têtes couronnées. » En ce moment, un souvenir de Plutarque s'offre à sa mémoire ; il s'en empare. « Cet ancien admirateur de la vieille Rome, poursuit-il, s'étonnait d'avoir vu dans cette ville maîtresse autant de rois que de sénateurs. Mes Frères, dans cette cour vraiment royale, dans cette nation élue, dans cette cité triomphante que Jésus a érigée par sa mort, je veux dire dans la sainte Église, je ne dis pas que nous y voyions autant de rois que de sénateurs, mais je dis que nous y devons être autant de rois que de citoyens, parce que le Roi Sauveur a partagé sa couronne avec les peuples qu'il a rachetés. »

Ici Bossuet s'arrête, ou plutôt, suivant une de ces inspirations soudaines que je signalais tout à l'heure, il s'attache à une idée qui vient de traverser son esprit : c'est le contraste entre les conquêtes spirituelles de ce roi pacifique et les victoires sanglantes des rois de la terre :

«Considérez, je vous prie, fidèles, les Césars et les Alexandres, et tous ces autres ravageurs de provinces que nous appelons conquérants : Dieu ne les envoie sur la terre que dans sa fureur. Ces braves, ces triomphateurs, avec tous leurs magnifiques éloges, ils ne sont ici-bas que pour troubler la paix du monde par leur ambition démesurée. Ont-ils jamais fait une guerre si juste, où ils n'aient opprimé une infinité d'innocents ? Leurs victoires sont le deuil et le désespoir des orphelins. Ils triomphent de la ruine des nations et de la désolation publique. Ah! qu'il n'est pas ainsi de mon prince ! c'est un capitaine Sauveur, qui sauve les peuples parce qu'il les dompte ; et il les dompte en mourant pour eux. Il n'emploie ni le fer ni le feu pour les subjuguer : il combat par amour; il combat par bienfaits, par des attraits tout puissants, par des charmes invincibles. »

Pour expliquer ces charmes et ces attraits du Roi Sauveur, Bossuet donne libre cours à toute l'audace de son imagination. Avec saint Augustin, dont il s'approprie les idées, il les trouve dans les plaies de l'Homme-Dieu. C'est là, « dans ces linéaments effacés, dans ces yeux meurtris, dans ce visage qui fait horreur », qu'il « découvre des traits d'une incomparable beauté. » Il les compare aux blessures d'un soldat : elles « semblent lui déshonorer le visage ; les délicats peut-être détourneront la vue de dessus ces plaies, mais le prince les trouvera belles : » ce sont des cicatrices honorables qu'embellissent la fidélité pour son roi et l'amour de la patrie. « Si donc, s'écrie-t-il dans l'enthousiasme de sa foi, si les blessures des sujets sont si belles aux yeux du prince, dites-moi, les blessures du prince, quelles doivent-elles être aux yeux des sujets ? Celles-ci sont mes délices, je les baise, je les arrose de larmes. » Tout ce développement, Messieurs, est admirable de sentiment ; c'est l'éloquence chrétienne dans ce qu'elle a de plus vif et de plus saintement passionné.

Reste à découvrir, dans la passion de Jésus-Christ, les marques et les insignes de sa royauté. Car je vous prie de remarquer ceci : bien que Bossuet se rejette de côté et d'autre, partout où l'entraîne le mouvement de son âme, il tend invariablement au but. C'est le propre de son éloquence, de ne s'assujettir qu'à une règle : l'unité du sujet. Je dirais volontiers que sa logique, c'est la logique de l'âme, la logique du sentiment, la logique de la passion. Mais pour être moins apparente, moins réglée, cette logique-là n'en est que plus profonde. Ainsi la royauté du Christ, acquise au prix de son sang, expliquée par sa passion, telle est l'idée principale à laquelle tout se ramène dans le discours qui nous occupe : contrastes et rapports, oppositions et similitudes. Il vient d'en découvrir le fondement et la force ; il en cherche les insignes.

« Oui, continue-t-il, malgré la rage de ses bourreaux, ces épines font un diadème qui couronne sa patience, ce roseau fragile devient un sceptre en ses mains : cette pourpre ridicule, dont ils le couvrent, se changera en pourpre royale... sa croix, c'est son sceptre ; sa croix, c'est son bâton d'ordonnance ; c'est elle qui rangera tous les peuples sous l'obéissance de Notre-Seigneur. »

Des insignes de la royauté du Christ, il passe à son titre. Il le voit écrit sur la croix, et à cette vue son imagination s'enflamme. L'obstination de Pilate à laisser sur la croix un titre qui le condamne, lui suggère ce beau mouvement :

« Écrivez donc, ô Pilate, les paroles que Dieu vous dicte, et dont vous n'entendez pas le mystère... que la royauté de Jésus soit écrite en langue hébraïque qui est la langue du peuple de Dieu ; en la langue grecque qui est la langue des doctes et des philosophes, en la langue romaine, qui est celle de l'empire et du monde. Et vous, ô Grecs, inventeurs des arts ; vous, ô Juifs, héritiers des promesses; vous, Romains, maîtres de la terre, venez lire cet admirable écriteau ; fléchissez le genoux devant votre roi. Bientôt, vous verrez cet homme, abandonné de ses propres disciples, ramasser tous les peuples sous l'invocation de son nom. »

Pour montrer qu'en effet la réalité a suivi la promesse, Bossuet termine par un tableau du règne de Jésus-Christ, dès le deuxième siècle de l'ère chrétienne. Ce tableau, il l'emprunte à Tertullien qu'il traduit, mais en maître. Permettez-moi de mettre sous vos yeux cette belle page, que l'archidiacre de Metz a coulée pour ainsi dire dans la suite de son discours. Elle est tirée du livre de Tertullien contre les Juifs :

« En qui donc, s'écrie l'éloquent prêtre de Carthage, après avoir énuméré les peuples cités dans les Actes des apôtres, en qui ont cru toutes les nations, si ce n'est dans le Christ qui est venu ? Jusqu'où ne s'étend pas cet empire ? Le voilà qui comprend dans son enceinte, jusqu'aux diverses races des Gétules, les frontières multipliées des Maures, les dernières limites des Espagnes, les différentes nations des Gaules, les retraites des Bretons inaccessibles aux Romains, mais soumises au Christ, *Britannorum inaccessa Romanis loca, Christo vero subdita*, les Sarmates, les Daces, les Germains, les Scythes, tant de nations cachées. tant de provinces et d'îles inconnues... En tous ces lieux le nom du Christ règne : devant lui les portes des cités se sont ouvertes, les portes de fer se sont brisées, les portes d'airain se sont abaissées... Jamais empire s'est-il étendu à tous les peuples comme celui de Jésus-Christ ? Salomon a régné, mais dans les limites de Juda : Bersabée et Dan resserraient ses frontières. Darius a régné, mais sur les Babyloniens et les Parthes ; les autres nations échappaient à sa puissance. Les Pharaons ont régné. mais sur l'Égypte : là s'arrêtait leur domaine. Nabucho-

donosor a régné de l'Inde à l'Éthiopie ; là expiraient ses conquêtes. Alexandre de Macédoine a pu subjuguer l'Asie
entière, mais elle lui a échappé des mains. Le Germain
est là sur ses frontières, qu'il ne permet à personne de
franchir. Le Breton est retranché derrière son Océan, qui
l'environne de toutes parts. Le Maure impatient et le barbare Gétule sont tenus en échec par les Romains qui les
empêchent de déborder au-delà de leur territoire, qui les
contiennent dans leurs régions. Que dirai-je des Romains
eux-mêmes ? leurs légions suffisent pour garder les frontières
de l'empire, elles sont impuissantes à les reculer au-delà. Le
Christ, au contraire, a vu son royaume et son nom s'étendre
en tous lieux ; partout on croit en lui, il est honoré par tous
les peuples ; partout il règne, partout il est adoré. Il se donne
à tous dans une mesure égale. Pas de roi qui trouve auprès
de lui une plus grande faveur, pas de barbare qui soit accueilli
avec moins de joie, pas de privilège, de dignité ou de naissance qui détermine les mérites. Le même pour tous, il commande à tous : seul roi et seul juge, il est le Dieu et le
Seigneur de tous. »

Ce tableau de l'empire de Jésus-Christ, qui reflète toutes les
qualités oratoires de Tertullien, Bossuet le reproduit dans
son discours, mais à sa façon. Il en retranche certains traits,
et il en ajoute d'autres, témoin ce trait final qu'il emprunte à
saint Augustin, et qui est admirable :

« Rome même, cette ville superbe, qui s'était si longtemps
enivrée du sang des martyrs de Jésus, Rome, la maîtresse,
a baissé la tête, et a porté plus d'honneur au tombeau d'un
pauvre pêcheur qu'aux temples de son Romulus : *ostendatur
mihi Romœ tanto in honore templum Romuli, in quanto ibi
ostendo memoriam Petri.* »

C'est ainsi, Messieurs, que saint Augustin et Tertullien

nourrissent et fécondent tour à tour l'éloquence de Bossuet. Mais au milieu de ces grands souvenirs qui le font tressaillir d'allégresse, l'orateur n'oublie pas que c'est de la passion douloureuse qu'il a fait dériver la royauté du Christ. Il cherche de toutes parts l'instrument de ce triomple, cette croix cachée pendant des siècles et reparaissant tout à coup, à l'instant même où le monde est dompté, où tout a fléchi sous les lois du Sauveur. Cette coïncidence merveilleuse lui inspire le mouvement dramatique qui termine son discours. C'est là qu'il donne le coup de maître.

« Paraissez, paraissez, il est temps, ô croix qui avez fait cet ouvrage : c'est vous qui avez brisé les idoles ; c'est vous qui avez subjugué les peuples ; c'est vous qui avez donné la victoire aux valeureux soldats de Jésus, qui ont tout surmonté par la patience. Vous serez gravée sur le front des rois, vous serez le principal ornement de la couronne des empereurs, ô croix, qui êtes la joie et l'espérance de tous les fidèles. Concluons donc de tout ce discours que la croix est un trône magnifique, que le nom de Jésus est un nom bien digne d'un roi ; et qu'un Dieu descendant sur la terre, pour vivre parmi les hommes, n'y pouvait rien faire de plus grand, rien de plus royal, rien de plus divin, que de sauver tout le genre humain par une mort généreuse. »

Concluons à notre tour, Messieurs, que ce discours, que j'ai choisi pour caractériser l'éloquence de Bossuet à son début, est une œuvre dont pourrait se glorifier un orateur dans la maturité du talent. Non pas certainement qu'elle soit tout à fait exempte de taches. Si brillante qu'elle nous paraisse, elle ne marque pas encore le point de perfection auquel le génie de Bossuet s'élèvera plus tard. Après avoir signalé quelques-unes des beautés qui s'y rencontrent, je ne dois pas dissimuler ce que vous avez sans doute observé

vous-mêmes : une certaine pompe de rhétorique qui, sans être
affectée, se déploie par intervalles, avec trop de complaisance.
Les lignes du discours sont un peu indécises, le cadre n'est
pas serré avec toute la vigueur que nous admirerons bientôt.
Quelques développements pêchent par leur longueur ; les
mêmes idées reviennent assez souvent. Le style a déjà
toute l'ampleur qui le distinguera dans la suite, mais il
manque peut-être de cette forte précision qui saura dire tant
de choses en si peu de mots. La langue enfin, bien que faite
dans ses principaux éléments, lutte encore contre les
entraves qui la gênent. Le latin, d'où elle sort, l'embarrasse
dans ses constructions. On sent l'effort que fait l'orateur
pour lui donner un mouvement plus souple, un air plus
dégagé. Ce travail, vous allez le saisir, par exemple, dans cette
phrase que je prends au hasard, et qui est admirable d'ailleurs dans ses détails : « Or encore qu'il soit vrai que notre
âme éloignée de son air natal, contrainte et presque accablée
par la pesanteur de ce corps mortel, ne fasse paraître qu'à
demi cette noble et immortelle vigueur dont elle devrait toujours être agitée, si est-ce néanmoins que nous sommes d'une
race divine. » Une étude minutieuse qui a été faite, et que je
ne veux pas refaire, signalerait en outre dans les sermons
de Metz, à côté de certaines locutions qui ont vieilli, de
mots techniques, de termes du palais, quantité de tournures
latines, telles que celles-ci : *n'était que... je ne puis que je
ne m'écrie*, et d'autres, qui accusent évidemment le débrouil-
lement d'une langue, qui n'a pas atteint sa perfection. Mais
quel point de départ, et que ne sommes-nous pas en droit
d'attendre après de pareils débuts ? Quelle profondeur de
vues ! quelle élévation d'idées ! quelle pompe, quelle magnificence de langage ! quel élan ! quelle verve oratoire ! Désormais le génie de Bossuet s'élancera, de progrès en progrès,

dans la voie qu'il s'est frayée : il lui suffira de dix-huit mois pour s'élever, à l'âge de trente ans, au faite de l'éloquence sacrée, dans le panégyrique de saint Paul. C'est sous cette nouvelle face que nous étudierons cette grande parole, en mesurant tout l'espace qu'elle a parcouru depuis ses premiers essais. Pour me dispenser de faire autant de citations qu'aujourd'hui, je vous prierais, Messieurs, de lire d'avance ce magnifique discours, qui caractérise l'éloquence de Bossuet au commencement de la carrière qui s'ouvre pour elle dans les chaires de Paris. Nous y verrons le grand orateur en face de saint Paul, et rivalisant d'énergie et d'enthousiasme avec le plus éloquent panégyriste de l'Apôtre, saint Jean Chrysostome.

DIX-HUITIÈME LEÇON

PANÉGYRIQUE DE SAINT PAUL

(29 juin 1657.)

Le thème du mystère et celui du panégyrique. — Analogie entre l'éloge d'un grand homme et celui d'un saint. — Le panégyrique ouvre à l'éloquence sacrée une source d'inspirations fécondes : ses règles. — Panégyrique de saint Paul : grandeur du sujet. — Saint Jean Chrysostome est, comme Bossuet, un fervent admirateur de l'Apôtre. — Parallèle entre les deux orateurs, à propos de leurs panégyriques de saint Paul. — Peut on tirer des effets de la prédication apostolique un argument en faveur de la divinité de l'Église ? — L'éloquence de saint Paul appréciée par le prêtre d'Antioche et l'archidiacre de Metz. — Les moyens d'action du grand Apôtre comparés aux résultats qu'il obtient. — Bossuet établit que les apparentes bassesses de la parole évangélique sont une suite de l'Incarnation du Verbe. — Pascal ciselant la même idée avec une égale énergie. — Quand Bossuet exalte, à la Salpêtrière, les toutes-puissantes faiblesses de saint Paul, il semble faire le portrait de l'humble Vincent de Paul qu'il aperçoit devant sa chaire. — Chez Bossuet, l'idée ne s'efface jamais sous l'image. — Le détail historique manque d'ordinaire un peu trop dans ses panégyriques.

Messieurs.

Du mystère au panégyrique la distance est grande. On peut même dire, à certains égards, que ce sont les deux points extrêmes de l'éloquence sacrée. D'une part, c'est Dieu lui-même et ses œuvres qui sont l'objet immédiat de la parole ; de l'autre, c'est la vie d'un homme qui fait le thème du discours. Mais, bien qu'en apparence elles s'éloignent l'une de l'autre, en réalité ces deux faces de la prédication évangélique se rejoignent dans l'unité d'un même plan. Aux yeux de la foi, la sainteté est, si je puis me servir de cette expression géométrique, la résultante de deux forces combinées; c'est le produit de l'action divine et de la coopération humaine. Conséquemment, faire le panégyrique d'un saint, c'est montrer le christianisme dans l'efficace de son principe, c'est le suivre sur un point donné, dans l'une de ses applications les plus fécondes.

D'où il suit également que le panégyrique chrétien diffère, sur des points essentiels, de l'éloge profane. Non pas cependant que ces deux genres, si opposés d'ailleurs, n'aient entre eux des traits communs. Il s'agit en effet, dans l'un comme dans l'autre, de mettre en relief une grande physionomie, d'en accuser fortement les lignes principales, de réunir dans le cadre d'un discours tout ce qu'elle offre de saillant et de caractéristique. Là même ne se borne pas l'analogie, qui existe entre l'éloge d'un grand homme et le panégyrique d'un saint. Des deux côtés, il faut tenir compte du milieu où ils se sont développés, les étudier dans leur activité sociale, constater l'influence qu'ils ont pu exercer autour d'eux sur leur siècle ou sur leur pays, par la parole ou par l'action. Il y a plus : un saint est toujours un grand homme. Si la sainteté n'inclut pas la grandeur du génie, elle embrasse toujours, ce qui vaut mieux, la grandeur du cœur et la grandeur du caractère. Mais c'est ici qu'éclate la différence. Le vrai principe de la grandeur des saints ne se trouve pas dans la nature humaine. Ce qui fait le propre de la sainteté, c'est d'être le triomphe de l'homme sur sa nature par le secours de la grâce. C'est ce triomphe moral, intime, qu'il faut étaler dans tout son éclat, aux yeux de l'auditoire. Par là, le panégyrique rentre dans l'économie générale des mystères chrétiens. Avant d'être une œuvre d'art, c'est une œuvre de foi; il doit enflammer les âmes par le spectacle héroïque d'une vertu qui dépasse les forces de la nature humaine. S'il participe du dogme par le principe auquel il rattache la sainteté, il tient de la morale par le but qu'il se propose. Et c'est à cette dernière fin que Bossuet le subordonnait, quand il disait dans son panégyrique de saint François d'Assise : « Nous faisons dans l'Église les panégyriques des saints, moins pour célébrer leurs vertus qui sont déjà couronnées, que pour nous en proposer l'exemple. »

Cela posé, il est facile de comprendre que le panégyrique ouvre à l'éloquence sacrée une source d'inspirations aussi neuves que fécondes. Encadrer dans une vie héroïque le dogme et l'histoire, le précepte et l'exemple, l'idée et le fait : quelle matière, je vous le demande, les mystères exceptés, peut offrir à la fois plus de richesse et de variété ? Mais, à qui veut le traiter avec succès, deux qualités sont absolument nécessaires : une pénétration vive pour saisir tout l'ensemble des traits qui composent la physionomie d'un saint, et une imagination ardente pour l'exprimer avec force et vie : sinon, le panégyrique fait place à une biographie sèche, ou devient, ce qui est pire encore, une pièce académique. Mon dessein n'est pas de m'étendre sur la théorie de ce genre de discours : je préfère en chercher l'application dans Bossuet. Je vous disais, la dernière fois, que c'est surtout dans les mystères que ce grand orateur me semble avoir excellé. J'ai presque regret d'avoir émis cette opinion. Car les vingt-deux ou vingt-trois panégyriques qui nous restent de lui, part faite de la différence des sujets, me paraissent à la hauteur de ses plus beaux sermons sur les mystères.

Malheureusement, nous ne possédons plus quelques-uns de ceux qui nous auraient intéressé davantage : le panégyrique de saint Thomas d'Aquin, celui de saint Augustin, celui de saint Ignace de Loyola, et le premier panégyrique de saint Paul,

que la voix publique appelait, au dix-septième siècle, le
surrexit Paulus, en le désignant par les deux premiers mots du
texte. Pour caractériser l'éloquence de Bossuet, dans cette
phase nouvelle de son développement, j'ai fait choix du
deuxième panégyrique de saint Paul; d'abord parce que c'est
un des plus beaux qu'il ait composés, et de plus, parce
qu'ayant été prononcé selon toute apparence, le 29 juin 1657,
il marque le commencement de la carrière oratoire de Bossuet à Paris.

Certes, Messieurs, si, parmi les grands hommes du christianisme, il en est un dont la vie héroïque soit capable
d'enflammer l'imagination et de parler au cœur, c'est
saint Paul. Cet homme qui, de persécuteur devenu chrétien,
a mis au service de la vérité toute la générosité de son âme;
ce Pharisien transfiguré en apôtre et conservant, au milieu
des plus tendres effusions de la charité évangélique, tout
l'enthousiasme de l'ancienne prophétie et la noble fierté de
la cité romaine; ce conquérant des âmes, qui, l'Évangile à la
main, fait plier sous le joug de la foi l'Orient et la Grèce,
Rome et l'Occident; ce philosophe chrétien qui apparaît, entre
Sénèque et Néron, comme pour convaincre le stoïcisme de
son impuissance et le paganisme de sa dégradation; ce moraliste austère, promenant la croix à travers les mollesses de
l'Asie, les voluptés de Corinthe et l'orgueil des Romains;
cet orateur étrange, dont la parole se débat entre le vieux
monde qui finit et le monde nouveau qui commence, dont
l'éloquence souveraine confond la Synagogue, étonne l'Aréopage et fait trembler les Césars; ce martyr intrépide, qui,
après avoir achevé sa course, scelle par son sang la foi qu'il
a prêchée; l'apôtre saint Paul, enfin, est le thème le plus
magnifique que puisse s'offrir un panégyriste chrétien.

Aussi, est-ce en louant saint Paul que le plus éloquent de

Pères, saint Jean Chrysostome, a déployé toutes les ressources de la parole. Rien, sinon l'admiration de Bossuet, n'approche de l'enthousiasme avec lequel le prêtre d'Antioche a célébré les vertus et les combats de ce grand homme. Chaque fois qu'il touche à Paul dans le cours de ses homélies, son cœur éclate, son âme s'électrise. Le souvenir de l'Apôtre l'enflamme et le transporte. Ce ravissement d'une belle âme qui, à son insu, retrouve hors d'elle-même sa propre énergie, se manifeste surtout dans les sept homélies qu'il a consacrées aux louanges de saint Paul. C'est un panégyrique complet. L'Apôtre y est envisagé sous toutes les faces. Dans la première, Chrysostome le compare aux patriarches, aux prophètes et même aux anges; et laissant libre cours à son imagination orientale, il admire en lui tout ce qu'il y a de plus parfait sur la terre et au ciel. Dans la deuxième, il montre comment cette grande âme a excellé par la parole et par l'action. La troisième offre un tableau de la charité de saint Paul : c'est un des morceaux les plus achevés que l'on puisse trouver dans les œuvres de saint Jean Chrysostome. La quatrième, chef-d'œuvre de dialectique et de discussion oratoire, établit la divinité de la religion par les effets de l'éloquence de saint Paul. Le but de la cinquième est tout pratique : c'est de prouver que l'Apôtre a su tirer parti de toutes choses pour son propre salut et celui de ses frères. La sixième est une apologie de saint Paul contre ses détracteurs. La dernière retrace l'activité extraordinaire de l'Apôtre des gentils. Ce cadre aussi vaste que fécond, Bossuet l'a resserré dans le panégyrique dont je vais parler. Il est temps, Messieurs, de contempler ces deux grands orateurs en face de saint Paul. Je fais ce rapprochement d'autant plus volontiers, qu'en se rencontrant sur ce beau sujet, l'un et l'autre étaient arrivés au même point de leur carrière oratoire. Bossuet touchait à sa trentième année;

et bien que plus avancé en àge, s'il faut s'en rapporter aux calculs de Tillemont, le coadjuteur de l'évèque Flavien n'avait paru que depuis trois ans, tout au plus, dans la chaire d'Antioche.

Dès l'exorde, la difficulté de l'entreprise leur arrache à tous deux le mème cri d'impuissance. Je veux bien que ce genre de formules puisse paraitre souvent un artifice de rhéteur ; mais il est permis d'y voir également l'expression d'un sentiment vrai, la crainte fort naturelle qu'inspire la conscience d'une grande tàche. Isocrate en fait abus, mais Démosthène s'en est servi ; il en a mème tiré un fort bon parti dans l'exorde de son discours περὶ συμμοριῶν. En tout cas, s'il est un homme qui ait fatigué de son nom les échos de la renommée, et dont les grandes actions désespèrent la louange, c'est bien saint Paul. C'est cette idée qu'exprime Bossuet, avec la noble simplicité qui caractérise sa parole :

« Dans le dessein que je me propose de faire aujourd'hui le panégyrique du plus illustre des prédicateurs et du plus zélé des apôtres, je ne puis vous dissimuler que je me sens moi-mème étonné de la grandeur de mon entreprise. Quand je rappelle à mon souvenir tant de peuples que Paul a conquis, tant de travaux qu'il a surmontés, tant de mystères qu'il a découverts, tant d'exemples qu'il nous a laissés d'une charité consommée, ce sujet me parait si vaste, si relevé, si majestueux, que mon esprit, se trouvant surpris, ne sait ni où s'arrêter dans cette étendue, ni que tenter dans cette hauteur, ni que choisir dans cette abondance ; et j'ose bien me persuader qu'un ange mème ne suffirait pas pour louer cet homme du troisième ciel. »

Dès le premier trait, vous allez saisir les qualités qui distinguent ces deux paroles : l'une, vigoureuse et serrée, l'autre, abondante et fleurie. L'orateur asiatique commence par comparer l'âme de Paul à un paradis spirituel, à un parterre céleste où fleurissent toutes les vertus, à un vase d'élection qui déborde sous l'effusion des grâces de l'Esprit-Saint, puis il s'écrie à son tour : « Où trouver une parole qui puisse égaler son mérite? Où trouver une langue pour célébrer dignement cet homme qui résume à lui seul tout ce qu'il y a de plus excellent parmi les hommes, et même ce qu'il y a de plus parfait dans les anges ? Jamais nous ne parviendrons à épuiser ses louanges : et pourtant je ne me tairai pas : je n'en dirai même que plus. Car le comble de l'éloge, c'est de ne pouvoir égaler, par les ressources de la parole, la grandeur de l'homme qu'on loue : être vaincu dans un tel sujet, c'est infiniment plus glorieux que de vaincre. »

Il y a sans doute, dans les comparaisons qui précèdent et qui suivent l'aveu que Chrysostome fait de son impuissance, une certaine exagération qu'évite Bossuet. On sent l'élève de Libanius, le Grec louangeur, dans ce parallèle de l'Apôtre avec Abel et Noé, Abraham et Isaac, Jacob et Joseph, Job et Moïse, David, Élie, Jean-Baptiste, et par-dessus tout avec les anges. Mais quel jeu facile, quel tour ingénieux dans ces antithèses multipliées! quelle finesse d'aperçus! quelle variété d'images! quelle largeur de développement! Et puisque j'en suis à l'exorde de la première homélie sur saint Paul, permettez-moi d'en rapprocher de suite celui de la dernière. Je ne pense pas que l'éloquence de la chaire puisse offrir un début, dont la forme dramatique s'allie à plus de pompe et d'élévation :

« Quand l'étendard d'un roi fait son entrée dans une ville, au milieu du son des trompettes, et sur les pas d'une armée entière qui le précède, il se produit un grand concours de toute la multitude. On écoute le bruit des fanfares, on contemple la bannière qui flotte aux regards de tous, on admire la vaillance de celui qui la porte. Aujourd'hui ce n'est pas dans une ville, c'est dans le monde que Paul fait son entrée. Accourons tous vers lui. Car l'étendard qu'il tient dans ses mains n'est pas celui d'un roi de la terre, c'est la croix du Christ qui règne dans les cieux. Ce ne sont pas des hommes qui le précèdent, mais des légions d'anges qui lui font cortège. Ils sont là, pour protéger le porte-drapeau de leur souverain, aussi bien que pour honorer le signe auguste de la royauté du Christ. Et pourtant, à ne s'en tenir qu'à l'extérieur, quelle différence! Celui qui, dans une armée, se voit investi d'un tel honneur, révèle sa dignité par l'éclat dont il brille : de riches vêtements, des colliers d'or qui tombent sur sa poitrine le désignent aux yeux de tous. Pour toute parure, Paul a des chaînes ; c'est couvert de cet appareil qu'il porte la croix. La persécution, la misère, la faim, voilà ses privilèges. Mais n'en gémissons pas, mes très chers frères. Ἀλλὰ μὴ στυγνάσης, ἀγαπητέ, etc. »

Voilà bien cette imagination vive et brillante, par laquelle Chrysostome frappe l'auditoire et s'empare de l'attention. Mais revenons à Bossuet.

L'idée de son discours est tirée d'une phrase de saint Paul, phrase hardie, étrange même, dans laquelle l'Apôtre se plaît, d'un « ton de victorieux », à braver le sens humain par le contraste de sa force et de sa faiblesse : *Cum infirmor, tunc potens sum*, lorsque je me sens faible, c'est alors que je suis puissant. Pensée sublime, dont Bossuet a rendu l'énergique profondeur, dans son panégyrique de saint André, par cette phrase, une des plus belles qui soient sorties de sa plume : « Quand Dieu veut faire voir qu'un ouvrage est tout de sa main, il réduit tout à l'impuissance et au désespoir, puis il agit. » Ainsi la puissance de l'Apôtre expliquée par sa faiblesse, voilà le thème audacieux qu'il va développer avec une énergie digne de saint Paul.

Ici, Messieurs, nous retrouvons ce coup-d'œil philosophique et cette étonnante perspicacité qui distinguent Bossuet. D'un regard, il a mesuré saint Paul, en saisissant dans sa divine originalité le trait caractéristique de cette grande figure. Et ce que je vous prie de remarquer, c'est que du même pas il se trouve au cœur même du mystère chrétien, il embrasse dans son étendue toute l'économie de la religion. En rattachant le caractère surnaturel de l'apostolat de Paul au plan général de Dieu dans l'établissement du christianisme, il fait du panégyrique une démonstration, tout en lui conservant sa forme propre. Je n'ignore pas qu'on a contesté au siècle dernier la valeur philosophique de cette idée, et qu'en dépit du caractère merveilleux qu'offre la propagation de l'Évangile, Gibbon a pu faire un long ouvrage pour l'expliquer humainement. Avec de l'esprit et de l'érudition, et Gibbon ne manquait ni de l'un ni de l'autre, on peut obscurcir les choses les plus évidentes. Mais si l'on aborde ce grave problème avec bonne foi et simplicité, — et ce sont là deux grands docteurs, comme disait Bossuet ; — en considérant d'une part l'audacieuse entreprise de cette poignée de Juifs lancés à travers le monde, sans appui matériel, sans crédit politique, sans art ni éloquence humaine, soulevant sous leurs pas des obstacles sans nombre, allant se heurter avec une croix et des mystères, un scandale et une folie apparente, contre deux puissances religieuse et politique, cimentées par des siècles de domination, soutenues dans l'esprit des peuples, l'une par une mythologie poétique, une philosophie savante, un culte établi, l'autre, par le noble prestige du nom romain, l'éclat des conquêtes, la force des armées ; en considérant d'autre part le succès vaste, rapide et profond de cette incroyable tentative, une révolution immense accomplie dans les doctrines et dans les mœurs, au su et **vu** du monde entier, par douze hommes que, un seul excepté, vous assimileriez tout au plus à douze bateliers de la Seine : en **comparant**, dis-je, dans ce fait unique, le point de départ et le point d'arrivée, le but et les moyens, la cause et l'effet, en rapprochant ces deux termes si extrêmes et si opposés, on sera obligé de rompre avec l'évidence, **ou de convenir** que la propagation de l'Évangile ne ressemble à rien d'humain, que la prédication des apôtres est un fait surnaturel et divin.

Cette conclusion que saint Jean Chrysostome fait ressortir avec force, dans sa quatrième homélie sur saint Paul, Bossuet se contente de l'indiquer dans son discours. Il la développe ailleurs, dans le panégyrique de saint André. Là, il montre à son tour que l'Église est un édifice tiré du néant, une création, l'œuvre d'une main toute puissante. « Voyez la structure, s'écrie-t-il, rien de plus grand : le fondement c'est le néant même, *vocat ea quæ non sunt.* » Ici, il pose le principe, en faisant voir les faiblesses toutes puissantes de l'Apôtre, dans les trois grandes fonctions du ministère des âmes : Paul prêche, Paul combat, Paul gouverne ; « et il est faible dans tous ces emplois. » Mais sa force éclate dans sa faiblesse, parce qu'il met la force de persuader dans la simplicité du discours, qu'il n'espère vaincre qu'en souffrant, et qu'il fonde sur sa servitude toute l'autorité de son ministère. Ces trois magnifiques pensées se trouvent également développées dans Chrysostome. La première fait le fond de sa quatrième homélie ; les deux suivantes sont répandues dans toutes les autres, particulièrement au cours de la troisième et de la dernière.

Le premier point du discours de Bossuet est, sans contredit, le plus remarquable. Je n'appellerai donc votre attention que sur cette partie. Bossuet, se rencontrant avec saint Jean Chrysostome pour caractériser la prédication de saint Paul, ce doit être là évidemment une des plus belles scènes de l'éloquence sacrée. Aussi l'orateur ne peut-il s'empêcher de faire part à l'auditoire de l'émotion qu'il éprouve, en commençant un tel sujet :

« Je ne puis assez exprimer, dit-il, combien grand, combien admirable est le spectacle que je vous prépare dans cette première partie. Car ce que les plus grands hommes de l'antiquité ont souvent désiré de voir, c'est ce que je dois vous représenter : saint Paul prêchant Jésus-Christ au monde, et convertissant les cœurs endurcis par ses divines prédications. »

Ce désir auquel Bossuet fait allusion, Chrysostome le manifeste dans dix endroits de ses œuvres. « Oh ! s'écriait-il avec un saint enthousiasme, dans sa huitième homélie sur l'Épître aux Éphésiens, si j'avais vécu du temps de Paul, avec quelle ardeur je me serais approché de ces chaines pour les embrasser, pour les appliquer sur mes paupières, pour coller mes lèvres sur ces mains, qui avaient été jugées dignes d'être captives pour le nom du Christ!.. » « Que j'aime, disait-il ailleurs, dans sa onzième homélie sur l'Épître aux Éphésiens, que j'aime à entendre Paul parler de sa captivité, combien ses chaines m'exaltent, que j'aurais voulu le voir cet illustre prisonnier du Christ dans les liens, écrivant, prêchant, baptisant, répandant l'Évangile ! » Mais c'est surtout dans la dernière homélie sur l'Épître aux Romains, que le souvenir de l'Apôtre enflamme le cœur de Jean, et l'exalte jusqu'au sublime du sentiment. Ayant eu déjà l'occasion de vous citer cette magnifique page d'éloquence, je m'abstiens de la répéter aujourd'hui.

Quelle était donc la parole de cet homme qui, à des siècles
de distance, transportait d'enthousiasme les deux plus grands
orateurs qu'ait produits l'Église chrétienne ? Écoutons-les
l'un après l'autre ; ils vont nous donner la théorie de l'éloquence de Paul.

« Trois choses, dit Bossuet, contribuent ordinairement à
rendre un orateur agréable et efficace : la personne de celui
qui parle, la beauté des choses qu'il traite, la manière ingénieuse dont il les explique ; et la raison en est évidente. Car
l'estime de l'orateur prépare une attention favorable, les
belles choses nourrissent l'esprit, et l'adresse de les expliquer
d'une manière qui plaise, les fait doucement entrer dans le
cœur. Mais de la manière que se représente le prédicateur
dont je parle, il est bien aisé de juger qu'il n'a aucun de ces
avantages. Et premièrement, chrétiens, si vous regardez son
extérieur, il avoue lui-même que sa mine n'est point relevée :
præsentia corporis infirma ; et si vous considérez sa condition, il est pauvre, il est méprisable, et réduit à gagner sa
vie par l'exercice d'un art mécanique. De là vient qu'il dit
aux Corinthiens : J'ai été au milieu de vous avec beaucoup
de crainte et d'infirmité ; d'où il est aisé de comprendre combien sa personne était méprisable. Chrétiens, quel prédicateur pour convertir tant de nations ! — Mais peut-être que sa
doctrine sera si plausible et si belle, qu'elle donnera du crédit
à cet homme si méprisé. Non, il n'en est pas de la sorte : il
ne sait, dit-il, autre chose que son maitre crucifié, c'est-à-
dire que ce qui choque, que ce qui scandalise, que ce qui
parait folie et extravagance. Comment donc peut-il espérer
que ses auditeurs soient persuadés ? Mais, grand Paul, si la
doctrine que vous annoncez est si étrange et si difficile, cherchez du moins des termes polis, couvrez des fleurs de la rhétorique cette face hideuse de votre Évangile, et adoucissez

son austérité par les charmes de votre éloquence. A Dieu ne plaise, répond ce grand homme, que je mêle la sagesse humaine à la sagesse du Fils de Dieu : c'est la volonté de mon maitre, que mes paroles ne soient pas moins rudes que ma doctrine parait incroyable : *non in persuasibilibus humanæ sapientiæ verbis.* »

Singulière théorie d'éloquence, que celle qui consiste précisément à éviter ce qu'il faut faire pour réussir, et à faire ce qu'il faut éviter pour ne réussir pas. Voyons si le saint Paul de Chrysostome est bien celui de Bossuet.

Dès le premier mot, Jean nous rejette vers Bossuet. La question prend même chez lui un tour plus audacieux, une face plus étrange :

« Voici, dit-il, qu'un faiseur de tentes, un **artisan** qui travaille dans les peaux, περὶ δέρματα τὴν τέχνην ἔχων, déploie une force telle qu'en moins de trente années, il fait plier sous le joug de la vérité les Romains, les Perses, les Indiens, les Scythes, les Éthiopiens, les Sarmates, les Parthes, les Mèdes, les Sarrazins, que dis-je ? le monde entier ! Çà donc, dites-moi, je vous le demande : d'où cet homme a-t-il pu, de derrière son métier, ses outils à la main, d'où a-t-il pu tirer cette haute philosophie qu'il a enseignée aux autres, qui a envahi les villes, les provinces et les nations ? Où a-t-il pris cette force merveilleuse ? Dans sa parole ? Écoutez-le lui-même, *etsi imperitus sermone*, εἰ καὶ ἰδιώτης τῷ λόγῳ. Mais, à défaut de science et d'art, employait-il du moins le talent de la persuation ? Pas davantage. *Sermo meus non in persuasibilibus humanæ sapientiæ verbis.* Serait-ce peut-être que sa doctrine fût de nature à attirer par elle-même? Écoutez ce qu'il en dit : nous prêchons Jésus-Christ crucifié, scandale pour les Juifs, folie pour les Grecs. Eh quoi, un prédicateur sans nom, sans ressources et sans art, une doctrine qui, loin de se recommander par elle-même, ne paraît aux hommes que scandale et folie, des disciples qui, pour tout gain, n'ont en perspective que des supplices, et par-dessus tout, un crucifié qu'il faut adorer : toutes ces choses ne prouvent-elles pas qu'il y a là une vertu ineffable, une force divine, θεία τις καὶ ἀπόρρητός δύναμις? »

Cela posé, je me demande si cette éloquence simple et rude, qui rejette tout artifice humain comme indigne d'elle, qui triomphe dans son impuissance, qui se glorifie de ses bassesses, si cette divine éloquence, qui se moque de l'éloquence, est bien celle de saint Paul. Car le premier mérite d'un panégyrique, c'est la fidélité. Or, pour m'en convaincre, j'en appelle au témoignage de l'Apôtre lui-même, expliquant aux Corinthiens le caractère surnaturel de sa parole :

« Et moi, mes frères, lorsque je suis venu vers vous pour vous annoncer le témoignage de Jésus-Christ, je n'y suis pas venu avec l'éclat d'une éloquence et d'une sagesse humaine. Car je n'ai pas prétendu savoir autre chose parmi vous, que Jésus-Christ et Jésus-Christ crucifié. J'ai donc été au milieu de vous dans un état de faiblesse, de crainte et de tremblement ; mes discours et mes prédications n'ont pas consisté dans les paroles persuasives de la sagesse humaine, mais dans les preuves sensibles de l'esprit et de la puissance de Dieu. Et cela, afin que votre foi ne soit pas établie sur la sagesse des hommes, mais sur la puissance divine. Nous prêchons sans doute la sagesse aux parfaits, mais non la sagesse de ce monde, ni des princes de ce monde qui passent. Nous prêchons la sagesse de Dieu dans son mystère, cette sagesse cachée que Dieu, avant tous les siècles, avait prédestinée pour notre gloire... Nous l'annonçons, dis-je, non pas, encore une fois, avec les discours éloquents de la sagesse humaine, mais avec la science de l'Esprit... Car Dieu a choisi ce qu'il y a de moins sage selon le monde, pour confondre les sages, il a choisi ce qu'il y a de plus faible selon le monde, pour confondre les forts, il a choisi ce qu'il y a de plus vil et de plus méprisable aux yeux du monde, il a pris ce qui n'est rien pour détruire ce qui est. »

Voilà bien, Messieurs, si je ne me trompe, cette éloquence surhumaine que saint Jean Chrysostome et Bossuet viennent de représenter au vif : cette parole étrange qui, forte de sa faiblesse, se plaît à humilier sous elle l'orgueil de l'esprit, qui étale avec complaisance ses glorieuses bassesses, qui, dédaignant le secours de l'art, cherche son succès dans l'oubli d'elle-même ; et quand je songe que ce langage inculte et heurté, que cette phrase enveloppée de mystères allait tomber au milieu d'une civilisation élégante et raffinée, d'un monde de grammairiens courbés à polir des mots, à arrondir des périodes, à combiner des cadences, à limer et à mesurer des vers, je ne puis m'empêcher de conclure, avec l'éloquent prêtre d'Antioche, qu'il y a dans les triomphes de cette parole une cause surnaturelle, Θεία τις καὶ ἀπόρρητος δύναμις.

Mais pourquoi la prédication de Paul, « soit qu'elle sorte toute vivante de la bouche de ce grand homme, soit qu'elle coule dans ses écrits pour y être portée aux âges suivants, ne doit-elle rien avoir qui éclate ? » Ici Bossuet rentre dans le dogme. Avec cette profondeur de vues qui révèle le théologien dans l'orateur, il rattache le caractère de l'éloquence de Paul au mystère de l'Incarnation. La sagesse divine s'est montrée aux hommes sous une double enveloppe, sous l'enveloppe de la chair et sous celle de la parole. De là, cette merveilleuse faiblesse qui accompagne la prédication des apôtres, et qui est une suite de l'abaissement du Sauveur. Impossible de saisir de plus haut, et d'exprimer plus au juste, ce rapport admirable entre la personne du Christ et la parole qu'il a inspirée.

« La chair qu'il a prise a été infirme, la parole qui le prêche est simple : nous adorons en Notre Sauveur la bassesse mêlée avec la grandeur. Il en est ainsi de son Écriture : tout y est grand, et tout y est bas ; tout y est riche, et tout y est pauvre ; et, en l'Évangile comme en Jésus-Christ, ce que l'on voit est faible, et ce que l'on croit est divin. Il y a des lumières dans l'un et dans l'autre ; mais ces lumières, dans l'un et dans l'autre, sont enveloppées de nuages : en Jésus par l'infirmité de la chair, et en l'Écriture divine par la simplicité de la lettre. C'est ainsi que Jésus veut être prêché, et il dédaigne pour sa parole, aussi bien que pour sa personne, tout ce que les hommes admirent. »

Je ne connais, Messieurs, rien de comparable à cette accumulation de traits qui se heurtent, d'idées qui se choquent, à cette antithèse passionnée, qui tourne sur elle-même dans l'énergie de son mouvement, sinon la dialectique à double tranchant que Pascal déploie dans ses *Pensées*. L'un et l'autre génie excellent à saisir et à peindre ce contraste surprenant qui, de la nature humaine où il prend son origine, se poursuit à travers l'ordre naturel et l'ordre surnaturel, confondant la pensée, par ce qu'il y a de grand et de petit dans l'économie générale du monde. Si Pascal n'a pas la vivacité pressante de Bossuet, ni surtout l'ampleur de son développement, son argumentation possède quelque chose de plus âpre et de plus mordant ; chez lui, les deux pensées qui se font face, ont plus de relief et leur opposition plus de saillie. Écoutez-le, dans un passage analogue à celui que je viens de citer : quelle précision géométrique dans ces membres de phrase qui se combattent sans se détruire !

« Archimède, sans éclat, serait en même vénération. Il n'a

pas donné des batailles pour les yeux, mais il a fourni à tous les esprits ses inventions. Oh ! qu'il a éclaté aux esprits ! Jésus-Christ, sans bien et sans aucune production au dehors de science, est dans son ordre de sainteté. Il n'a point donné d'invention, il n'a point régné, mais il a été humble, patient, saint, saint, saint à Dieu, terrible aux démons, sans aucun péché. Oh ! qu'il est venu en grande pompe et en une prodigieuse magnificence, aux yeux du cœur et qui voient la Sagesse. Il eût été inutile à Archimède de faire le prince dans ses livres de géométrie, quoiqu'il le fût. Il eût été inutile à Notre-Seigneur Jésus-Christ, pour éclater dans son règne de sainteté, de venir en roi, mais qu'il est bien venu avec l'éclat de son ordre !... Jamais homme n'a eu tant d'éclat, jamais homme n'a eu plus d'ignominie... Jésus-Christ a dit les choses grandes si simplement, qu'il semble qu'il ne les a pas pensées ; et si nettement néanmoins, qu'on voit bien ce qu'il en pensait... S'il n'y avait pas d'obscurité dans l'Écriture, l'homme ne sentirait pas sa corruption ; s'il n'y avait point de lumière, l'homme n'espèrerait point de remède. Ainsi, il est non seulement juste, mais utile pour nous que Dieu soit caché en partie et découvert en partie, puisqu'il est également dangereux à l'homme de connaître Dieu sans connaître sa misère, et de connaître sa misère sans connaître Dieu. »

Quelle hardiesse, Messieurs, et quelle vigueur dans ce raisonnement, qui fait tourner la bassesse apparente de l'Écriture et son obscurité même en preuves de sa divinité ; dans cette opposition entre les grandeurs charnelles et la grandeur morale, entre ce que les hommes admirent et ce que Dieu met en jeu ! Ce côté étrange, j'aurais presque dit ironique, du christianisme, Bossuet et Pascal l'ont saisi en maîtres. L'un et l'autre se plaisent à humilier l'orgueil humain sous la simplicité triomphante de l'Évangile, à l'étourdir sous les charges

réitérées de leur impitoyable logique, à abattre la superbe
tout de son long, au pied de la croix. Voilà pourquoi Bossuet
se sent à l'aise en face de saint Paul. Au souvenir de ces « faiblesses toutes puissantes » qui ont subjugué le monde, son
admiration éclate, sa verve étincelle ; il jubile de pouvoir
confondre ce qu'il appelle « les vanités de l'éloquence séculière », par le langage simple et rude de l'Apôtre ; et alors, se
livrant au transport de sa foi, il s'élève jusqu'au sublime de
l'éloquence. Permettez-moi, Messieurs, de vous citer en entier
cette grande page, car tout commentaire l'affaiblirait. Jamais,
sans en excepter saint Jean Chysostome, Paul n'avait trouvé
d'interprète mieux inspiré :

« N'attendez donc pas de l'Apôtre, ni qu'il vienne flatter les
oreilles par des cadences harmonieuses, ni qu'il veuille charmer les esprits par de vaines curiosités... Ne cherchons pas
de vains ornements à ce Dieu, qui rejette tout l'éclat du
monde. Si notre simplicité déplait aux superbes, qu'ils
sachent que nous voulons leur déplaire, que Jésus-Christ
dédaigne leur faste insolent, et qu'il ne veut être connu que
des humbles... C'est pour ces solides raisons que saint Paul
rejette tous les artifices de la rhétorique. Son discours, bien
loin de couler avec cette douceur agréable, avec cette égalité
tempérée que nous admirons dans les orateurs, parait iné-
gal et sans suite à ceux qui ne l'ont pas assez pénétré ; et les
délicats de la terre, qui ont, disent-ils, les oreilles fines, sont
offensés de la dureté de son style irrégulier. »

Cette irrégularité apparente, Pascal ne l'explique pas moins
bien que Bossuet. « Saint Paul, écrit-il, a l'ordre de la charité,
non de l'esprit ; cet ordre consiste principalement à la digression sur chaque point qui a rapport à la fin, pour la montrer toujours. »

« Mais, continue l'orateur avec une véhémence toujours

croissante, n'en rougissons pas, mes frères. Le discours de l'Apôtre est simple, mais ses pensées sont toutes divines. S'il ignore la rhétorique, s'il méprise la philosophie, Jésus-Christ lui tient lieu de tout, et son nom qu'il a toujours à la bouche, ses mystères qu'il traite si divinement, rendront sa simplicité toute puissante. Il ira, cet ignorant dans l'art de bien dire, avec cette locution rude, avec cette phrase qui sent l'étranger, il ira en cette Grèce polie, la mère des philosophes et des orateurs ; et, malgré la résistance du monde, il y établira plus d'églises que Platon n'y a gagné de disciples par cette éloquence qu'on a crue divine. Il prêchera Jésus dans Athènes, et le plus savant de ses sénateurs passera de l'Aréopage en l'école de ce barbare. Il poussera encore plus loin ses conquêtes, il abattra aux pieds du Sauveur la majesté des faisceaux romains en la personne d'un proconsul, et il fera trembler, dans leurs tribunaux, les juges devant lesquels on le cite. Rome même entendra sa voix ; et un jour cette ville maitresse se tiendra bien plus honorée d'une lettre du style de Paul, adressée à ses citoyens, que de tant de fameuses harangues qu'elle a entendues de son Cicéron. »

Au moment où Bossuet enlevait l'auditoire par ce mouvement lyrique, il y avait en face de lui, dans cet hospice de la Salpêtrière nouvellement construit, que Fléchier appellera l'une des plus grandes créations du siècle ; il y avait là sans nul doute, dans cette assemblée d'élite venue de tous les points de Paris pour subvenir aux besoins de l'œuvre naissante, il y avait, dis-je, un homme dont le cœur dut battre de joie à de pareils accents. Paul triomphant de toutes les puissances humaines à force d'infirmité, la divine éloquence de l'Apôtre glorifié dans un tel langage, par sa faiblesse même ; quel sujet d'admiration pour cet homme qui lui aussi venait d'étonner son siècle par la toute-puissance de son humilité ! Et si, au moment où Bossuet célébrait les triomphes de Paul devant le glorieux vieillard qui l'écoutait dans la confusion de sa petitesse ; si, à ce moment-là, un éclair prophétique, traversant son esprit, lui eût permis d'associer dans un même discours ces deux divines faiblesses, il aurait pu s'écrier avec un noble enthousiasme : cette vertu céleste qui éclate dans saint Paul, mes frères, vous l'avez sous les yeux, vous la touchez du doigt. Cet homme, qui n'est rien, a fait toutes les grandes choses que vous admirez sous vos yeux ; Dieu l'a pris sous un toit de chaume, de derrière un troupeau ; il l'a réduit à l'impuissance pour en faire un instrument propre à tout. Il est venu, cet ignorant dans l'art de bien dire, avec cette locution rude, cette phrase qui sent le pâtre, il est venu en cette ville polie, la mère de l'éloquence et des arts, il a électrisé tous les cœurs par les cris de sa grande âme. Les rois eux-mêmes ont entendu sa voix, et un jour cette ville maîtresse se tiendra plus honorée de ce palais des pauvres, construit par Vincent de Paul, que de tant de superbes édifices qui semblent vouloir porter jusqu'au ciel le magnifique témoignage de leur néant.

Certes, Messieurs, Bossuet glorifiant devant Vincent de Paul les toutes puissantes faiblesses de l'Apôtre, voilà une de ces scènes d'éloquence, telles qu'il s'en rencontre rarement. Mais l'orateur ne s'arrête pas là. Loin de s'épuiser dans ce mouvement sublime, sa parole a repris une énergie nouvelle. Son âme redouble de feu et de vivacité, et comme s'il était inspiré davantage par ce qu'il vient de dire, il continue :

« Et d'où vient cela, chrétiens ? c'est que Paul a des moyens, pour persuader, que la Grèce n'enseigne pas, et que Rome n'a pas appris. Une puissance surnaturelle qui se plait de relever ce que les superbes méprisent, s'est répandue et mêlée dans l'auguste simplicité de ses paroles. De là vient que nous admirons, dans ses admirables Épîtres, une certaine vertu plus qu'humaine qui persuade contre les règles, ou plutôt qui ne persuade pas tant qu'elle captive les entendements ; qui ne flatte pas les oreilles, mais qui va droit au cœur. De même qu'on voit un grand fleuve qui retient encore, coulant dans la plaine, cette force violente et impétueuse, qu'il avait acquise aux montagnes d'où il tire son origine, ainsi cette vertu céleste qui est contenue dans les écrits de saint Paul, même dans cette simplicité de style, conserve toute la vigueur qu'elle apporte du ciel d'où elle descend. »

Non, Messieurs, on n'imagine rien, et il n'y a rien au-delà d'une pareille éloquence. Non rien, pas même saint Jean Chrysostome. Et pourtant ce grand homme a ramassé toute sa vigueur dans le tableau que je vais lire, et qui n'est pas précisément parallèle à celui de Bossuet ; car je ne voudrais pas rendre à ce dernier la partie trop facile. Voilà pourquoi je vais droit à une magnifique tirade, qui retrace l'activité apostolique de saint Paul :

« Voyez-vous, s'écrie le Père de l'Église dans sa troisième homélie, voyez-vous cette âme dont l'ardeur dévore le monde ? Elle voudrait rallier tous les hommes à Dieu, et elle les rallie autant qu'il est en elle. Vous diriez que cet homme porte l'univers dans son sein, tant il s'empresse et s'agite pour pousser tous les hommes dans le royaume de Dieu. Il leur prête son ministère, avertit, promet, prie, conjure. Il terrifie les démons, met en fuite les corrupteurs des âmes. Il va et il vient, écrit et parle, agit par lui-même ou par ses disciples. Se multipliant de tous côtés, il soutient ce qui chancelle, affermit ce qui est debout, relève ce qui est à terre. Tantôt sa parole s'insinue comme un baume qui guérit, tantôt elle éclate comme un son formidable qui porte l'épouvante dans les rangs des ennemis. Paul les menace de la voix, les effraie

du regard. Semblable à un général qui prête les secours de
l'art aux troupes qu'il dirige, il protège les combattants,
soigne les blessés, remplit tous les offices : il est l'œil et la
tête de l'armée. »

Vous avez été frappés, sans nul doute, par ce qu'il y a de
grandeur et de justesse dans l'image qui termine le développement de Bossuet. C'est en cela également, dans le juste
emploi des comparaisons, que Chrysostome excelle. Tous deux
se plaisent à chercher leurs analogies dans les scènes de la
nature, dans les détails de la vie domestique et civile. L'orateur oriental cède même un peu trop à son goût pour les
métaphores. Il charge ses tableaux de couleurs plus vives
que variées. Les images qu'il emprunte à la lumière, au soleil,
aux accidents de la nature qui l'impressionnaient si vivement
sous le ciel de la Syrie, reviennent trop souvent dans ses discours. Moins flexible peut-être, ou plutôt moins ondoyante,
l'imagination de Bossuet conserve plus de mesure dans la
force. Chez lui, l'idée ne s'efface jamais sous l'image. Au
contraire, comme l'a très bien observé M. de Bonald, dans ses
Mélanges littéraires, les pensées de l'orateur français ne sont
jamais plus fortes que lorsqu'il les revêt d'une belle image, et
ses images ne sont jamais plus frappantes que lorsqu'elles
renferment une grande pensée. Je ne puis résister au plaisir
d'ajouter, à celle que vous venez d'entendre, deux ou trois
comparaisons qui apprennent plus là-dessus que tout ce que
je pourrais en dire.

Il veut faire voir comment la colère divine s'apaise peu à
peu dans la passion de Jésus-Christ. Voici l'image qu'il
emploie :

« Comme on voit quelquefois, dans un grand orage, le ciel
semble s'éclater et fondre tout entier sur la terre ; mais en
même temps qu'il se décharge, il s'éclaircit peu à peu, jus-

qu'à ce qu'il reprenne enfin sa première sérénité, calmé et
apaisé, si je puis parler de la sorte, par sa propre indignation; ainsi la justice divine, éclatant sur le Fils de Dieu de
toute sa force, se passe peu à peu en se déchargeant; la nue
crève et se dissipe, Dieu commence à ouvrir aux enfants
d'Adam cette face bénigne et riante... » (2ᵉ sermon sur la
Passion.)

J'ose dire, Messieurs, que je ne connais rien, pas même
dans Bossuet, qui soit au-dessus de cette comparaison. En
voici pourtant une autre qui ne lui cède guère. Il s'agit de
montrer que la nature humaine, toute ruinée qu'elle est de
fond en comble, conserve néanmoins, parmi ses ruines mêmes,
quelques marques de la grandeur de sa première institution.
S'inspirant d'un spectacle dont la poésie parle à tous les yeux,
l'orateur s'écrie :

« Comme dans ces grands édifices que l'effort d'une main
ennemie ou le poids des années ont portés par terre; quoique
tout y soit désolé, les ruines et les masures respirent quelque
chose de grand ; et au milieu des débris, vous remarquez un
je ne sais quoi qui conserve la beauté du plan, la hardiesse
et l'ordre admirable de l'architecture. » (3ᵉ sermon pour le
jour de Pâques.)

Ailleurs il trouvera, dans l'éloquence elle-même, une image
pour exprimer l'Incarnation du Verbe :

« Comme un grand orateur, plein de riches conceptions,
pour se rendre populaire et intelligible, se rabaisse par un
discours simple à la capacité des esprits communs, ainsi la
Sagesse incréée, par un conseil de condescendance, se rabaisse
en prenant un corps et se rend sensible. » (1ᵉʳ sermon sur
l'Annonc.)

Souvent il s'empare d'une comparaison commune, mais il
la relève par le tour qu'il lui prête :

« Comme une flèche, qui part d'un arc bandé avec plus de violence, prenant son vol au milieu des airs avec une plus grande roideur, entre aussi plus profondément au but où elle est adressée; de même l'âme fidèle entrera plus avant dans l'abîme de l'essence divine, le seul terme de ses espérances, quand elle s'y sera élancée par une plus grande impétuosité de désirs. » (1er sermon sur la Nativité de la Vierge.)

Tout cela est simple et grand. Voici qui est ravissant de grâce et de délicatesse; il est vrai que Virgile ajoutera quelques traits à l'image : Bossuet veut peindre l'émotion de Marie, lorsqu'elle retrouve dans l'âme d'un chrétien les traits immortels de la beauté de son Fils.

« Vous verrez quelquefois une mère qui caressera extraordinairement un enfant, sans en avoir d'autre raison, sinon que c'est, à son avis, la vraie peinture du sien. C'est ainsi, dira-t-elle, qu'il pose ses mains, c'est ainsi qu'il porte ses yeux; telle est son action et sa contenance (*sic oculos, sic ille manus, sic ora ferebat*); les mères sont ingénieuses à observer jusqu'aux moindres choses. Et qu'est-ce que cela, sinon comme une course, si l'on peut parler de la sorte, que fait l'affection d'une mère, qui ne se contentant pas d'aimer son fils en sa propre personne, le va chercher partout où elle peut en découvrir quelque chose. » (2e sermon pour la Compass. de la Vierge.)

Je m'arrête, Messieurs : s'il m'est permis, en terminant, de mêler un mot de critique à l'admiration que j'éprouve pour l'éloquence de Bossuet dans ses panégyriques, je dirai qu'ils ne me paraissent pas échapper entièrement au défaut général que je trouve dans ce genre de discours au dix-septième siècle. L'élément historique, si je puis m'exprimer de la sorte, y est un peu trop sacrifié à l'élément dogmatique et moral. Il n'y a pas assez de faits et trop de doctrine. Ce défaut, je le répète, est moins sensible dans Bossuet que dans les autres des orateurs sacrés de la même époque. Ses panégyriques de saint François de Paule et de saint Bernard, en particulier, sont irréprochables sous ce rapport. Celui de saint François de Sales, au contraire, laisse à désirer pour le détail historique. Mais en chacun de ces discours, comme dans le panégyrique de saint Paul, il excelle à faire ressortir les grandes figures, et à saisir fortement les lignes caractéristiques de leur physionomie morale. Le sentiment du beau surnaturel et du divin, qui l'élevait à la hauteur de ces hommes d'élite, lui permettait de les embrasser dans l'ensemble de leurs traits, en égalant par le discours l'héroïsme de leur vie.

Dans ma prochaine leçon j'envisagerai l'éloquence de Bossuet sous une autre face, dans ses sermons de morale; et je choisirai comme point d'étude principal le sermon sur la loi de Dieu prêché aux Carmélites, en 1661, trois ans et six mois après le panégyrique de saint Paul.

DIX-NEUVIÈME LEÇON

SERMON SUR LA LOI DE DIEU

(Carème aux Carmélites 1661.)

Est-il vrai que Bossuet se montre inférieur à ses rivaux, dans la prédication morale? — Ses qualités en ce genre, comparées à celles de Massillon. — Le sermon sur la Loi de Dieu contient toute la philosophie morale de Bossuet. — L'exorde de ce discours est imité d'une lettre de saint Cyprien à Donatus. — L'archidiacre de Metz et l'évêque de Carthage faisant le procès des vanités du monde. — L'ignorance de la raison humaine, d'après Pascal et Bossuet. — Où trouver une règle de conduite, en dehors de la loi de Dieu. — Le bilan des forces de la seule raison : « Comment puis-je me fier à toi, ô pauvre philosophie? » — Bossuet refuse-t-il à la philosophie purement humaine toute efficacité morale? — Du prétendu scepticisme historique et philosophique de Pascal, et comment une critique malveillante cherche à dénaturer les *Pensées*. — A part quelques exagérations de détail, la thèse de Pascal se résume tout entière dans l'impuissance de la raison à établir, par elle-même, la règle de la croyance et des mœurs. — Quelle vie humaine serait assez longue pour peser à loisir toutes les opinions des philosophes? — Bossuet raille les *libertins* du dix-septième siècle. — Faut-il admettre qu'uniquement occupé des variations protestantes, il n'a pas su prévoir les ravages du rationalisme moderne?

Messieurs,

C'est un préjugé assez généralement répandu que le génie de Bossuet, si profond quand il creuse les mystères de la foi, si dramatique et si élevé, lorsqu'il retrace l'héroïsme de la vertu dans les panégyriques des saints, n'arrive pas à une égale perfection dans la prédication morale. S'il fallait en croire certains critiques, trop jaloux de faire naître des contrastes. l'évêque de Meaux céderait, du moins sur ce point, la palme de l'éloquence sacrée à ses rivaux de gloire. Le motif d'une pareille opinion, assez accréditée dans le monde littéraire, est facile à trouver. De toutes les œuvres oratoires de Bossuet, ses sermons de morale sont, pour la plupart, ce qu'il y a de moins achevé. Bien que les divisions principales y soient marquées d'ordinaire avec beaucoup de précision, et le plan nettement dessiné dans son ensemble, les détails ne présentent pas toujours cette régularité de développement et ce fini de l'exécution, qu'on admire dans les discours parallèles de Bourdaloue et de Massillon. Bossuet procède un peu à la manière des Pères. Son génie libre et hardi a de la peine à se contenir dans les lignes inflexibles d'un cadre tracé à l'avance et uniformément suivi : il le brise par intervalles, il va par bonds, il éclate en saillies. Sa marche a parfois quelque chose d'irrégulier et de désordonné. On dirait des fragments détachés, qu'aucun lien apparent ne relie entre eux. L'aspect en est si vaste, qu'il faut les regarder de haut pour en découvrir l'harmonie. C'est ce qui explique pourquoi ses discours de morale n'ont pas trouvé grâce aux yeux de ceux qui, à l'exemple de La Harpe, ne voient de salut pour l'éloquence que dans le code de fer d'une rhétorique invariable.

Mais, pour quiconque mesure avant tout la force de l'éloquence à l'élévation et à la profondeur des idées, à la vivacité des images, à l'énergie pressante du mouvement, Bossuet n'est pas moins admirable dans ses sermons de morale que partout ailleurs. Ce qui me frappe surtout dans ce grand homme, c'est qu'au milieu d'une richesse de conceptions qu'il déploie constamment, il sait se rendre intelligible à tous et rester populaire par la simplicité de l'expression. Je veux bien que Massillon ait poussé plus loin que lui la science du développement moral, qu'il ait porté plus de finesse dans l'analyse des passions, une attention plus minutieuse à surprendre leurs mouvements les plus secrets, et à peindre leurs effets les plus lointains. L'évêque de Clermont épuise le détail des mœurs, il est vrai, avec plus d'abondance que de fécondité. Bossuet s'arrête rarement à ces descriptions, dont le mérite même peut souvent tourner en défaut. Plus vaste et plus pénétrant, son coup d'œil psychologique prend la passion à son origine, l'embrasse dans le cercle où elle s'agite, et sans la suivre précisément dans ses plis et replis, l'étale devant Dieu dans sa nudité ou l'expose en regard de la croix. De là, il fait tomber sur cette idole, pour me servir de son mot, le foudre de la vérité évangélique; il cherche à la briser et à la mettre en pièces ; il éclate, tonne, foudroie. C'est un combat à mort où l'orateur, toujours armé de l'Évangile, revient à la charge, presse et accable, ébranle et renverse, jusqu'à ce que l'auditoire, remué dans le fond de l'âme par ce terrible agitateur des consciences, se détache du vice qui l'entraîne pour se jeter dans les bras de Dieu, éperdu et tremblant.

Voilà Bossuet. Orateur moraliste, il conserve cette énergie souveraine, ce sens vigoureux et profondément chrétien qui caractérise sa prédication. Lui qui n'admet pas la raison à discuter les mystères de la foi, qui oppose aux témérités de l'esprit une fin de non-recevoir générale et péremptoire, lui qui, dans ses panégyriques, se plaît à étourdir le sens humain par les faiblesses toutes-puissantes des saints, il le prend encore de plus haut, lorsqu'il s'agit de réduire les passions sous la règle des mœurs. C'est ce que nous allons voir, dans son sermon sur la Loi de Dieu. J'ai fait choix de ce discours, non pas précisément que je le regarde comme le plus parfait des sermons de morale qu'il ait prêchés. Le discours sur l'Honneur du Monde, prononcé aux Minimes un an auparavant devant le grand Condé, peut lui tenir tête à tous égards. Mais je l'analyserai de préférence, parce que j'y retrouve, mieux que dans tout autre sermon, les principes mêmes et l'esprit de sa prédication morale, ou comme nous dirions aujourd'hui, la philosophie morale de Bossuet. De plus, il appartient à cette fameuse station, fournie aux **Carmélites** en 1661, qui, après avoir appelé sur l'archidiacre de **Metz** l'attention de la capitale entière, lui valut l'honneur de prêcher le carême suivant, devant **Louis XIV,** dans la chapelle royale du Louvre.

L'orateur a le cœur encore tout ému de l'étrange spectacle que présente le monde chrétien pendant ces jours d'excessive liberté, où le paganisme, chaque année, semble disputer la place à l'Évangile. « La licence effrénée, s'écrie-t-il, tient maintenant ses grands jours,... les hommes semblent avoir oublié qu'ils sont faits à l'image de Dieu, puisqu'ils égalent leur félicité à celle des bêtes brutes. » **Voilà pourquoi il va** rechercher, avec le prophète David, quels sont les vrais devoirs de la vie humaine : *cogitavi vias meas et converti pedes meos in testimonia tua,* j'ai étudié mes voies et enfin j'ai tourné mes pas du côté de vos témoignages.

A cet effet, il commence par embrasser d'un coup d'œil l'humanité entière, avec la variété infinie de ses conditions. Ce début, un des plus dramatiques que puisse offrir l'éloquence de la chaire, il l'emprunte à un Père de l'Église.

Dans sa belle épître à Donatus, dont saint Augustin me parait avoir critiqué à tort le style élégant et fleuri, saint Cyprien voulant montrer, par le tableau des vanités du siècle, qu'il n'y a de véritable repos et de paix immuable que dans la loi de Dieu, donne à sa pensée le tour que voici :

« Je suppose que tout à coup vous soyez élevé au sommet d'une montagne dont l'élévation vous permettra de découvrir tout ce qui se trouve à vos pieds. Je suppose qu'ainsi séparé du commerce des hommes, vous puissiez de là embrasser d'une même vue tout ce tourbillon du monde qui s'agite au loin. Ce spectacle, en vous remplissant de pitié pour les vanités du siècle, redoublerait votre reconnaissance envers Dieu qui vous a fait devenir ce que vous êtes. Considérez et voyez. Les brigands couvrent les routes, les pirates infestent les mers : la guerre promène en tous lieux la sanglante horreur des combats. La terre est humide d'un sang fraternel (*madet orbis mutuo sanguine*), et l'homicide qui passe pour crime, quand il reste privé, prend le nom de vertu lorsqu'il devient public. (Lucain avait dit : *scelerique nefando nomen erit virtus.*) De telle sorte que l'impunité est acquise au scélérat, non par l'innocence du motif, mais par l'énormité même du crime. Si, de là, vous jetez les yeux sur les villes, vous trouverez dans leur tumulte plus de scènes de désolation que dans la solitude. Les voyez-vous qui s'apprêtent pour les jeux de gladiateurs ? Des yeux cruels vont se repaître d'un sang infortuné. On engraisse la victime, afin que mieux nourrie, plus pleine de sang et de chair, elle offre en expirant un spectacle plus agréable à l'œil. On tue l'homme pour le plaisir de l'homme, et le bien tuer, c'est de l'habileté, c'est un exercice, c'est un art ... »

Après ce cri d'indignation, que lui arrache l'état de la société romaine telle qu'il l'avait sous les yeux, Cyprien promène les regards de son ami, du théâtre au forum, du forum dans l'intérieur des familles, puis il continue :

« Mais peut-être direz-vous que je m'arrête à ce qu'il y a de pire, et que, dans le dessein où je suis d'abattre devant vous les vanités du monde, j'appelle vos regards sur ces choses, dont une conscience honnête se détourne avec horreur. Eh bien, examinons de plus près ce que l'ignorance du siècle appelle des biens... voyez-vous cet homme dont le costume éclatant révèle la dignité? Il se sourit à lui-même sous la pourpre dont il est couvert. Mais par combien de bassesses a-t-il acheté cet honneur? On l'a vu de longues années, perdu dans la foule des clients, assiéger de bon matin la porte des grands, et là, courbant la tête sous leur faste insolent, dévorer en silence leur superbe dédain. Et, maintenant qu'on lui rend à lui-même l'honneur qu'il a mendié auprès des autres, on méprise l'homme en révérant sa dignité... Cet autre dont vous admirez les richesses, tremble d'effroi parce qu'il a peur de les perdre. Cette inquiétude le suit partout : elle traverse ses repas, elle trouble son sommeil. Il boit dans des coupes d'or, mais les angoisses de son âme y mêlent de l'amertume. Son corps, amaigri au milieu de la bonne chère, ne trouve sur une couche molle que le supplice de l'insomnie. L'infortuné! il ne voit pas qu'il n'a en partage qu'un beau supplice, qu'il est l'esclave de son or, et qu'en amassant des richesses, il ne s'est donné que des tyrans! »

Des richesses et des honneurs, l'évêque de Carthage s'élève à ce qui en est le faîte, la puissance royale. Il ramasse toute la vigueur de son coloris, pour dépeindre la condition de ces grands et illustres malheureux qu'on appelle les rois de la terre. Il les montre qui craignent autant qu'ils sont craints (*tam ille timere cogitur quam timetur*), qui éprouvent d'autant plus de peines et de soucis que leur pouvoir est plus vaste et leur dignité plus haute, puis il conclut en ces termes, que je craindrais d'affaiblir par la traduction :

« *Una igitur placida et fida tranquillitas, una solida et firma et perpetua securitas, si quis, ab his inquietantis sæculi turbinibus extractus, salutaris portus statione fundatus, ad cælum oculos tollat a terris, et ad Domini munus admissus, ac Deo suo mente jam proximus, quidquid apud cœteros in rebus humanis sublime ac magnum videtur, infra suam jacere conscientiam glorietur. Nihil appetere. jam, nihil desiderare de sœculo potest qui sœculo major est.* » (*Ad Donatum, Ep. I*) :

Tel est, Messieurs, dans ses lignes principales ce magnifique tableau, que Bossuet a imité sans le surpasser. L'élève de Tertullien y tient d'un bout à l'autre le pinceau de son maître. Même vivacité de mouvement, même énergie et même profondeur dans le trait. Mais son style, plus limpide, coule plus doucement. La véhémence extrême, qui remue l'âme de Tertullien, trouble sa phrase et y porte le désordre. Plus maître de lui-même, au milieu de l'émotion qui l'anime, Cyprien met plus d'ordre et de clarté dans sa période si riche et si pleine. Son discours ressemble à une surface d'eau, d'une transparence parfaite, qui s'agite sans se troubler sous le souffle de l'émotion. C'est le jugement qu'en portait saint Jérôme dans sa quarante-neuvième épître à Paulin : *Beatus Cyprianus instar fontis purissimi, dulcis incedit et placidus ;* et Lactance, dans le cinquième livre de ses *Institutions : Erat Cyprianus ingenio facili, copioso, suavi, et quœ sermonis maxima est nota, aperto.*

Dans cette vue d'ensemble, qui embrasse l'activité humaine sous toutes ses faces, Bossuet se sépare sur plus d'un point de saint Cyprien. Du sommet de cette montagne, où l'orateur français se place après l'évêque de Carthage, son regard ne s'abaisse pas sur une civilisation aussi dégradée que l'était celle du monde romain au troisième siècle. Dans les sociétés chrétiennes, le vice ne marche pas le front levé et découvert : il se déguise ou se cache. Ce qu'elles présentent de plus de triste à leur surface, c'est cette préoccupation excessive des intérêts temporels qui absorbe, dans beaucoup d'hommes, toute l'activité de leur âme. Aussi, est-ce de ce côté-là que

Bossuet envisage le train des choses humaines. Je ne puis vous citer tout au long ce beau passage, tel qu'il se trouve dans l'édition de Versailles. Après l'avoir produit d'un premier jet, Bossuet l'a refondu une deuxième fois. Déforis, selon sa malheureuse coutume, a mêlé les deux exordes, et en voulant les compléter l'un par l'autre, il les a gâtés tous les deux. A vrai dire, le premier, considéré en lui-même, me parait le plus remarquable ; il se rapproche davantage du tableau de saint Cyprien ; mais, comme simple introduction, il était trop long. L'orateur l'a compris. Voilà pourquoi il l'a resserré au risque de sacrifier de grandes beautés. Le voici, tel qu'il existe dans le manuscrit de la bibliothèque impériale :

« Dans cette consultation importante, où il s'agit de déterminer du point capital de la vie, et de se résoudre pour jamais sur les devoirs essentiels de l'homme, je me représente que, venu tout nouvellement d'une terre inconnue et déserte, séparée de bien loin du commerce de la société et des hommes, ignorant des choses humaines, je suis élevé tout à coup au sommet d'une haute montagne, d'où, par un effet de la puissance divine, je découvre d'une même vue la terre et les mers, tous les emplois, tous les exercices, toutes les occupations différentes qui partagent en tant de soins les enfants d'Adam, durant ce laborieux pèlerinage.

« O Dieu éternel ! quel tracas ! quel mélange de choses ! quelle étrange confusion ! et qui pourrait ne s'étonner pas d'une diversité si prodigieuse ? La guerre, le cabinet, le gouvernement, la judicature, les lettres, le trafic et l'agriculture, en combien d'ouvrages divers ont-ils divisé les esprits ? Cela dépasse de bien loin l'imagination. Mais, si je descends au détail, si je regarde de près les secrets ressorts qui font mouvoir les inclinations, c'est là qu'il se présente à mes yeux une variété bien plus étonnante... Celui-là est possédé de folles amours, celui-ci de haines cruelles et d'inimitiés implacables, et cet autre de jalousies furieuses. L'un amasse et l'autre dépense. Quelques-uns sont ambitieux et recherchent avec ardeur les emplois publics ; et les autres, plus retenus, se plaisent dans le repos de la vie privée. L'un aime les exercices durs et violents, l'autre les secrètes intrigues. Et quand aurais-je fini ce discours, si j'entreprenais de vous raconter toutes ces mœurs différentes et ces humeurs incompatibles ? chacun veut être fou à sa fantaisie ; les inclinations sont plus dissemblables que les visages, et la mer n'a pas plus de vagues, quand elle est agitée par les vents, qu'il ne naît de pensées différentes de cet abîme sans fond et de ce secret impénétrable du cœur de l'homme. »

Voilà l'aspect, étrange à plus d'un égard, que présente l'humanité. L'orateur s'arrête. Il laisse un instant l'auditoire sous l'impression qu'a produite en lui cette représentation vive et fidèle des choses humaines ; puis, abordant le problème, il en pose les termes et continue :

« Dans cette infinie multiplicité de désirs et d'occupations, je reste interdit et confus ; je me regarde, je me considère. Que ferai-je ? où me tournerai-je ?... Eh quoi ! s'écrie-t-il sous le coup de l'émotion qu'a fait naître en lui ce grand spectacle, est-ce là ce divin animal dont on dit de si grandes choses ? Cette âme d'une vigueur immortelle, n'est-elle pas capable d'une opération plus sublime, et qui ressente mieux le lieu d'où elle est sortie ? Toutes les occupations que je vois me semblent ou serviles, ou vaines, ou folles, ou criminelles ; je n'y vois ni règle, ni véritable conduite pour la composer.... *Cogitavi vias meas*, je cherche, je médite, j'étudie mes voies. »

Le problème est posé dans toute sa netteté. Il s'agit de trouver la loi qui doit régir les actions humaines, c'est-à-dire une lumière pour l'entendement, une règle pour la volonté et la paix pour le cœur. La question est capitale, car elle embrasse tous les devoirs de la vie présente ; et Bossuet a raison de s'écrier : « Je ne crains pas de vous assurer, fidèles, que ni dans les cabinets, ni dans les conseils, ni dans les chaires, ni dans les livres, jamais il ne s'est traité une affaire plus importante. Mais que de difficultés ne s'offrent pas de toutes parts ? que de solutions contradictoires ? et d'abord l'homme ne trouve-t-il pas en lui-même, dans sa raison et dans sa conscience, de quoi diriger son entendement, régler sa volonté et fixer l'inconstance de son cœur ? »

Dans une circonstance à peu près semblable, Pascal plaçait dans la bouche d'un incrédule le discours suivant : « Je ne sais qui m'a mis au monde, ni ce que c'est que le monde, ni que moi-même. Je suis dans une ignorance terrible de toutes choses. Je ne sais ce que c'est que mon corps, que mes sens, que mon âme, et cette partie même de moi qui pense ce que je dis, qui fait réflexion sur tout et sur elle-même, et ne se connaît non plus que le reste. Je vois ces effroyables espaces de l'univers qui m'enferment, et je me trouve attaché à un coin de cette vaste étendue, sans que je sache pourquoi je suis plutôt placé en ce lieu qu'en un autre, ni pourquoi ce peu de temps, qui m'est donné à vivre, m'est assigné à ce point, plutôt qu'à un autre, de toute l'éternité qui m'a précédé et de toute celle qui me suit. Je ne vois que les infinités de toutes parts, qui m'enferment comme un atome et comme une ombre qui ne dure qu'un instant sans retour. Tout ce que je connais est que je dois bientôt mourir ; mais ce que j'ignore le plus est cette mort même que je ne saurais éviter. »

Je veux bien qu'il y ait de l'exagération dans cet effrayant tableau de l'ignorance humaine. Aussi Pascal laisse-t-il à l'incrédulité le soin de le tracer. Mais le voici dans Bossuet, sans fausses couleurs et avec ses véritables proportions :

« Je suis né dans une profonde ignorance ; j'ai été comme exposé en ce monde sans savoir ce qu'il y faut faire ; et ce que je puis en apprendre est mêlé de tant de sortes d'erreurs, que mon âme demeurerait suspendue dans une incertitude continuelle, si elle n'avait que ses propres lumières : et nonobstant cette incertitude, je suis engagé à un long et périlleux voyage ; c'est le voyage de cette vie, dont presque toutes les routes me sont inconnues, où il faut nécessairement que je marche par mille sentiers détournés, environnés de toute part de précipices fameux par la chute de tant de personnes. Aveugle que je suis, que ferai-je, si quelque bonne fortune ne me fait trouver un guide fidèle, qui régisse mes pas errants et conduise mon âme mal assurée ? »

Voilà qui, aux yeux de Bossuet, décide en dernier ressort et tranche la difficulté jusqu'au fond. Effrayé des ténèbres qui enveloppent la raison humaine, il se rejette vers la révélation ; et il trouve, dans la loi de Dieu manifestée par l'Évangile, une conduite infaillible, une règle certaine et une paix immuable. C'est l'objet de son discours.

Comme vous le voyez, Messieurs, nous sommes au vif d'une question dogmatique à propos d'un sujet de morale. C'est le propre de ce grand orateur de ne jamais séparer le devoir de son principe, de le faire dériver constamment de sa source la plus haute, sans perdre un instant de vue cette corrélation étroite. J'ajouterai même, à ce propos, que Bossuet a devancé la controverse moderne sur l'impuissance de la raison à établir par elle seule la règle des mœurs. Là-dessus, il développe un ordre d'idées parallèles à celui de Pascal dans les *Pensées*. N'oublions pas que Pascal assistait probablement à ce sermon, car Messieurs de Port-Royal suivaient assiduement la station de 1661.

Et d'abord l'insouciance des hommes à s'éclairer sur un sujet, d'où dépend leur conduite, arrache à l'orateur un cri d'indignation éloquente :

« Mortels audacieux et misérables, nous mesurons le cours des astres, nous assignons la place aux éléments, nous allons chercher au fond des abîmes les choses que la nature y avait cachées, nous pénétrons un océan immense, pour trouver des terres nouvelles que les siècles précédents n'ont jamais connues; et à quoi ne nous portent pas les désirs vagues et téméraires d'une curiosité infinie? Et après tant de recherches laborieuses, nous sommes étrangers chez nous-mêmes: nous ne connaissons ni le chemin que nous devons tenir, ni quelle est la vraie fin de nos mouvements. »

Sans nul doute, si l'homme était réduit à ses propres forces, avec son entendement et sa volonté, blessés l'un par l'ignorance, l'autre par le dérèglement, il n'arriverait jamais à connaître l'ensemble de ses devoirs, ni le vrai but auquel il doit tendre. « Il le faut avouer, dit l'orateur, ce n'est pas une entreprise facile ni un travail médiocre : tous les sages du monde s'y sont appliqués et tous les sages du monde s'y sont trompés. » C'est ici que Bossuet triomphe, parce qu'il s'appuie sur un fait palpable, les variations et les contradictions perpétuelles des philosophes, touchant la règle des mœurs.

Messieurs, dans cette question fort importante, comme dans toute autre et plus même que dans toute autre, il faut être de bonne foi. Pour faire, si vous me permettez ce mot, le bilan exact des forces de la raison humaine abandonnée à ses seules ressources, il ne s'agit pas de venir en plein christianisme, au milieu d'une société saturée d'idées et de principes chrétiens, après que dix-huit siècles de science et

de foi catholique ont jeté de vives lumières sur toutes les
questions morales, de venir composer des livres sur le Devoir
ou la Religion naturelle, de les composer, dis-je, avec les
éléments traditionnels que vous trouvez sous la main, pour
les donner ensuite comme un produit net et pur de la raison
humaine. Par là, vous ne prouvez qu'une chose qui nous va
parfaitement, c'est que le christianisme a fait faire des progrès à la raison de l'homme, ce dont personne ne doute.
Mais, pour établir votre thèse sur la suffisance absolue de la
raison en matière dogmatique et morale, franchement, en bonne
logique, il faudrait s'y prendre autrement. Pour que vos
arguments fussent du plus léger poids dans la balance, il
faudrait pouvoir, ce qui est impossible, vous soustraire complètement à l'influence de l'Évangile, et sans avoir jamais
entendu parler de la morale chrétienne, construire à part et
isolément un édifice moral, solide à sa base et complet dans
ses parties : nous y perdrions à coup sûr de beaux livres, ce
qui est une perte, j'en conviens ; mais nous y gagnerions en
retour, ce qui vaut encore mieux, un argument à tout le
moins tant soit peu sérieux. Jusque-là, vos dissertations
morales, si savantes qu'elles puissent paraître, ne prouvent
rien, absolument rien. Votre procédé ressemble assez à celui
d'un homme qui, pour s'être enrichi des dépouilles d'autrui,
croirait avoir acquis le droit de se dire riche de son propre
fonds. Et ici, Messieurs, vous me permettrez de faire un pas
de plus. Pour déterminer dans leur juste mesure les forces
de la raison humaine, abandonnée à elle-seule, il ne suffit
même pas de se placer dans les temps antérieurs au christianisme, d'en appeler à Aristote, à Platon, à Philon le Juif et
à je ne sais qui. La morale de Platon, en particulier, fût-elle
mille fois moins défectueuse qu'elle ne l'est réellement, que
la question n'aurait pas fait un pas. Car il faudrait établir

préalablement, ce qu'on n'a pas encore établi et ce qu'on n'établira jamais, à savoir, qu'au milieu des résultats de leur investigation propre, ces hommes-là ne doivent rien aux données de la révélation primitive, à l'enseignement traditionnel qui, tout altéré qu'il était, avait survécu aux milles vicissitudes de l'esprit humain. *Hoc opus, hic labor.* Mais soit; laissons-leur tout entier l'honneur de leur système de morale. Quel pêle-mêle d'opinions! que de théories contradictoires! que de doctrines opposées l'une à l'autre! A qui voudra-t-on persuader qu'avec un Dieu sans Providence, Aristote ait pu édifier une morale identique à celle de Platon? que le devoir est pour Épicure ce qu'il est pour Zénon? Est-il vrai, oui ou non, que le plus docte des Romains, Varron, ait compté dans la philosophie ancienne, sur quelques lieues carrées de surface, plus de deux cent quatre-vingt-huit théories du souverain bien? et qu'ainsi l'histoire de la philosophie purement humaine justifie à chaque pas ce beau mot de Schelling, peu suspect en pareille matière : « La philosophie est l'Odyssée de l'esprit qui, merveilleusement déçu, se fuit en se cherchant lui-même? » C'est donc avec raison que Bossuet lui dénie le pouvoir de constituer par elle-même la règle des mœurs, en lui disant du haut de l'unité et de l'immutabilité chrétiennes:

« Tu me cries de loin, ô philosophie, que j'ai à marcher en ce monde dans un chemin glissant et plein de périls : je l'avoue, je le reconnais, je le sens même par expérience. Tu me présentes la main pour me soutenir et pour me conduire; mais je veux savoir auparavant si ta conduite est bien assurée. Et comment puis-je me fier à toi, ô pauvre philosophie? que vois-je dans tes écoles, que des contentions inutiles qui ne seront jamais terminées? on y forme des doutes, mais on n'y prononce point de décisions. Remarquez, s'il vous plaît, chrétiens, que depuis qu'on se mêle de philosopher dans le monde, la principale question a été celle des devoirs essentiels de l'homme, et quelle était la fin de la vie humaine. Ce que les uns ont posé pour certain, les autres l'ont rejeté comme faux. Dans une telle variété d'opinions, que l'on me mette, au milieu d'une assemblée de philosophes, un homme ignorant de ce qu'il aurait à faire en ce monde; qu'on ramasse, s'il se peut, en un même lieu tous ceux qui ont jamais eu la réputation de sagesse; quand est-ce que ce pauvre homme se résoudra, s'il attend que, de leurs conférences, il en résulte enfin quelque conclusion arrêtée? Plutôt on verra le froid et le chaud cesser de se faire la guerre, que les philosophes convenir entre eux de la vérité de leurs dogmes. Non, je ne le puis, chrétiens, je ne puis jamais me fier à la seule raison humaine; elle est si variable et si chancelante, elle est tant de fois tombée dans l'erreur, que c'est se commettre à un péril manifeste, que de n'avoir point d'autre guide qu'elle. »

Ce langage est sévère, j'en conviens, mais c'est le langage de l'histoire, qui est celui de la vérité. Là-dessus, les grands hommes du dix-septième siècle ne pensaient pas autrement que nous. Si la philosophie leur semblait admirable lorsqu'appuyée sur la foi, elle lui rend en soumission ce qu'elle lui emprunte en lumières; livrée à elle-même, au vent de ses caprices, elle ne leur paraissait plus qu'une science féconde en doutes, et stérile en décisions. Bossuet, en particulier, ne lui épargne point le blâme, chaque fois qu'il rencontre sur son chemin ces prétentions rivales. Vous venez d'entendre de quelle manière énergique et fine il en retrace l'impuissance doctrinale. Ailleurs, il en relève le peu d'efficacité :

« La philosophie, dit-il dans son premier sermon pour la Conception de la Vierge, me montre de loin, dans de belles boîtes. qu'elle étale avec pompe parmi tous les ornements de la rhétorique, le baume falsifié de ses belles mais trompeuses maximes... Les philosophes charlatans, semblables à ces dangereux empiriques, charment et endorment le mal pour un temps, et pendant cette fausse tranquillité, inspirent un secret venin dans la plaie. Ils me font la vertu si belle et si aisée, ils la dorent de telle sorte par leurs artificieuses inventions, que je m'imagine souvent que je puis être vertueux de moi-même, au lieu de me montrer ma servitude et mon impuissance. Ah! superbe philosophie, n'est-ce pas assez que je sois faible, sans me rendre de plus en plus orgueilleux! »

C'est le ton et presque l'ironie de Pascal. Est-ce à dire pour cela que Bossuet refuse à la philosophie purement humaine tout pouvoir, toute efficacité morale? A Dieu ne plaise!

« Je sais, dit-il, dans son sermon sur la Divinité de la Religion, je sais qu'elle a conservé de belles règles, et qu'elle a sauvé de beaux restes du débris des connaissances humaines; mais je perdrais un temps infini si je voulais raconter toutes ses erreurs. »

C'est donc, Messieurs, parce qu'étant sujette à se tromper, elle entremêle la vérité d'erreurs, que l'orateur l'abandonne pour chercher dans l'Évangile une règle de conduite immuable et certaine. Il l'abandonne, non comme incapable de faire aucune espèce de bien, mais comme insuffisante à produire tout le bien. Ce qui revient à dire avec Rousseau, dans la Profession de foi du vicaire Savoyard : « La philosophie ne peut faire aucun bien que la religion ne le fasse encore mieux, et la religion en fait beaucoup que la philosophie ne saurait faire. » Cette conclusion, qui échappait à Rousseau dans un moment de sincérité, tout philosophe sérieux la tirerait sans peine, si l'amour-propre et l'esprit de parti n'envenimaient le débat.

Je disais tout à l'heure, Messieurs, que dans ce sermon, qui à mon avis renferme toute sa philosophie morale, Bossuet me semble développer un ordre d'idées analogue à celui des *Pensées* de Pascal. Je crains vraiment d'avoir scandalisé l'un ou l'autre d'entre vous. Car enfin, il est tellement reçu de croire aujourd'hui que Pascal a été sceptique, sceptique en philosophie, sceptique en histoire (à peine si on lui fait grâce de la foi), qu'aux yeux de beaucoup de gens, c'est rendre Bossuet suspect, que de le rapprocher de Pascal. Fort heureusement, il n'y a pas de quoi s'alarmer : le voisinage de Pascal n'est compromettant pour personne ; car son scepticisme, au fond, n'est qu'une machine de guerre inventée à plaisir, pour battre en brèche son éloquente apologie. Sans doute, si le scepticisme consiste à penser qu'en fait de croyances ou de conduite morale on ne peut jamais se fier à la seule raison humaine ; que depuis qu'on se mêle de philosopher dans le monde, on n'a formé que des doutes sans prononcer de décisions ; «qu'on verra plutôt le froid et le chaud cesser de se faire la guerre que les philosophes convenir entre eux de la vérité de leurs dogmes ; » qu'il n'est pas un seul point, pas même l'existence de Dieu, pas même le premier principe de la raison, le principe de contradiction, le principe du oui et du non, sur lequel il y ait accord parfait dans les systèmes philosophiques ; qu'en un mot l'histoire de la philosophie, isolée de la foi, n'a pas été autre chose depuis dix-huit siècles que l'histoire des variations de l'esprit humain ; et qu'ainsi en répudiant le secours de la révélation, la raison de l'homme, de quelque côté qu'elle se tourne, ou gauchit, ou s'égare, ou succombe : si le scepticisme est cela, oh alors ! j'en conviens, Pascal est sceptique ; mais dans ce cas Bossuet, auquel j'ai emprunté la plupart de ces expressions, Bossuet l'est comme lui ; et pour vous dire là-dessus toute ma pensée, je ne crois pas que notre siècle les aurait ramenés à de meilleurs sentiments; je puis me tromper, mais j'incline à penser qu'après toutes les variations de l'éclectisme contemporain, et en face des incroyables assertions de la philosophie allemande, ils n'auraient fait, pour toute correction, qu'ajouter l'un un point à son sermon et l'autre un chapitre à son livre.

Franchement on a été terrible envers Pascal. Quoi! L'éclectisme qui fait profession de tout concilier, même l'impossible, qui veut trouver du vrai partout, là même où personne n'en cherche, n'a pas trouvé moyen de concilier quelques phrases de Pascal. En vérité, c'est s'arrêter en trop beau chemin, c'est devenir méticuleux après avoir joué la difficulté. Car il faut reconnaître que, pour mettre Pascal d'accord avec lui-même, on n'a pas besoin de faire une grande dépense d'habileté. Il s'agit simplement de prendre ses *Pensées* pour ce qu'elles sont, non pas pour une œuvre achevée, qui aurait reçu de son auteur une forme définitive; mais pour une première ébauche qui n'est accusée que dans ses lignes principales, à laquelle il manque évidemment, sans parler de l'ordre et de l'arrangement des parties, la précision du terme, le fini de l'idée. Esprit impétueux et ardent, Pascal écrivait au courant de la plume. Il jetait l'idée devant lui, sous une première forme, sauf à la retoucher plus tard. Son livre, si même livre il y a, est un pêle mêle de propositions qui se complètent et s'expliquent l'une par l'autre. Les prendre isolément, pour peser chaque mot, pour les considérer à la loupe, c'est un procédé que ne comporte pas la nature de l'ouvrage. J'accorde bien volontiers que chez lui l'expression excède parfois la pensée, qu'on y trouve des phrases malsonnantes, ou qui choquent à première vue. Mais dans ce cas-là, lorsqu'on se trouve en face d'un premier jet, d'une simple ébauche que l'auteur n'a pas eu le temps de revoir, qu'il n'a jamais songé à livrer au public sous cette forme négligée, le chemin est tout tracé. Sous peine de commettre une injustice, qui est en même temps une méprise, il faut de toute nécessité rapprocher les textes, achever par l'un ce qu'il y a d'incomplet dans l'autre, et, dans le choix entre deux sens, se décider sans la moindre hésitation pour le plus raisonnable des deux. Il serait étrange que la probité littéraire restât au-dessous de la probité commerciale. Eh bien, je dois le dire, les *Pensées* de Pascal n'ont pas eu le bénéfice de ce procédé, que je n'appellerai pas même du ménagement, parce qu'il se confond avec l'équité. Au lieu de tenir compte de la forme inachevée de l'ouvrage, on l'a traité comme on ferait d'une édition revue, corrigée et considérablement augmentée par l'auteur ; on a isolé des textes, séparé certains passages de ce qui les suit et de ce qui les précède ; on a pris au pied de la lettre, ou dans leur crudité audacieuse, des expressions dont le contexte adoucit ou mitige le sens. Vous comprenez, Messieurs, que le temps ne me permet pas de suivre la critique littéraire, au milieu de tous les ravages qu'elle a faits dans les *Pensées* de Pascal. Néanmoins, pour ne pas laisser mes assertions sans preuve, j'irai droit à la plus grande hardiesse de Pascal, au mot qui lui a valu davantage le reproche de scepticisme. Je lis, dans une préface aux *Pensées :* « Pascal est pyrrhonien dans toute la sincérité de son âme, il l'est formellement, absolument, audacieusement (les adverbes ne coûtent pas) ; car il a dit : le pyrrhonisme est le vrai. » Il faut en convenir, Pascal l'a dit. Mais voyons la suite qu'on oublie de citer : « le pyrrhonisme est le vrai, car après tout, les hommes avant Jésus-Christ ne savaient où ils en étaient, ni s'ils étaient grands ou petits. Et ceux qui ont dit l'un ou l'autre n'en savaient rien, et devinaient sans raison et par hasard, et même ils erraient toujours en excluant l'un ou l'autre. (Suit le texte de saint Paul.) *Quod ergo ignorantes colitis, hoc ego annuntio vobis.* » Vous avouerez que cette explication restreint singulièrement le sens de la première phrase. En fin de compte, cela se réduit à dire qu'avant Jésus-Christ, et en dehors de la révélation, l'homme restait un mystère pour l'homme ; et que, parmi les philosophes, les uns l'exaltaient outre mesure, les autres le ravalaient au-dessous de lui-même. Ce qui n'est pas du scepticisme, mais de l'histoire. A part quelques exagérations de détail qui disparaissent dans l'ensemble, la thèse de Pascal se résume tout entière dans l'impuissance de la raison à établir par elle-même, sans mélange d'erreurs, la règle des croyances et des mœurs. Cette thèse n'est pas neuve. Pour lui trouver des précédents, je n'en appellerai ni à saint Thomas, ni à saint Augustin : la chose est trop évidente : je n'ai qu'à ouvrir Platon. Ce grand homme en convient avec cette modestie d'un vrai philosophe qui trouve, dans la conscience de sa force, le courage d'avouer sa faiblesse. Voici le langage qu'il prête à Socrate, dans le *Phédon :*

« Je crois que sur de telles matières, arriver à l'évidence en cette vie est impossible ou très difficile... Il faut pourtant tâcher de savoir ce qui en est ; et si on ne peut y parvenir, on prendra parmi les opinions humaines la meilleure, et celle qui résiste le mieux ; et on s'y établira comme sur un radeau pour traverser la vie, à moins qu'on ne puisse trouver à s'embarquer sur un vaisseau plus solide, et sur une parole divine qui nous conduise en toute sûreté au terme du voyage. »

Bossuet n'eût pas mieux dit, ni Pascal non plus. J'insiste, Messieurs, et à dessein, sur le rapport d'idées qui existe entre ces deux écrivains. Car pour échapper à l'impétueuse

logique de l'un, on serait peut-être tenté de s'abriter derrière
le grand bon sens de l'autre. Or l'abri n'est pas sûr, pour la
raison qui veut s'isoler de la foi. Le grand bon sens de Bossuet arrive là-dessus aux mêmes conclusions que la logique
impétueuse de Pascal. Vous venez de voir quel regard de
tristesse il a porté sur cette mer si vaste et si agitée des opinions humaines. Sa conclusion la voici :

« Donc, ô Sagesse incompréhensible, agité de cette tempête
de diverses opinions pleines d'ignorance et d'incertitude,
je ne vois de refuge que vous ; vous serez le port assuré où
se termineront mes erreurs. »

Mais l'histoire des variations de la philosophie purement
humaine n'est pas seule à décider la question. Une raison
évidente s'oppose de plus à ce que l'homme puisse chercher
par lui-même, en dehors de la loi de Dieu, la véritable règle
des mœurs : c'est la brièveté de la vie. Pour un examen
si long et si difficile, la carrière d'un homme est trop
courte. Ce qu'il lui faut, c'est une morale toute faite, qui le
dirige dans sa conduite dès le premier pas :

« Et certes la prudence humaine, continue l'orateur, est
si lente dans ses progrès et la vie si précipité dans sa course,
qu'à peine avons-nous pris les premières teintures des
connaissances que nous recherchons, que la mort inopiné-
ment tranche le cours de nos études par une fatale et
irrévocable sentence ; au lieu que, dans l'étude de la loi de
Dieu, on y est savant dès le premier jour. »

Serait-ce peut-être que le génie, du moins, pût échapper à
cette condition commune en rachetant, par la promptitude
des recherches, la brièveté du temps ? Y aurait-il par hasard,
dans l'humanité, une aristocratie d'intelligences qui eût le
privilège de répudier le flambeau de la loi de Dieu, pour se
retrancher dans l'isolement d'une raison qui se suffit à elle-

même? Il paraît que cette prétention n'est pas aussi neuve qu'on le croit aujourd'hui; que déjà elle commençait à se faire jour au dix-septième siècle, non point parmi les vrais grands hommes. (Descartes et Racine se seraient crus insultés si on leur avait dit que l'Évangile est fait pour le peuple et non pas pour eux), mais parmi les demi-grands hommes, les beaux esprits, comme Lamothe le Vayer et Fontenelle, gens aux grandes idées et à la vue courte, qui faisaient les plaisants mal à propos. « Pour Dieu, leur disait Bossuet dans son sermon sur la Divinité de la Religion, ne pensez pas être les seuls hommes, et que toute la sagesse soit dans votre esprit dont vous nous vantez la délicatesse... Ces importantes questions ne se décident pas par vos demi-mots et par vos branlements de tête, par ces fines railleries que vous nous vantez et par ce dédaigneux souris. » « Murmurez et raillez tant qu'il vous plaira, leur criait-il ailleurs (dans son troisième sermon pour la Toussaint), le Tout-Puissant a ses règles qui ne changeront ni pour vos murmures, ni pour vos bons mots ; et il saura bien vous faire sentir, quand il lui plaira, ce que vous refusez maintenant de croire. » Avec eux, il le prend de très haut, il déploie en les combattant toute l'ironie de Tertullien et de Pascal, comme dans le sermon qui nous occupe :

« En effet, considérez, chrétiens, ces grands et puissants génies ; ils ne savent tous ce qu'ils font : ne voyons-nous pas tous les jours manquer quelque ressort à leurs grands et vastes desseins, et que cela ruine toute l'entreprise ? L'événement des choses est ordinairement si extravagant, et revient si peu aux moyens que y l'on avait employés, qu'il faudrait être aveugle pour ne pas voir qu'il y a une puissance occulte et terrible qui se plaît de renverser les desseins des hommes, qui se joue de ces grands esprits qui s'imaginent remuer tout le monde, et qui ne s'aperçoivent pas qu'il y a une raison supérieure qui se sert et se moque d'eux, comme ils se servent et se moquent des autres... »

Après le défaut d'accord et le défaut de temps, vient le défaut d'autorité. C'est par là que Bossuet achève de ruiner les prétentions d'une philosophie, qui voudrait se passer de l'Évangile pour régler avec ses seules lumières la conduite morale. A voir l'ardeur avec laquelle il poursuit la sophistique rationaliste jusque dans son dernier retranchement, et l'énergie qu'il déploie dans ce morceau final, on dirait qu'il a devancé son siècle de deux cents ans :

« Je me défierais d'une prudence et je secouerais aisément le joug d'une autorité purement humaine... Mais je ploie et je me captive sous les paroles magistrales du Sauveur Jésus ; dans celles que j'entends, je vois des instructions admirables ; dans celles que je n'entends pas, j'y adore une autorité infaillible... venez donc, ô sages du siècle, venez à cet excellent précepteur qui a des paroles de vie éternelle : laissez votre Platon avec sa divine éloquence, laissez votre Aristote avec cette subtilité de raisonnements, laissez votre Sénèque avec ses superbes opinions ; la simplicité de Jésus est plus majestueuse et plus forte que leur gravité affectée. Ce philosophe insultait aux misères du genre humain par une raillerie arrogante ; cet autre les déplorait par une compassion inutile. Jésus, le débonnaire Jésus, il plaint nos misères, mais il les soulage ; ceux qu'il instruit, il les porte, ah ! il va au péril de sa vie chercher sa brebis égarée... pouvons-nous hésiter ayant un tel maître ? »

Mais le défaut d'autorité, dans la philosophie purement humaine, résulte encore mieux du contraste qu'offrent trop souvent, chez ceux qui l'enseignent, la théorie et la pratique. Voilà pourquoi l'orateur reprend, en mêlant à ses raisons des allusions historiques qui n'échappent à personne :

« Au reste, il n'est point de ces maîtres délicats qui louent
la pauvreté parmi les richesses, ou qui prêchent la patience
dans la mollesse et la volupté; et lui et tous ses disciples, ils
ont scellé de leur sang les vérités qu'ils ont avancées. Ses
saints enseignements n'étaient qu'un tableau de sa vie... que
craignez-vous donc hommes sans courage? Cet excellent
Maître, et par ses paroles et par ses exemples, a déterminé
toutes choses sur le point de nos mœurs; il ne nous a point
laissé de questions indécises. Je vous vois éperdus et étonnés
sur le chemin de la piété chrétienne : vous n'osez y entrer,
parce que vous n'y voyez au premier aspect qu'embarras et que
difficultés; vous ne savez si, dans ce fleuve, il y a un gué par
où vous puissiez échapper. Considérez le Sauveur Jésus; afin
de vous tirer hors de doute, il y est passé devant vous :
regardez-le triomphant à l'autre rivage, qui vous appelle,
qui vous tend les bras, qui vous assure qu'il n'y a rien à
craindre. Voyez, voyez l'endroit qu'il a honoré par son
passage; il l'a marqué d'un trait de lumière : et n'est-ce pas
une honte à des chrétiens d'avoir horreur d'aller où ils voient
les vestiges de Jésus-Christ?... »

Messieurs, je me suis arrêté à ce point particulier de la
prédication de Bossuet, d'abord parce que de cette manière
j'ai pu embrasser, d'une même vue, deux faces distinctes de
son éloquence, en faisant paraître devant vous l'orateur
moraliste et le controversiste en chaire. De plus, j'ai été
bien aise de le montrer en face de la philosophie rationaliste.
On a dit et répété que le grand homme avait manqué de
prévoyance à cet égard; que tout entier à ses controverses
avec les protestants, il s'est escrimé toute sa vie contre un
système vaincu, sans deviner que l'incrédulité minait sourdement le terrain sous ses pieds, pour faire explosion au

siècle suivant. Comme vous venez de le voir, et comme j'espère le montrer plus tard à propos d'une de ses oraisons funèbres, ce reproche n'est pas fondé. La sagacité de Bossuet ne lui a pas plus fait défaut en cette matière que dans les autres. Si j'en excepte Pascal, dont le coup d'œil a été encore plus pénétrant, il est, de tous les écrivains du dix-septième siècle, celui qui a le mieux saisi à l'avance et caractérisé le genre de combat qui se préparait contre l'Église. Vous l'avez vu surprendre en quelque sorte le venin naissant de Voltaire dans ces *demi-mots*, ce *souris dédaigneux*, ces *railleries* des esprits forts de son temps. De plus, il n'a cessé d'en signaler la cause dans la corruption de son siècle. « Je prévois, disait-il dans son sermon sur la Divinité de la Religion, que je vous prierai de lire à ce sujet, je prévois que les libertins et les esprits forts pourront être décrédités, non par aucune horreur de leurs sentiments, mais parce qu'on tiendra tout dans l'indifférence, excepté les plaisirs et les affaires. » C'était peindre en deux mots l'époque qui allait suivre et d'où le mal est sorti, la régence du duc d'Orléans, qui n'a été qu'une période d'affaires et de plaisirs. Enfin, par-dessus les esprits forts de son siècle et les hommes d'affaires et de plaisirs, il a marqué nettement le système qui, de nos jours, prétend construire en dehors de la révélation l'édifice des connaissances religieuses et morales : il l'a combattu mieux que nous, avec plus d'éloquence, mais par les mêmes armes, et pas autrement. Il n'y a qu'une chose qui ait échappé à son coup d'œil, c'est la grande humiliation qu'il était réservé à la philosophie allemande de faire subir dans notre siècle à la raison humaine, par ses systèmes monstrueux qui partent du moi pour conclure au néant. On ne prévoit jamais de si loin les choses, qui paraissent impossibles à ceux-là même qui les voient de près.

Nous n'en avons pas fini avec Bossuet envisagé comme orateur moraliste. Il a eu à remplir dans le cours de sa carrière la tâche la plus difficile de toutes, celle de porter la parole sainte devant un roi absolu, et je dois ajouter, devant un roi coupable. Voyons si, comme on s'est plu à le dire, il n'a pas su garder constamment devant Louis XIV le ton de sévérité évangélique qui sied à l'orateur sacré. Je vais aborder un sujet délicat, mais j'y serai soutenu par la pensée que vous m'écouterez avec indulgence et que vous m'interprèterez avec discernement.

VINGTIÈME LEÇON

BOSSUET DEVANT LOUIS XIV — SERMON SUR LES DEVOIRS DES ROIS

Les courtisans dans la chapelle de Versailles, au dire de La Bruyère. — Ce qu'était, au physique et au moral, le jeune roi Louis XIV, principal auditeur de Bossuet. — Le sermon sur les devoirs des rois. — Tâche difficile de l'orateur sacré, en face d'un monarque coupable : son programme est : respect et liberté. — Bossuet excelle à donner une leçon sous forme de compliment : une nouvelle tournure du *tu es ille vir*. — Comment saint Jean Chrysostome pouvait parler d'Eudoxie, et comment Bossuet devait parler de Louis XIV. — Saint-Simon est plus équitable que La Harpe envers l'illustre orateur. — Bossuet flétrit les abus de « la grande puissance féconde en crimes. » — Ses doctrines politiques : dans quel sens il admet le droit divin des rois. D'après lui, la société civile a le droit national pour base, et le droit divin au sommet. — Admirable tableau de la majesté royale. — Bossuet rejette la souveraineté du peuple, comme l'entendent Jurieu et Rousseau. — Il met des restrictions à l'exercice du pouvoir absolu, qui, d'ailleurs, n'est pas le pouvoir arbitraire. — S'il est vrai, ainsi que le prétend M. J. de Maistre, que « jamais les souffrances du peuple n'arrachèrent un seul cri » à l'éloquence de Bossuet.

Messieurs,

Après avoir prêché le carême de 1660 aux Minimes de la Place royale, et celui de 1661 aux Carmélites du faubourg Saint-Jacques, Bossuet fut choisi par Louis XIV pour prêcher au Louvre le carême de 1662. Ce fut la première station qu'il fournit à la cour. Dans la suite, il y prêcha l'avent de 1665, le carême de 1666 et l'avent de 1669. En dehors de ces quatre stations, Louis XIV et sa cour n'entendirent de lui que des sermons isolés.

Dans un endroit de ses *Caractères*, La Bruyère s'exprimait ainsi :

« L'on parle d'une région où les grands de la nation s'assemblent, tous les jours à une certaine heure, dans un temple qu'ils nomment église. Il y a au fond de ce temple un autel consacré à leur Dieu, où un prêtre célèbre des mystères qu'ils appellent saints, sacrés et redoutables. Les grands forment un vaste cercle au pied de cet autel et paraissent debout, le dos tourné directement aux prêtres et aux saints mystères, et les faces élevées vers leur roi, que l'on voit à genoux sur une tribune et à qui ils semblent avoir tout l'esprit et tout le cœur appliqués. On ne laisse pas de voir dans cet usage une espèce de subordination ; car ce peuple paraît adorer le prince, et le prince adorer Dieu. Les gens du pays le nomment Versailles ; il est à quelque quarante-huit degrés d'élévation du pôle, et à plus de onze cents lieues de mer des Iroquois et des Hurons. » (De la Cour, liv. VII.)

Je ne voudrais pas dire, Messieurs, que ce tableau fait pour la chapelle de Versailles vers 1687, soit une peinture fidèle de ce qui se passait au Louvre en 1662. Toutefois, en y supprimant l'un ou l'autre trait, en adoucissant quelques teintes un peu fortes, je crois qu'on arrive à une représentation assez exacte des choses ; et dans ce cas, il faut bien en convenir, en passant des Carmélites à la cour, Bossuet tombait au milieu d'une singulière assistance. Mais avant de nous familiariser davantage avec elle, arrêtons-nous un instant au principal auditeur.

Quand le 2 février de l'année 1662, le jour de la Purification de la Sainte-Vierge, l'archidiacre de Metz parut pour la première fois dans la chaire royale, Louis XIV entrait dans sa vingt-quatrième année. Venu au monde après qu'une longue stérilité avait fait craindre au pays que Anne d'Autriche ne laissât la race royale sans rejeton, il avait été reçu par la France comme un bienfait du ciel, et le surnom de Dieudonné avait consacré l'allégresse générale. Cinq ans après sa naissance, le canon de Rocroy avait salué son avènement au trône ; et le traité de Wesphalie, en couronnant l'œuvre politique de Richelieu, ouvrait au nouveau règne une perspective aussi vaste que brillante. Les leçons de l'adversité n'avaient pas manqué à la jeunesse de Louis XIV. Pendant cinq années, il avait assisté à toutes les péripéties d'un drame qui ne fut que ridicule, mais qui aurait pu devenir sérieux ; d'une révolte, pendant laquelle la noblesse et le parlement faillirent jouer le sort de la monarchie, l'une en essayant de regagner un terrain irrévocablement perdu, l'autre en cherchant à se transformer de corps judiciaire, ce qu'il avait toujours été, en corps politique, ce qu'il ne pouvait pas être.

Cette lutte d'épigrammes et de chansons qui amenait au bout la guerre civile, la Fronde en un mot, avec ses sanglantes frivolités, ne pouvait manquer de faire sur l'âme du jeune roi une impression profonde. Impérieux et fier par nature, il vit, dans les troubles qui agitèrent sa minorité, une raison de plus pour achever l'œuvre de ses prédécesseurs, en portant le dernier coup à l'aristocratie française vaincue par Richelieu, et désarmée par Mazarin. La mort de ce dernier, en le débarrassant d'un maître, lui laissa toute liberté d'action. Il est vrai, vers l'année 1662, rien encore n'était venu révéler au pays ce que Louis XIV serait un jour, rien, sinon un acte et un mot : un acte brutal, j'en conviens, mais que le parlement avait passablement mérité, et un mot qui annonçait à la France que le règne des favoris allait faire place au gouvernement personnel. Déjà cependant, on devinait ce qu'on ne pouvait prévoir, ou on le sentait à demi. Mazarin, qui se connaissait en hommes, avait dit : « Il y a en lui de l'étoffe pour faire quatre rois. » Tous les avantages extérieurs venaient du reste confirmer la haute opinion qu'on avait conçue du jeune monarque. Louis XIV n'avait sans doute pas encore cet air d'empire et d'autorité, qui devait plus tard fasciner ses contemporains. Mais déjà, comme l'observe madame de Motteville dans ses *Mémoires*, sa belle taille et sa bonne mine se faisaient admirer de tous ; il portait dans les yeux et dans l'air de toute sa personne le caractère de la majesté. Malheureusement aussi ses faiblesses, qui devaient imprimer à sa mémoire une tache ineffaçable, commençaient à paraitre, sans trop d'éclat à la vérité, mais de manière cependant à faire concevoir de vives alarmes. C'est à l'année 1661 que remontaient ses premières liaisons avec Mademoiselle de la Vallière, et, bien qu'aucun scandale ne fût venu les trahir au public, la cour ne les ignorait pas complètement. Bref, Louis XIV se présentait à l'ouverture du carême de 1662, avec le germe et l'apparence de toutes ses qualités et de tous ses défauts. En n'écoutant que la loi de Dieu et les intérêts de la France, il prenait place entre Charlemagne et saint Louis ; en prêtant l'oreille à ses passions, il n'arrivait qu'au-dessus de Henri IV et de Philippe le Bel.

Dans cette circonstance délicate, le devoir de l'orateur sacré était nettement tracé. Prémunir le jeune monarque contre les séductions du pouvoir, lui apprendre avant tout à combattre sa propre puissance, lui laisser envisager « avec horreur et tremblement ce que fait, dans les grandes places, l'oubli de Dieu et cette terrible pensée de n'avoir rien sur sa tête ; » proclamer hautement cette noble obligation pour les grands, pour les princes de vivre mieux que les autres ; s'adresser tour à tour à ce qu'il peut y avoir, dans le cœur

d'un jeune roi, de noblesse, de droiture et de générosité ;
faire parler tout ensemble, l'intérêt et le devoir, les ancêtres,
les contemporains et la postérité ; intéresser à sa vertu sa
gloire même et son nom ; et, après avoir enflammé son âme
par de grands souvenirs et par de beaux exemples, le placer
en face de ses sujets qui composent leur conduite d'après la
sienne, et de Dieu qui tient « le journal de notre vie » : telle est
la tâche qui s'offrait à Bossuet. Cette tâche, il l'a noblement
remplie. Deux mots expriment le caractère de sa prédication :
respect et liberté.

Respect et liberté, tel est le programme de la prédication
évangélique devant les rois de la terre. Ce programme,
Bossuet l'a tracé lui-même : « Je parlerai à Votre Majesté avec
le respect d'un sujet et avec la liberté d'un prédicateur. » A
ceux qui voudraient exclure le respect je dirais non : le roi
reste roi, même en face de la chaire. En lui le monarque et le
chrétien se distinguent, mais ne se séparent pas. L'Évangile
fait des prédicateurs, il ne fait pas de tribuns. A ceux qui
voudraient faire fléchir la liberté évangélique devant l'autorité royale, je dirais non : l'Évangile ne fléchit devant personne. Comme l'a déclaré Bossuet, dans ce style qui n'est
qu'à lui, « pour prêcher la vérité, il faut un cœur de roi, une
grandeur d'âme royale ; et si cette noble fonction ne demande
pas qu'on soit roi par l'autorité du commandement, du
moins exige-t-elle qu'on soit roi par indépendance. » (Pan.
de St Paul.) C'est le mélange de ces deux qualités qui me
frappe dans le grand orateur : tout dans sa parole respire
la liberté chrétienne, tout y conserve le ton du respect.
Jamais d'emportement ni d'irritation ; pas de ce zèle chagrin et amer qui trahit l'homme dans le ministre de Dieu ;
rien d'âpre et de violent : toujours le calme dans la force,
partout la vigueur apostolique tempérée par la douceur.

J'aime et j'admire bien des choses dans Bossuet, mais il n'en est aucune qui me paraisse plus digne d'attention que son attitude évangélique devant Louis XIV. Vous allez en juger.

Dès le premier sermon qu'il prêche à la cour le jour de la Purification, il aborde de front le point capital dans l'instruction d'un monarque, la fuite des plaisirs et la soumission à la volonté divine. Certes, on ne pouvait aller plus au vif de la question devant Louis XIV. Faisant appel à tout ce qui peut faire impression sur un jeune prince au cœur noble et élevé, il oppose, au trouble que laissent dans l'âme les passions des sens, la paix que lui procure l'empire sur soi-même :

« Que ce plaisir de la vertu, s'écrie-t-il, est délicat ! qu'il est généreux ! qu'il est digne d'un grand courage et qu'il est digne principalement de ceux qui sont nés pour commander ! Car si c'est quelque chose de si agréable que d'imprimer le respect par ses regards, et de porter dans les yeux et sur le visage un caractère d'autorité, combien plus de conserver à la raison cet air de commandement avec lequel elle est née, cette majesté intérieure qui modère les passions, qui tient les sens dans le devoir, qui calme par son aspect tous les mouvements séditieux, qui rend l'homme maître en lui-même ! »

Quelle délicatesse, Messieurs, dans ce langage si noble et si ferme, qui sait se faire une arme du sentiment même de l'autorité et du caractère de majesté empreint sur le visage du jeune roi ! Vous avez dû y remarquer un compliment indirect. On a blâmé Bossuet d'avoir donné des louanges à Louis XIV. Mais on n'observe pas que chacun de ces compliments renferme une leçon ; or, je ne sache pas qu'on ait encore trouvé une meilleure manière de faire accepter une leçon, que de lui donner l'air et le tour d'un compliment. Ce

qui n'en diffèrent presque pas. C'est ce que nous trouverons dans les Pères du quatrième siècle, notamment dans
saint Grégoire de Nysse, dans saint Grégoire de Nazianze et
dans saint Ambroise. L'oraison funèbre, telle qu'ils la concevaient, a servi de modèle aux discours analogues de Fléchier et de Bossuet.

VINGT-QUATRIÈME LEÇON

L'ORAISON FUNÈBRE DANS LES PÈRES DU QUATRIÈME SIÈCLE (SAINT GRÉGOIRE DE NYSSE, SAINT GRÉGOIRE DE NAZIANZE)

Les Pères de l'Église, avant les orateurs sacrés du dix-septième siècle, avaient fourni à l'éloquence funèbre d'admirables modèles. — Saint Grégoire de Nysse a été trop déprécié par M. Villemain. — Sa gracieuse peinture de Pulchérie, enlevée à la fleur de l'âge, ressemble au portrait de Henriette d'Angleterre par Bossuet. — Les vains regrets que Cicéron, Plutarque et Sénèque donnaient à leurs chers défunts, et les sereines espérances que l'Église fait briller sur la tombe de ses fils. — Les défauts et les qualités oratoires de l'évêque de Nysse dans ses oraisons funèbres de Flaccille et de Mélèce. — Saint Grégoire de Nazianze prononce l'éloge de saint Basile; il raconte la jeunesse de son ami, leurs études communes dans les écoles d'Athènes, la persécution de Valens, la douce énergie et l'inépuisable charité de l'évêque de Césarée. — Bossuet s'est inspiré de ce chef-d'œuvre, que parfois il se borne à traduire. — Saint Grégoire de Nazianze fait l'oraison funèbre de saint Athanase: pour être inférieur au précédent, ce discours mérite plus d'admiration que M. Villemain ne consent à lui en accorder. — Comment Athanase alliait, dans une juste mesure, la force à la suavité.

Messieurs,

J'ai lu et entendu bien des fois que les orateurs sacrés du dix-septième siècle, Bossuet surtout, ont été les véritables créateurs de l'oraison funèbre. Pareille assertion renferme, selon moi, une grave erreur. Je ne veux pas nier assurément qu'ils n'aient porté ce genre de discours à un degré de perfection inconnu avant eux. Mais pour assigner à cette branche de l'éloquence sacrée son origine proprement dite, il faut se reporter à une époque beaucoup moins rapprochée de nous.

C'est aux Pères de l'Église que revient sur ce point, comme du reste sur tous les autres, l'honneur d'avoir servi de modèle à ceux qui leur ont succédé dans le ministère de la parole.

Nous avons donc le devoir d'étudier, dans les œuvres des Pères, les premiers essais de l'oraison funèbre. Je le fais d'autant plus volontiers que ce sujet me semble à peu près neuf, et que d'ailleurs il offre un intérêt égal à sa nouveauté.

Déjà, nous avons constaté dans l'Éloge des martyrs la transformation radicale que les doctrines chrétiennes avaient fait subir à l'éloquence funèbre, telle qu'elle était conçue par l'antiquité profane. Il est vrai de dire en même temps qu'eu égard à leur caractère exceptionnel, l'éloge de ces premiers grands hommes du christianisme a dû être moins une oraison funèbre qu'un panégyrique. Voilà pourquoi, il faut tourner nos regards vers des compositions qui se rapprochent davantage, pour le fond et pour la forme, des oraisons funèbres du siècle de Louis XIV.

C'est ce que nous trouverons dans les Pères du quatrième siècle. Je commencerai par l'Église d'Orient.

Le premier des orateurs sacrés de l'Église grecque, qui mérite notre attention pour le genre de discours dont je m'occupe, est saint Grégoire de Nysse. Frère puîné de saint Basile, il appartient à cette pléiade d'hommes illustres dont la Cappadoce fut le berceau. Comme l'évêque de Césarée, Grégoire prit une large part aux controverses fécondes, qui valurent au dogme catholique tant de précision et de netteté. Il défendit contre Eunomius la divinité du Verbe, fut persécuté sous Valens et, dans le cours d'une vie agitée par les travaux de la foi, parut avec éclat dans la chaire de Constantinople, où il prononça les oraisons funèbres de l'impératrice Flaccille et de sa fille Pulchérie. L'éminent critique, qui a su retracer avec tant de charme le tableau de l'éloquence chrétienne au quatrième siècle, consacre quelques lignes à ce Père si peu connu et si digne de l'être. « L'évêque de Nysse, dit-il, n'avait pas, comme saint Basile, le don de tout embellir par l'imagination et le sentiment. Sa méthode est sèche, ses allégories sont subtiles. Il n'a pas non plus cette couleur orientale, qui charme dans la plupart des orateurs de l'Église grecque : chose singulière ! il est mystique par le raisonnement seul ; il est mystique sans être enthousiaste. Son âme n'est point échauffée par les grands spectacles du christianisme naissant ; mais il a l'air d'appliquer les catégories d'Aristote à cette œuvre d'inspiration et de foi. »

J'avoue, Messieurs, que cette appréciation de M. Villemain ne laisse pas de me surprendre un peu. Si l'on pouvait, à mon avis, reprocher quelque chose à l'évêque de Nysse, ce serait moins la sécheresse que l'abus de l'imagination. Je le prouverai à l'instant. Sans doute Grégoire porte, au milieu des questions ardues de la métaphysique chrétienne, un esprit subtil et pénétrant. Dans ses douze discours contre Eunomius, il devance les scolastiques par la sagacité de l'analyse et la finesse des distinctions. Mais il n'en est pas moins vrai que sa diction est brillante et richement colorée. Ce qui la dépare assez souvent, c'est un goût peu sévère, le retour trop fréquent des mêmes images, une pompe d'expression qui devient de l'emphase. En général, ses développements pèchent par la longueur ; les rapprochements qu'il établit sont parfois plus ingénieux que fondés. Mais il ne serait pas juste de lui refuser la chaleur du sentiment. Sa vie de Grégoire le Thaumaturge prouve assez que les grands spectacles de la foi naissante excitaient en son âme un enthousiasme vrai. Toutes ces qualités et ces défauts se retrouvent également dans ses oraisons funèbres.

La jeune princesse, dont Grégoire fut appelé à prononcer l'éloge, n'est pas cette autre Pulchérie si célèbre dans l'histoire, qui, après le règne du faible Arcade, soutint de son génie l'empire chancelant. Enlevée par une maladie à la fleur de l'âge, la fille de Théodose et de l'impératrice Flaccille ne fit pour ainsi dire que se montrer au peuple, qui pleura sa perte amèrement. C'est cette mort prématurée, qui inspire à l'évêque de Nysse d'éloquents regrets. Voici comment il sait, dès le début, intéresser son auditoire à une douleur dont je vous laisse le soin d'apprécier l'expression touchante et naïve :

« Vous connaissiez tous, mes frères, cette tendre colombe qui croissait à l'ombre du nid royal : déjà, comme l'oiseau qui déploie ses ailes brillantes, elle s'élevait, supérieure à son âge par les grâces qui l'embellissaient. Mais soudain, elle s'est envolée de son nid et, disparaissant à nos yeux, elle s'est échappée de nos mains qui cherchaient vainement à la retenir. Le ciel nous enviait cette fleur fraîchement éclose, qui déjà, sur la tige d'où elle s'élevait à peine, annonçait tout l'éclat qu'elle répandrait un jour. Voilà, hélas ! que toute brillante de sa première fraîcheur, elle s'est désséchée sur sa tige : arrêtée dans sa croissance avant d'avoir atteint sa pleine vigueur, elle n'a pu exaler tout le parfum qu'elle promettait. Et maintenant qu'elle s'est affaissée sur elle-même, maintenant qu'elle est réduite en poussière, nul ne viendra la cueillir pour en couronner sa tête. La nature avait travaillé en vain. Au moment où nous espérions tant de si belles qualités, le glaive de la mort, tranchant le fil de sa vie, a détruit du même coup toutes nos espérances... O qui d'entre nous, mes frères, a pu être insensible à une telle perte ? qui n'a mêlé ses pleurs aux larmes de tout un peuple ? »

Voilà bien, Messieurs, si je ne me trompe, cette couleur orientale qui charme dans les Pères de l'Église grecque. Il me paraît difficile de mieux embellir un sujet par l'imagination et le sentiment. A lire ces plaintes touchantes, on croirait entendre Bossuet devant le cercueil de la jeune Henriette d'Angleterre : « Madame cependant a passé du matin au soir ainsi que l'herbe des champs. Le matin elle fleurissait; avec quelles grâces, vous le savez! le soir, nous la vîmes séchée ; et ces fortes expressions, par lesquelles l'Écriture sainte exagère l'inconstance des choses humaines, devaient être pour cette princesse si précises et si littérales. Hélas! nous composions son histoire de tout ce qu'on peut imaginer de plus glorieux. Le passé et le présent nous garantissaient l'avenir, et on pouvait tout attendre de tant d'excellentes qualités... il n'y avait que la durée de sa vie dont nous ne croyions pas devoir être en peine... Toutefois, c'est par cet endroit que tout se dissipe en un moment. » Vous le voyez, Messieurs, de part et d'autre c'est la même grâce et la même délicatesse. Avec moins de simplicité que Bossuet, l'évêque de Nysse sait, comme lui, prêter à son langage tout le charme du sentiment. Je ne sais même si, « cette fleur que nul ne viendra cueillir pour en couronner sa tête », n'est pas un trait de poésie, dont on trouverait à peine l'équivalent dans la peinture si ravissante d'ailleurs de l'évêque de Meaux.

Après cet exorde, où, sauf quelques phrases emphatiques, règne d'un bout à l'autre le ton d'une sensibilité exquise, Grégoire décrit les funérailles de Pulchérie. Il a été le spectateur ému de cette pompe funèbre. Il a vu le peuple immense qui, de tous les points de Constantinople, accourait en larmes sur le passage de la litière dorée, où reposait le corps de la jeune princesse. Mais dans ce moment, dit-il, l'or et les pierres précieuses avaient perdu leur éclat; il n'y avait pas jusqu'à ces flambeaux allumés selon l'usage, qui ne parussent refuser leur lumière : le deuil avait tout obscurci, tant la nou-

velle d'une fin si prématurée avait rempli les âmes de tristesse.

Pour trouver un remède à de si grandes douleurs, l'orateur
chrétien s'adresse à la foi. Sans doute, il est triste de voir
tant de grâces s'évanouir en un clin d'œil, à l'aurore même de
la vie. Mais le Seigneur n'a-t-il pas dit : Laissez les jeunes
enfants venir à moi ? « Si la vierge que vous pleurez s'est
séparée de vous, elle est allée se joindre à Dieu ; en fermant
les yeux à la lumière d'ici-bas, elle les a ouverts à la lumière
éternelle. Convive d'une autre table, elle se nourrit du pain
des anges. Arrachée violemment du sol qui l'avait vue naître,
cette jeune fleur a été transplantée au ciel. La fille des rois
n'a fait que changer de royaume. En retour d'une pourpre
humaine, elle a reçu un vêtement divin... Vous gémissez de
ce qu'elle n'est point parvenue à l'âge nubile? Mais le véritable époux vous dira qu'il est au ciel un lit nuptial, qui ne
craint pas le veuvage... Oh! qu'elles sont belles, les mains
qui n'ont jamais commis le mal! qu'ils sont beaux, les pieds qui
n'ont fait aucun pas vers l'iniquité, qui n'ont point imprimé
de traces dans la voie des pécheurs! qu'elle est pleine de
charmes, cette face de l'âme, qui, sans avoir besoin de l'éclat
des pierres précieuses, brille d'innocence et de simplicité! »
Je ne veux pas nier, Messieurs, qu'il n'y ait quelque profusion dans ces antithèses si gracieuses. Comme je le disais il
n'y a qu'un instant, l'évêque de Nysse prodigue les couleurs.
Ses images sont en général plus éclatantes que variées. Il
n'en reste pas moins vrai que les sentiments les plus délicats
du cœur sont rendus, dans ce discours, avec une onction et une
fraîcheur de poésie qui communiquent à l'âme une émotion
délicieuse.

Suit une peinture, aussi énergique que fidèle, des misères
de la vieillesse. Grégoire veut adoucir les regrets qu'a fait naître

une mort si précoce. Il cherche ensuite dans l'Écriture sainte des modèles de résignation. Abraham prêt à sacrifier à Dieu son jeune fils; Job, qui ne répond à la perte de ses enfants que par ces mots : « *Le Seigneur me les avait donnés, le Seigneur me les a enlevés ; que son saint nom soit béni !* » lui paraissent deux types accomplis de fermeté courageuse dans le plus grand des sacrifices. Expliquant alors la loi, suivant laquelle tout ce qui est destiné à devenir incorruptible doit passer par la corruption, il console, par l'espoir de l'immortalité, ceux qu'a désolés la mort de Pulchérie.

C'est en comparant ces paroles de consolation chrétienne aux discours analogues de l'antiquité profane, qu'on mesure toute la distance qui sépare l'Évangile des doctrines païennes. Les traités de consolation ne manquent point dans la littérature antique. Je ne parlerai pas d'un ouvrage de ce genre écrit par Cicéron, à l'occasion de la mort de sa fille Tullie, et dont il ne nous reste plus que sept ou huit petits fragments conservés par Lactance. Mais les deux épitres consolatoires de Plutarque à sa femme et à Apollonius, avec les traités de même nature adressés par Sénèque à sa mère Helvia, à Polybe et à Marcia, peuvent être regardés comme les plus belles compositions que l'antiquité classique nous ait transmises sur cette matière. Il s'y trouve, sans nul doute, de nobles sentiments exprimés avec une grâce parfaite. Plutarque, en particulier, est d'une délicatesse charmante quand il console son épouse de la mort prématurée de leur fille Timoxène. Les réflexions qu'il émet se rapprochent, sur plus d'un point, de celles que Grégoire de Nysse fait valoir dans l'oraison funèbre de Pulchérie. Avec moins de naturel que l'historien grec, le rhéteur latin déploie dans ses trois traités toutes les ressources de sa brillante imagination. Mais que d'hésitations de part et d'autre, et quelle incertitude sur le motif le plus propre à consoler l'homme de la perte des siens, l'espérance d'une autre vie! Attaché aux opinions de Pythagore, Plutarque ne s'élève pas au-dessus de la métempsycose. L'âme de Timoxène voyagera dans d'autres corps ; voilà ce qui doit consoler sa mère. Quant à Sénèque, on connait toutes les contradictions de cet esprit flottant. Tantôt, la mort est pour lui la délivrance et la fin de toutes nos peines, *mors omnium dolorum et solutio est et finis ;* elle nous rejette, dit-il, dans le repos du néant. Tantôt, il montre à Marcia son fils qui plane au milieu des astres, dans la troupe sacrée des Scipion et des Caton. L'Évangile est venu mettre un terme à toutes ces fluctuations de l'esprit humain. Appuyé sur une foi inébranlable, l'orateur chrétien ne se contente pas d'opposer à la douleur la froide parole du stoïcisme : *Durum! sed levius fit patientia quidquid corrigere est nefas ;* il dit, comme Grégoire de Nysse : Laissez cette douleur immodérée à ceux qui n'ont pas d'espérance, οἱ μὴ ἔχοντες ἐλπίδα, ἐλπὶς δὲ ἐστιν ὁ Χριστός : pour nous, notre espérance, c'est le Christ qui règne dans les siècles.

Peu de temps après la mort de Pulchérie, le frère de saint Basile fut invité, par le patriarche de Constantinople, à prononcer l'oraison funèbre de l'impératrice Flaccille, mère de la jeune princesse. L'orateur ne pouvait manquer de rapprocher entre elles ces deux morts si voisines l'une de l'autre. Dans une circonstance analogue, Bossuet dira : « J'étais donc encore destiné à rendre ce devoir funèbre à la princesse Henriette d'Orléans. Elle, que j'avais vue si attentive pendant que je rendais le même devoir à la reine sa mère, devait être si tôt après le sujet d'un discours semblable ; et ma triste voix était réservée à ce déplorable ministère. O vanité ! ô néant !... » Grégoire de Nysse exprime la même idée, mais en lui donnant ce tour métaphorique si familier au génie de l'Orient : « Voyez, mes frères, de combien de maux nous avons été affligés en peu de temps. Nous respirions à peine sous le poids d'une première calamité, nous n'avions pas encore séché nos larmes, que déjà un nouveau malheur est venu fondre sur nous. Il y a quelques jours, nous pleurions une tendre fleur desséchée sur sa tige : aujourd'hui c'est le rameau lui-même qui portait cette fleur bénie. Après nous avoir ravi des espérances qui nous étaient devenues chères, la mort nous enlève un bien dont nous avions appris à estimer toute la valeur. »

Sans doute, l'orateur oriental sacrifie au goût de l'hyperbole, lorsque, faisant allusion à un orage qui avait éclaté pendant les funérailles de Flaccille, il appelle ce deuil des éléments une pluie de larmes que versait la nature. Mais quelle finesse de traits dans le tableau des vertus de l'impératrice ! Avec quelle grâce touchante il rappelle la pieuse rivalité de Théodose et de Flaccille cherchant à se surpasser en bienfaits ! Quel mouvement d'éloquente sensibilité dans cette apostrophe jetée à la Thrace, d'où le corps de la princesse avait été ramené à Constantinople :

« O Thrace, nom fatal ! terre infortunée que les calamités ont rendue célèbre ! Naguère, tu ouvrais tes frontières aux incursions des barbares, qui promenaient sur tes campagnes la torche de l'incendie : maintenant tu as mis le comble à nos maux. Un esprit jaloux du bonheur de l'empire a exercé sa fureur au milieu de toi. Tu as été l'écueil funeste contre lequel le navire de l'État a tristement échoué, en nous entraînant tous dans l'abîme du malheur. O voyage désastreux qui n'a pas connu de retour !... Désormais la foi a perdu son appui, l'Église sa colonne, les autels leur ornement, les pauvres leurs richesses, les affligés et les malheureux un port de salut. » Ce mouvement, qui rappelle le cantique de David sur la mort de Saül et de Jonathas, serait d'une haute éloquence, si trop de répétitions n'en diminuaient l'effet.

Je ferai le même reproche à l'oraison funèbre de Mélèce, patriarche d'Antioche, bien que du reste elle paraisse avoir joui d'un grand succès, puisqu'elle se trouve mentionnée à la fois dans Socrate, dans Sozomène et dans Nicéphore. L'évêque d'Antioche était mort à Constantinople, loin de son troupeau. Cette circonstance inspire à Grégoire de Nysse un mouvement très heureux. S'adressant à cette Église qu'affligera bientôt une si triste nouvelle, il s'écrie : « Et maintenant je me tourne vers toi, Église infortunée, j'ai pitié de toi, ô ville d'Antioche, qu'une catastrophe subite va plonger dans le deuil ! Hélas ! comme ta beauté s'est flétrie en un clin d'œil ! tu as perdu celui qui faisait ton ornement... Quel triste message que celui qui t'annoncera ton malheur ! qui osera dire aux enfants qu'ils ont perdu leur père ? qui dira à l'épouse qu'elle est devenue veuve ? O malheur ! ils nous avaient envoyé, dans ce grand homme, comme une autre arche d'alliance, et nous leur renvoyons un cercueil dans lequel ils ne trouveront plus qu'un suaire, des parfums et des ossements flétris. On entendra de nouveau une voix dans Rama : Rachel pleurant, non plus son fils, mais son époux... » Il y a là certainement, avec une grande vivacité de couleurs, le ton d'un pathétique vrai. On n'en est que plus surpris de trouver Grégoire de Nysse si faible, dans l'éloge funèbre de saint Basile son frère. Ce n'est guère qu'une comparaison fastidieuse de l'évêque de Césarée avec les plus illustres personnages de l'Ancien et du Nouveau Testament, Abraham, Moïse, Samuel, Élie, Jean-Baptiste et saint Paul. Ce grand sujet exigeait un pinceau plus habile ; il attendait, pour devenir un chef-d'œuvre, le plus brillant orateur de l'antiquité chrétienne, saint Grégoire de Nazianze.

Tout le monde connait la touchante amitié qui unissait entre eux Grégoire de Nazianze et Basile. C'est là, sans nul doute, un des épisodes les plus intéressants dans la vie des grands hommes de l'Église. En pénétrant ces âmes d'élite de sa sève divine, le christianisme n'avait fait qu'ajouter aux affections légitimes du cœur plus de délicatesse avec plus de pureté. Nés sous le même ciel de la Cappadoce, plus tard condisciples à Athènes, ils ne s'étaient jamais perdus de vue durant le cours de leur vie si pleine et si agitée. L'histoire n'a rien de plus beau que ces deux existences étroitement enlacées et se déployant avec éclat dans une harmonie féconde. Leur correspondance mutuelle, plus encore que leur vie, témoigne de cette amitié qui devait croître chaque jour dans la défense et dans les périls d'une même cause. C'est donc, Messieurs, une scène unique dans l'histoire de l'éloquence sacrée que celle où, avant de s'ensevelir dans la retraite, en quittant le siège de Constantinople qui lui avait valu tant de persécutions, Grégoire de Nazianze vient saluer à Césarée le tombeau de son vieil ami, et consacrer à cette chère mémoire « les restes d'une voix qui tombe et d'une ardeur qui s'éteint. » C'est ce ton de mélancolie religieuse, inspiré par les souvenirs de l'amitié, qui prête tant de charme à l'oraison funèbre de saint Basile. Grandeur du sujet, solennité de la circonstance, talent de l'orateur, tout contribue à faire de ce discours le chef-d'œuvre de l'éloquence funèbre dans les premiers siècles de l'Église.

Ici, Messieurs, nous trouverons la véritable création de l'oraison funèbre, sous la forme que le dix-septième siècle acceptera en la perfectionnant. Grégoire de Nazianze trace la biographie de saint Basile, mais comme il l'anime par les grâces de l'éloquence ! Il groupe autour d'elle les événements de son temps. Elle devient sous sa plume une page d'histoire vivante et colorée. Rien de plus admirable que l'art avec lequel il sait varier le ton en soutenant l'intérêt. Il s'excuse d'abord de n'avoir pas rendu plus tôt à son ami ce devoir funèbre. Les périls de la foi le retenaient ailleurs ; et c'était là, sans doute, dit-il en commençant, l'hommage le plus éclatant qu'il pût rendre à la mémoire d'un homme, dont la vie entière n'avait été qu'une série de combats pour la cause de l'Évangile. Il passe alors à l'enfance de Basile, dont il loue les vertueux parents et dont il rappelle les premières études. A ce sujet, le vieil évêque retrouve tout l'enthousiasme de sa jeunesse, pour célébrer l'érudition profane. Il s'élève avec indignation contre les chrétiens de son temps qui préten-daient la proscrire, et les appelle, sans détour, des hommes d'ignorance et de ténèbres, σκαίους καὶ ἀπαιδεύτους. De là nous le suivons à Athènes et nous assistons à la vie intime des deux amis. C'est peut-être la partie la plus attachante du discours. L'orateur est obligé de se mettre en scène ; et c'est avec une simplicité pleine d'émotion qu'il se joue dans les mille détails qui réjouissent ses souvenirs. Rien n'est oublié. L'arrivée de Basile à Athènes, où l'a précédé sa réputation, la gravité de son caractère qui l'exempte d'une farce burlesque usitée pour les nouveaux venus, la jalousie des jeunes Armé-niens qui cherchent à circonvenir le brillant élève, l'appui que son ami lui prête dans ces rivalités d'étudiants, leur in-timité enfin devenue célèbre dans la Grèce entière, tout cela est raconté par le vieillard avec un charme de naïveté qui, à de si longs siècles d'intervalle, touche le cœur et l'at-tendrit.

Avec la vie publique de Basile, s'ouvre la seconde partie de son oraison funèbre. On dit adieu à Athènes, à ses écoles, à ses philosophes. Les luttes de la foi réclament les deux jeunes athlètes. Basile le premier descend dans la lice. Il consacre à

Césarée, sa patrie, les prémices de son ministère. Mais la jalousie, que provoquent les succès de sa parole, l'oblige à se réfugier avec son ami dans un monastère du Pont. La persécution de Valens l'en retire. Élu métropolitain de la Cappadoce, il défend, par ses écrits, l'orthodoxie menacée. Ici, la scène grandit, le ton s'élève. Grégoire trace d'une main ferme le tableau de ces temps orageux :

« Par où commencerai-je, s'écrie-t-il, la description du combat que Valens nous a livré ? Exil, fuite, confiscation des biens, tentatives ouvertes, embûches secrètes, tout lui paraissait bon : flatteur habile, quand l'occasion s'en offrait, il obtenait par la violence ce qu'il ne pouvait espérer des séductions de la parole. On vit alors les évêques orthodoxes, chassés de leurs sièges, faire place à des intrus, qui n'avaient d'autre mérite que leur attachement aux opinions pernicieuses de l'empereur. On vit ces docteurs pestiférés aller de lieu en lieu, mendiant des signatures impies et répandant des écrits mille fois pires que leurs actes. Quant aux prêtres restés fidèles, on les descendait dans la mer sur des navires embrasés. A l'ardeur qui animait ces fameux généraux, vous eussiez dit qu'ils allaient subjuguer les Perses, et réduire en leur puissance les Scythes ou toute autre nation barbare. Non, il leur fallait des exploits plus dignes d'eux. C'est aux églises qu'ils s'attaquaient : ils s'élançaient sur les autels, mêlant le sang humain au sacrifice non sanglant ; ils portaient l'ignominie aux vierges. Tel est le récit de ces faits dont le souvenir seul nous arrache encore des larmes. »

Un homme cependant devait arrêter la persécution, par sa courageuse attitude et l'intrépidité calme de sa foi. L'orateur a compris qu'il fallait laisser à de tels actes leur éloquence simple et nue. Se bornant au rôle de narrateur, Grégoire raconte dans tous ses détails cette scène immortelle, où l'évêque de Césarée désarme le préfet de la Cappadoce par la sérénité de son âme et l'énergie de ses réponses. Cette belle page, que l'histoire a empruntée au discours de Grégoire de Nazianze, est trop connue pour que je doive m'y arrêter.

Au sortir de ces luttes, que l'orateur retrace avec une noble simplicité, on se repose avec joie dans la peinture calme et douce des vertus de saint Basile. Non pas, Messieurs, qu'il faille voir, dans cette face nouvelle du sujet, une partie nettement tranchée ou une subdivision du discours.

L'oraison funèbre, telle que Grégoire de Nazianze et les Pères en général la concevaient, n'offre point ce plan rigoureux ni cette ordonnance savante et régulière que nous rencontrons au dix-septième siècle. Le souffle de l'inspiration y circule plus librement : de là, moins de méthode, il est vrai, mais plus d'abandon et plus de naturel. L'orateur s'efface davantage et l'art se devine moins facilement. Ainsi les vertus de saint Basile se trouvent semées çà et là dans le discours : elles s'encadrent d'elles-mêmes au milieu des faits, et prêtent à l'éloge un accent de vérité, qui se refuserait peut-être à des calculs plus savants. Grégoire, d'ailleurs, avait pu apprécier par lui-même tout ce que cette belle âme renfermait de pureté et de désintéressement. Il venge la mémoire de son ami du reproche d'arrogance, que lui avait valu une sévérité toute chrétienne, auprès des hommes relâchés de son époque. C'est surtout en rappelant l'insigne charité du saint évêque qu'il se livre au transport de son admiration. Bossuet a imité ce beau mouvement, dans l'un de ses sermons sur l'aumône, prêché à Paris vers 1657, lorsqu'il dit en parlant de la Salpêtrière : « Passez à cet hôpital : sortez un peu hors de la ville, et voyez cette nouvelle ville qu'on a bâtie pour les pauvres, l'asile de tous les misérables, la banque du ciel, le moyen commun proposé à tous d'assurer ses biens et de les multiplier par une céleste usure. Rien n'est égal à cette ville ; non, ni cette superbe Babylone, ni ces villes si renommées que les conquérants ont bâties, etc. » Voici le passage de saint Grégoire de Nazianze, à propos de l'hospice construit par saint Basile hors de Césarée. Vous verrez que Bossuet s'est borné à le traduire, comme il a coutume de faire, en mêlant les idées et les expressions des Pères aux siennes propres :

« Que dirai-je de sa charité ? Sortez un peu hors de la ville, et voyez cette ville nouvelle, le grenier de la piété, le trésor commun des riches qui viennent à sa voix y déverser le superflu de leurs biens, et jusqu'au nécessaire même. Leurs richesses y sont à l'abri : elles n'attirent plus les voleurs, elles échappent à l'envie ; les vers ne peuvent les altérer, ni le temps les corrompre. Là, on enseigne la résignation dans la maladie ; là, on apprend à bénir le malheur et à estimer la miséricorde. Qu'y a-t-il de comparable à un tel ouvrage ? Non, ni Thèbes aux sept portes, ni cette autre ville du même nom qu'admirait l'Égypte, ni les murs de Babylone, ni le mausolée d'Artémise, ni les Pyramides, ni le Colosse de Rhodes, ni enfin tous ces temples fameux que leur grandeur et leur éclat n'ont pu sauver de la ruine... Nous ne voyons plus maintenant ce triste et lamentable spectacle, des hommes morts avant la mort même, chassés de leurs villes et de leurs habitations, des places et des fontaines publiques, bannis du sein même de leur famille, n'ayant plus rien d'humain que le nom, et ne trouvant plus que la haine en place de la pitié... Cet homme nous a ramenés à d'autres sentiments. Lui-même, malgré la noblesse de son origine et l'éclat de son nom, ne rougissait pas d'approcher ses lèvres de ces infortunés ; il les embrassait comme des frères, non afin de s'attirer par là l'estime des hommes, mais pour aider par son exemple au soulagement des malades... A d'autres donc les mets déli-

tôt s'était mis en marche ; mais, à peine avait-il dépassé le
sommet des Alpes, qu'il reçut la nouvelle de la fin tragique
de l'empereur. Je rebroussai chemin, dit-il en achevant cette
triste narration, et j'arrosai la route de mes larmes : *reflexi
iter et fletibus meis lavi.* De là, l'inquiétude que le sort de
Valentinien inspirait à ses pieuses sœurs. Pour la dissiper,
l'orateur ouvre devant elles les trésors de la bonté divine.
Sans déroger en rien à la sévérité des principes de la foi, il
fait appel à toutes les espérances qu'elle permet. Nulle part,
l'évêque de Milan n'a mieux laissé voir cette bonté d'âme
qui faisait la moitié de son génie : « Vous êtes désolées, leur
dit-il, de ce que votre frère n'a pas reçu le baptême. Mais,
dites-moi, qu'y a-t-il au pouvoir de l'homme, si ce n'est la
volonté et le désir? Or, il avait l'une et l'autre, puisqu'il voulait être initié avant de venir en Italie, et qu'il désirait recevoir sous peu de jours le baptême de mes mains : c'est dans
ce but principalement qu'il me mandait auprès de lui. Eh
bien, cette grâce qu'il désirait, qu'il demandait, soyez-en certaines, il l'a reçue. » Puis, s'adressant à Dieu, il le supplie
d'avoir égard au désir du jeune prince, de ne pas le séparer
de son frère et de son père qui, plus heureux que lui, ont
reçu le gage de la béatitude. Il invoque l'exemple des martyrs, auxquels le dévouement tient souvent lieu de baptême.
Si le sang qu'ils versent les purifie de leurs fautes, les pieux
désirs de Valentinien auront lavé les siennes : *Hunc sua
pietas abluit et voluntas.* Il invite enfin le peuple entier à se
joindre au prêtre dans une prière commune. Pour lui, il
n'ira pas répandre des fleurs sur la tombe de l'empereur,
mais il fera arriver jusqu'à l'âme du prince la bonne odeur du
Christ. Que d'autres, s'écrie-t-il, viennent verser sur son
cercueil leurs corbeilles pleines de lis ; pour nous, notre lis,
c'est le Christ, *nobis lilium est Christus.* C'est ainsi, Mes-

sieurs, que la religion catholique proclamait, par la bouche de ce grand homme, qu'il ne faut jamais désespérer du salut de personne, et que, si d'effrayants mystères enveloppent la destinée humaine, il y a, dans le secret des conseils de Dieu, des ressources qui nous échappent et un abîme de clémence dont nous ne saurions mesurer le fond.

Après ce passage, plein de douceur et d'onction évangélique, Ambroise reprend l'éloge de Valentinien, en lui appliquant les qualités de l'Époux du Cantique des cantiques. Il y a, sans nul doute, dans ce rapprochement biblique plus d'une subtilité, et quelques traits forcés que bannirait un goût plus sévère. Mais le fond en est juste, et ne mérite pas les reproches peu mesurés que lui adressait le calviniste Daillé. Quoi qu'il en soit, si le talent de l'orateur fléchit un peu dans cette partie du discours, il se relève vers la fin, quand il montre l'âme de Gratien venant à la rencontre de son frère, et l'introduisant dans les demeures célestes. Dans ce moment-là, le cœur d'Ambroise déborde : le souvenir des deux frères, de ces jeunes hommes moissonnés à la fleur de l'âge, que leur père mourant avait recommandés à sa tendresse, vient échauffer son âme ; et, laissant un libre cours à sa douleur, il l'exhale dans cette péroraison imitée du cantique de l'Arc, un des chefs-d'œuvre du pathétique dans l'éloquence chrétienne :

« O Gratien, ô Valentinien, que vous me paraissez beaux, que vous m'êtes chers ! Tous deux vous avez été enlevés par une mort prématurée, un court intervalle vous a rapprochés l'un de l'autre ; vos sépulcres se touchent ! Gratien et Valentinien, qu'il m'est doux de rappeler vos noms et de me reposer dans votre souvenir ! Inséparables pendant la vie, vous n'avez pas été séparés dans la mort. Non, le tombeau n'a pu vous séparer, vous qui ne faisiez qu'un par l'amour.

Une même piété, une même religion vous unissait l'un à l'autre, vous êtes morts pour la même cause. Les mêmes qualités se retrouvaient dans chacun de vous. Plus simples que les colombes, plus rapides que les aigles, vous étiez plus doux que les agneaux ! Jamais la flèche de Gratien ne s'est détournée de son but, jamais la justice de Valentinien n'est demeurée sans effet, ni son autorité vaine. Comment sont-ils tombés sans combat, ces hommes si vaillants? — Je pleure sur toi, ô Gratien, mon fils, car ton souvenir m'est bien doux. Tu m'as donné tant de marques de ton affection ! Tu me demandais au milieu de tes périls, tu m'appelais à ta dernière heure; ce qui mettait le comble à ta douleur, c'était de songer à la mienne. Je pleure aussi sur toi, Valentinien, mon fils : tu me semblais si beau ! Ton amour s'était porté vers moi, comme celui d'un enfant. Tu te confiais en moi, pour être délivré de tes dangers; tu ne me chérissais pas seulement comme un père, tu espérais en moi un sauveur et un libérateur. Tu disais : Pensez-vous que je verrai mon père ? Hélas ! ton désir était beau, mais ton espoir a été déçu. J'espérais en vain dans l'homme, tu espérais en vain dans le prêtre ! Ah ! que n'ai-je connu plus tôt quel était ton désir ! Que ne m'as-tu adressé plus tôt une missive secrète ! Hélas! quel précieux dépôt j'ai perdu ! Comment sont-ils tombés ces hommes vaillants, comment s'est brisée leur armure ? — S'il est vrai, Seigneur, qu'on ne peut désirer rien de mieux pour un autre que ce qu'on désire pour soi-même, ne me séparez pas après la mort de ceux que j'ai tant aimés pendant la vie ! Qu'ils soient avec moi, là où je serai ; que, là du moins, je puisse jouir éternellement de leur société, puisque je n'ai pu en jouir plus longtemps ici-bas. Grand Dieu ! accordez à ces jeunes hommes qui m'ont été si chers le bienfait de la résurrection, et, puisque leur vie s'est éteinte avant le temps, compensez la brièveté de leur carrière terrestre en les rendant mûrs pour l'éternité. »

Certes, Messieurs, voilà le pathétique chrétien dans ce qu'il a de plus tendre et de plus profond. On imaginerait difficilement une scène d'éloquence plus touchante que celle-là. Cet évêque, qui vient pleurer au milieu de son peuple, sur la tombe d'un jeune prince enlevé par une mort violente; qui dans le persécuteur d'autrefois ne voit plus que le pupille confié à sa tendresse; qui demande à Dieu, pour toute grâce, d'être uni dans le ciel à celui qu'il avait tant aimé sur la terre, offre au cœur un spectacle qui l'émeut et l'attendrit. Mais quelque intérêt que la circonstance ajoute à l'éloquence de ce discours, nous devons nous attendre à des effets plus dramatiques encore, si je dois m'exprimer de la sorte, dans l'oraison funèbre de Théodose.

Vous connaissez les rapports qui ont existé entre Théodose et saint Ambroise. L'histoire n'oubliera jamais la scène fameuse, où un empereur, couvert du sang de ses sujets, rencontra sur le seuil de l'Église un évêque assez ferme pour lui en interdire l'entrée. Je sais bien que ce grand fait n'a pas toujours trouvé grâce devant deux classes d'hommes : les flatteurs éhontés du pouvoir, et les détracteurs passionnés de l'Église. Mais, si l'on se reporte un instant au milieu de cette société romaine, où depuis quatre siècles le despotisme militaire foulait aux pieds toutes les lois divines et humaines, où le caprice d'un seul disposait à son gré des biens et de la fortune de tous, où le mépris de la vie de l'homme était inscrit en caractères de sang sur toute la surface du monde, où il s'agissait par conséquent de former la conscience publique par des actes solennels, et d'établir un droit nouveau basé sur la justice et sur le respect de la dignité humaine ; si l'on examine tout cela une minute, sans passion ni parti pris, on bénira le pontife, qui n'a pas cru que le massacre de sept mille hommes fût autre chose qu'un homicide en grand, et dont le zèle intrépide a dit à tous les siècles qu'il n'y a pas de pouvoir assez fort pour ne pas trouver, entre le crime et lui, la réprobation des gens de bien et les anathèmes de l'Église.

Ce fut donc un instant solennel, que celui où l'évêque fut appelé à juger l'empereur, en regard de la mort. Rien de plus imposant d'ailleurs que le sujet de cette oraison funèbre. Malgré le massacre de Thessalonique, qui déshonora sa mémoire, Théodose avait été un grand prince ; et l'on peut croire que si l'empire romain avait pu être sauvé, il l'eût été par le génie de cet homme. De plus, Ambroise chérissait Théodose dont il admirait les belles qualités, comme le prouve leur correspondance. Tout se réunissait donc pour inspirer l'orateur. Eh bien, Messieurs, dirai-je que le discours de l'évêque de Milan répond tout à fait à l'idée qu'on pourrait s'en faire ? Je n'oserais l'affirmer. Soit qu'Ambroise fût trop près des événements, pour apprécier dans toute son étendue l'œuvre de Théodose, soit que cette proximité même lui permît de saisir mieux tout ce qu'elle avait de précaire, on chercherait en vain dans son discours les vues historiques que le sujet semblait promettre.

Il est à regretter que nous n'ayons plus qu'un mince fragment de l'oraison funèbre de Théodose par saint Jean Chrysostome. J'eusse aimé à rapprocher l'une de l'autre ces deux pièces, pour voir si le génie de Chrysostome eût trouvé un cadre plus vaste et plus élevé. Malheureusement, il ne nous reste qu'un passage bien court, dans lequel le patriarche de Constantinople exalte la piété de l'empereur sur les champs de bataille. Du reste, il est permis de douter que le Père grec, dont le talent éclate surtout dans le développement moral, ait pu déployer la plénitude de ses moyens oratoires dans ce genre d'éloquence. Pour en revenir au discours d'Ambroise, ce qui me frappe en le lisant, c'est que l'homme d'État, qui chez lui s'était survécu dans l'évêque, paraît plus préoccupé de l'avenir qu'enthousiaste du passé. Il prévoyait sans doute les désordres qui affligeraient l'empire sous le règne des faibles fils de Théodose. Aussi, une partie de l'oraison funèbre est-elle consacrée à concilier aux jeunes princes la faveur du peuple et de l'armée. Cela posé, si l'on se contente de chercher dans ce discours ce qui s'y trouve réellement, on y rencontre de grandes beautés. Le caractère moral de Théodose y est admirablement peint, et la belle âme d'Ambroise s'y révèle avec une expression non moins touchante que dans l'éloge funèbre de Valentinien.

Les historiens contemporains de Théodose rapportent que, peu de temps avant sa mort, de fréquents tremblements de terre avaient épouvanté l'empire. Ambroise fait allusion à ce fait, dans l'exorde de son discours. « Voilà donc, dit-il en commençant, ce que nous annonçaient ces secousses effrayantes, ces pluies prolongées, ces ténèbres extraordinaires : l'empereur Théodose devait quitter la terre. Voilà pourquoi les éléments eux-mêmes ont pleuré sa mort : le ciel en refusant sa lumière, l'air en s'enveloppant d'obscurité, la terre en s'agitant sur sa base, l'océan en débordant sur ses rivages. Pourquoi le monde entier ne se joindrait-il pas à ce deuil de la nature, pour déplorer la perte subite d'un prince qui adoucissait les rigueurs de la destinée humaine, en prévenant les châtiments par son indulgence? Pour lui, il n'a pas déposé la couronne, il n'a fait que l'échanger en entrant sous les tentes du Christ. » Sans doute, ce rapprochement, entre certains accidents physiques et la mort de Théodose, peut sembler quelque peu naïf à la science moderne : toutefois les faits de cette nature se répètent si souvent dans l'histoire, qu'au risque de paraitre superstitieux, je suis tant soit peu tenté de me ranger, avec Ambroise, du côté du peuple, pour soupçonner une certaine harmonie providentielle entre les révolutions de la nature et celles du monde moral. Mais laissons ces détails.

Théodose avait signalé ses derniers moments par un décret qui diminuait les impôts. L'orateur tire parti de cet acte, pour faire bénir la mémoire du prince. L'empereur, dit-il, n'avait plus rien à léguer à ses fils ; déjà il leur avait transmis avec l'empire le pouvoir et le nom d'Auguste : il voulut du moins leur laisser un héritage de clémence, en allégeant les charges de ses sujets. Et certes, quoi de plus digne d'un empereur que de laisser pour testament une loi ? Après s'être insinué dans les esprits par ce tour habile, l'évêque s'adresse à l'armée ; et, lui montrant ce jeune enfant de dix ans présent au milieu d'elle, il supplie les guerriers de Théodose de faire à Honorius un rempart de leur bravoure. Pour réveiller dans leur âme ce qu'il appelle la foi militaire, il invoque le souvenir de celui qui les avait si souvent conduits à la victoire. Il fait passer sous leurs yeux ces princes de Juda, dont le Seigneur confiait la jeunesse à la fidélité de son peuple. « Rendez aux fils, s'écrie-t-il, ce que vous devez au père. » Partant de là pour faire l'éloge de Théodose, il célèbre la piété, la foi profonde, l'humilité du défunt. Il insiste surtout sur les qualités qui l'avaient rendu cher aux troupes : il peint au vif cette nature impétueuse dont l'Évangile avait eu peine à modérer la fougue, et que le calme et la réflexion contenaient dans la douceur :

« Théodose, d'auguste mémoire, croyait avoir reçu un bienfait, quand on lui avait fourni l'occasion d'exercer sa clémence ; et plus il avait cédé au transport de la colère, plus il inclinait au pardon. C'était un titre à ses yeux, pour être pardonné, que d'avoir excité son humeur, et ce premier mouvement qu'on craignait dans les autres, on le désirait en lui : sa puissance même rassurait les coupables, parce qu'il aimait mieux les réprimander en père que de les punir en juge. J'en ai connu souvent qui tremblaient en recevant ses reproches ; et au moment où, convaincus du crime, ils désespéraient du pardon, ils se voyaient délivrés du châtiment. C'est qu'il ne cherchait pas à frapper, il voulait triompher des âmes en obtenant d'elles l'aveu de la faute ; et quand il ne parvenait pas à le tirer du secret d'une conscience, il réservait à Dieu le soin de punir. Aussi craignait-on sa parole plus que le châtiment : on savait la délicatesse, qui le portait à gagner les esprits par la religion plutôt que par la crainte. »

Vous cherchez, sans nul doute, à trouver quelque ombre dans ce beau tableau. En exaltant la clémence de Théodose, Ambroise ne pouvait passer sous silence le fait lamentable qui, six années auparavant, avait valu à l'empereur la juste sévérité du pontife. C'est là qu'on attend l'orateur. Que va-t-il dire en face de ce cercueil, devant cette majesté anéantie, qui laisse au jugement toute la liberté du blâme ? Va-t-il se livrer à quelque récrimination amère ? J'avoue, Messieurs, que je n'ai pu lire, sans en être touché jusqu'au fond de l'âme, cette belle page où l'évêque de Milan épuise toutes les ressources de la délicatesse, pour faire tourner à la gloire de Théodose jusqu'au souvenir d'une faute. On ne saurait pousser plus loin cet esprit de grande douceur et de mansuétude chrétienne, que l'Évangile est venu répandre dans le monde :

« Oui, j'ai aimé, dit-il, j'ai aimé cet homme qui préférait

la réprimande à la flatterie. Je l'ai vu déposer au seuil du temple les insignes de sa royauté ; je l'ai vu pleurer dans l'assemblée des fidèles ce péché, que de faux rapports lui avaient fait commettre ; c'est au milieu des larmes et des gémissements qu'il implorait son pardon. Empereur, il n'a pas rougi de faire ce qui coûte aux simples particuliers, une pénitence publique ; et depuis ce moment-là, il ne se passa plus un jour qu'il ne pleurât sa faute... Oui, j'ai aimé cet homme, qui, à son heure suprême, demandait ma présence comme le dernier vœu de son âme. J'ai aimé cet homme, qui, au milieu des angoisses de la mort, s'inquiétait plus de l'état des églises que de son propre danger... Je l'ai aimé, c'est pourquoi je le suivrai jusque dans la région des vivants, et je ne le quitterai pas, jusqu'à ce que, par mes larmes et mes prières, j'aie introduit ce grand homme là où l'appellent ses mérites, sur la montagne du Seigneur, sur la sainte montagne, où il n'y a plus ni corruption, ni maladie, ni gémissement, ni douleur, ni société des morts; où tout est vie : véritable région des vivants, où ce qui est mortel revêt l'immortalité, où ce qui est sujet à se corrompres devient incorruptible ! »

Assurément, Messieurs, en descendant le cours des âge chrétiens, nous rencontrerons dans l'éloquence funèbre des créations plus vastes et plus hardies, mais nous n'y trouverons rien qui fasse oublier un pathétique si simple et si vrai. J'admire la majesté de l'évêque, élevant la voix sur le cercueil d'un prince qu'il avait censuré de son vivant, et le jugeant après la mort avec un calme et une sérénité d'âme, qui n'a d'égale que son indulgente bonté et son exquisse tendresse. Pourquoi faut-il qu'une longue digression sur la découverte de la croix du Sauveur par Hélène, mère de Constantin, vienne nuire à ce beau mouvement ? Ce n'est pas que rien absolu-

ment ne puisse justifier ce hors-d'œuvre. Le nom de Théodose rappelait de lui-même celui du premier empereur
chrétien : la piété d'Hélène allant à la recherche du signe
sacré de la rédemption, ornant le diadème de son fils, et
jusqu'au mors du cheval impérial, des clous de la croix,
s'offrait au souvenir d'Ambroise, comme une preuve frappante du changement qui s'était opéré sur le trône des
Césars. Il n'en est pas moins vrai qu'en rapprochant ce dernier fait du texte de Zacharie, *sanctum super frenum equi*,
l'orateur se livrait à une interprétation quelque peu subtile,
qui lui a valu de la part de saint Jérôme un reproche assez
fondé. L'évêque de Milan est plus heureux lorsque, s'adressant au jeune Honorius pour le consoler de la mort de son
père, il montre cette ville de Constantinople, qui, au lieu de
l'entrée triomphale qu'elle réservait à Théodose, va recevoir au
milieu d'elle les dépouilles funèbres du prince. Une telle fin
couronne dignement un discours, dont les grandes beautés
rachètent, à coup sûr, les taches légères qui s'y rencontrent.

J'espérais, Messieurs, pouvoir achever, en même temps
que cette leçon, l'étude de l'oraison funèbre dans les Pères du
quatrième siècle ; mais, avant d'aller plus loin, il nous reste à
dire quelques mots sur une dernière composition de saint
Ambroise. La littérature chrétienne est si féconde que, pour
peu qu'on veuille y toucher, on est entraîné facilement au
delà du terme qu'on se proposait. Il nous arrive à cet égard
ce qui arrive tous les jours au voyageur explorant une belle
contrée : à mesure qu'il avance, de nouveaux points de vue
se dessinent, de nouveaux horizons s'ouvrent devant lui, de
nouvelles perspectives l'attendent ; et, à moins d'être limité
par le temps, il se voit à chaque instant obligé de ralentir le
pas. Quant à nous, nous ne sommes pas limités par le temps,
rien ne nous presse : nous marcherons un peu moins vite,

mais nous n'en verrons que plus. Nous avançons à petites jour-
nées vers le dix-septième siècle, sûrs que nous sommes d'atteindre au terme sans trop nous hâter. Pour moi, je n'en
éprouve pas le besoin, et je vois, Messieurs, à l'attention
dont vous voulez bien m'honorer, que vous n'êtes pas plus
pressés que moi.

VINGT-SIXIÈME LEÇON

DE L'ORAISON FUNÉBRE DANS LES PÉRES — SAINT AMBROISE, SAINT JÉROME, SAINT BERNARD

Saint Ambroise fait l'éloge funèbre de son frère Satyre. — La grâce ne détruit pas la nature, et l'amour de Dieu avive, en les purifiant, les affections légitimes du cœur humain. — L'évêque de Milan s'excuse de pleurer son frère, mais on voit que sa profonde tristesse ne lui fait point oublier les devoirs de la controverse. — Il raconte ce qu'il a ressenti auprès du corps de Satyre expirant. — Bossuet a imité quelques traits de cet admirable tableau. — Saint Ambroise, plus encore que saint Augustin, aime à s'inspirer de ses souvenirs classiques. — Sa tendance excessive à l'antithèse ne laisse pas de produire de remarquables effets. — Le style net et vigoureux des Pères comparé aux abondantes périodes de la belle latinité ; ce que nos langues modernes doivent à la littérature chrétienne. — L'éloge de Satyre prouve que l'église, au quatrième siècle, croyait comme aujourd'hui à la présence réelle et à l'efficacité de la messe offerte pour les défunts. — Épîtres consolatoires de saint Jérôme: les funérailles de Fabiola, les vertus de Paula ; comment parlait le solitaire de Bethléem. — Du quatrième au onzième siècle, on ne trouve plus l'oraison funèbre proprement dite. — Elle reparaît avec saint Bernard. — L'abbé de Clairvaux exhale, en plaintes touchantes, la douleur que lui cause la mort de son frère Gérard. — Il célèbre, sur un ton simple et doux, la pieuse vie de Humbert, prieur de Clairvaux. — Les grandes scènes de l'éloquence funèbre dans les cloîtres du douzième siècle. — A quoi servent les moines.

Messieurs,

Nous en étions restés, mardi dernier, à l'oraison funèbre de Théodose par saint Ambroise. Bien que ce discours ne réponde pas entièrement à l'idée qu'on pourrait s'en faire, il rachète néanmoins par de grandes qualités les défauts qui le

déparent. Comme nous l'avons vu, l'évêque de Milan excelle
dans le pathétique. Doué, ainsi que Grégoire de Nazianze,
d'une imagination de poète, il porte dans l'expression de la
douleur une plus grande vivacité de sentiment. De là vient
qu'il dispute à ce Père la palme de l'éloquence funèbre dans
les premiers siècles de l'Église. Pour achever de saisir le
caractère de cette parole si douce, si onctueuse et si fleurie,
il faut nous arrêter quelques instants à une dernière composition de ce genre : je veux parler des deux discours qu'il
consacra à la mémoire de son frère Satyre.

Déjà, Messieurs, nous avons rencontré sur notre route des
œuvres analogues ; après saint Ambroise, nous en trouverons
une qui les couronnera toutes. Ceci nous amène naturellement à une réflexion : c'est que le christianisme, loin de
contrarier les sentiments légitimes du cœur humain, les développe en les purifiant. Sans doute, l'Évangile est venu déclarer la guerre aux instincts dépravés de l'homme : cette lutte
de la grâce et de la nature est même ce qu'il y a de plus
caractéristique dans la loi chrétienne, envisagée comme loi
morale. Mais l'anathème évangélique n'atteint pas la nature
humaine dans ce qu'elle a de vraiment beau et de grand. En
étouffant dans le cœur de l'homme le germe de l'amour
déréglé, le christianisme ne tarit point la source des affections légitimes. Bien au contraire, il affranchit le sentiment
de cet égoïsme charnel qui le tient concentré en lui-même, et
lui communique ainsi plus de vigueur et de vraie liberté. Il le
débarrasse de ce qu'il a de bas et de grossier, et, l'élevant au-
dessus de la matière, l'affine, le spiritualise, le rend plus vif
et plus délicat. C'est un fleuve qui, ramené à un cours moins
irrégulier, se creuse par là même un lit plus profond. Voilà
pourquoi vous ne trouverez nulle part, comme dans une âme
vraiment chrétienne, la pitié filiale, l'amour fraternel, toutes

ces affections qui font le charme de la société humaine. La raison est toute simple. Délivrez une fleur du ver qui rongeait sa racine, vous lui rendrez la fraîcheur avec la vie. Il en est de même du sentiment. Dégagé par une main divine des vils instincts qui l'étouffent, le cœur humain puise son énergie dans sa liberté, et, se détachant de ce qui n'est pas digne de lui, il se reporte vers les objets légitimes de sa tendresse, avec toute la vivacité de sa force et la fraîcheur de sa pureté.

J'insiste là-dessus, car ce n'est pas d'aujourd'hui qu'on a accusé la religion catholique d'absorber la nature par la grâce, et de faire disparaître l'homme dans le chrétien ; et je ne veux pas nier que certaines exagérations de conduite et de langage n'aient fourni quelque prétexte à ce reproche. Mais, en droit comme en fait, rien n'est moins fondé. Sous l'empire de la grâce, la nature, j'entends la nature bonne, la nature vraie, conserve tous ses droits ; le chrétien relève l'homme, mais ne le détruit pas. Voyez les grands génies du quatrième siècle, auxquels il faut toujours en revenir pour saisir l'expression la plus élevée de l'esprit chrétien ! Aveugle sans doute, quiconque ne verrait pas l'effet d'une grâce toute-puissante, dans ces natures d'une nouvelle trempe, que l'amour de Dieu exaltait jusqu'à un héroïsme surnaturel. Mais ce qui me charme, je l'avoue, dans ces âmes énergiques, c'est de voir avec quelle grâce naïve et touchante elles se jouent dans les sentiments les plus naturels du cœur humain. Quand je veux juger, par exemple, de ce que peuvent devenir, dans un cœur façonné par l'Évangile, la piété d'un fils, l'amour d'un père ou d'un frère, je lis les pages où saint Jean Chrysostome rappelle avec émotion la douleur qu'il avait éprouvée, en se séparant de sa mère pour se vouer au sacerdoce ; je lis cette ravissante épître, dans laquelle saint Hilaire exhorte sa fille Afra à choisir le Christ pour époux ; j'écoute saint Ambroise épanchant son cœur de frère sur la tombe de Satyre, et je me dis : Non, la grâce ne détruit point la nature, l'Évangile n'éteint pas les affections du cœur ; l'homme se retrouve dans le chrétien, avec moins de faiblesse et plus de dignité.

Ce que je dis là, Messieurs, va recevoir une force nouvelle, lorsque nous retrouverons la même sensibilité de cœur dans le religieux le plus austère du douzième siècle. Mais, pour le moment, arrêtons-nous à saint Ambroise. Son frère avait suivi, comme lui, la carrière du barreau, où de brillants succès l'avaient élevé au rang de procureur de province. Lorsque Ambroise eut été élu contre son gré évêque de Milan, Satyre se retira auprès de lui pour administrer ses biens. C'est au retour d'un voyage en Afrique, qu'il avait entrepris pour recouvrer des fonds, que la mort vint le surprendre. Ambroise, qui chérissait tendrement son frère, prononça son oraison funèbre devant le peuple réuni ; et, à quelques jours de là, il tint un deuxième discours qui forme, avec le premier, le traité *de Excessu fratris.*

Le peuple de Milan avait partagé la douleur de son évêque ; Ambroise l'en remercie. Pour lui, il a laissé un libre cours à ses larmes ; il l'avoue sans crainte : le Seigneur lui-même a pleuré sur Lazare, et ces larmes n'ôtent rien à sa divinité, bien que les ariens affectent de s'en scandaliser. Car, au milieu de sa tristesse, le docteur de la foi n'oublie pas les ennemis de la vérité. Ce trait-là, ce mélange singulier de controverse et de larmes, peint à merveille une grande âme, que les sentiments de la nature et les intérêts de la foi se partageaient également. Le souvenir de son frère vient rappeler l'orateur au sentiment de sa perte. Hélas ! la jeunesse de Satyre aurait dû, ce semble, le préserver de la mort ;

il s'en est allé, laissant après lui un frère et une sœur plus âgés que lui ! Mais il leur reste du moins un motif de consolation, c'est qu'ils ont pu le revoir à son retour d'Afrique, c'est qu'ils ont pu jouir de lui avant sa mort. Ici le cœur d'Ambroise éclate, et sa parole, trahissant l'émotion qui l'anime, atteint jusqu'au sublime du sentiment :

« Je te rends grâces, ô mon Dieu, de ce que tu ne nous as pas refusé une dernière consolation, en ramenant des rivages de l'Afrique et de la Sicile un frère dont nous désirions si vivement le retour. A peine revenu parmi nous, il nous a été enlevé ; de telle sorte que son trépas ne semble avoir été différé, que pour lui laisser le temps de revoir son frère et sa sœur. Désormais je possède un gage de tendresse qu'aucun voyage ne pourra plus m'arracher : j'ai des reliques pour les embrasser de mes mains, un tombeau pour le couvrir de mon corps, un sépulcre sur lequel je puis m'étendre. Oui, je me croirai plus agréable à Dieu, quand je pourrai reposer sur les ossements d'un saint. Que n'ai-je pu ainsi te couvrir de mon corps pour te défendre contre la mort ! Si tu avais été menacé du glaive, je me serais offert pour recevoir le coup mortel ; j'eusse volontiers donné mon âme pour rappeler la tienne. Hélas ! c'est en vain que j'aspirais ton dernier souffle ; je cherchais vainement à te communiquer le mien ; j'espérais recevoir en moi ta mort ou te transmettre ma vie. O tristes embrassements, au milieu desquels il ne me restait plus entre les mains qu'un corps inanimé ! Je serrais les bras, mais j'avais déjà perdu ce que je tenais ; ma bouche cherchait sur tes lèvres un dernier souffle... Que n'ai-je pu au moins, ô frère bien-aimé, aspirer en moi la pureté de ton âme et l'innocence de ton cœur ! »

Pour retracer les derniers moments de Madame, Bossuet empruntera quelques traits à cette touchante peinture :

« En vain Monsieur, en vain le roi même tenait Madame
serrée par de si étroits embrassements. Alors ils pouvaient
dire l'un et l'autre avec saint Ambroise : *Stringebam brac-*
chia, sed jam amiseram quem tenebam : je serrais les bras,
mais j'avais déjà perdu ce que je tenais. La princesse leur
échappait parmi des embrassements si tendres, et la mort,
plus puissante, nous l'enlevait entre ces royales mains. »

Beaucoup parmi vous ont remarqué sans doute une imitation de Virgile, dans les dernières paroles d'Ambroise : *Et*
extremus si quis super halitus errat, ore legam (IV Énéid.).
En effet, l'évêque de Milan est plein des souvenirs de l'antiquité classique. On peut suivre à chaque pas, dans le recueil
de ses œuvres, la trace des orateurs et des poètes profanes.
Cet emprunt d'idées et de formes est peut-être plus sensible,
chez lui, que dans tout autre Père de l'Église latine, sans
excepter saint Augustin lui-même. C'est ainsi qu'imitant un
beau mouvement de Cicéron et de Tacite, il félicite son frère
de n'avoir pas assisté aux troubles qui suivirent sa mort :

« Non, ce n'est pas à nous que tu as été enlevé ; la mort
t'a soustrait aux périls. Ce n'est pas la vie que tu as perdue :
tu as été délivré de la crainte des maux qui nous menacent.
Toi, dont la belle âme était remplie de compassion pour les
tiens, si tu savais à présent, comme nous, que l'ennemi est
prêt à fondre sur l'Italie, combien tu gémirais ! que ta douleur
serait vive, en songeant que notre salut réside dans le rempart
des Alpes, et que la pudeur n'a plus d'autre abri qu'un abatis
d'arbres ! quelle tristesse s'emparerait de ton âme, à l'idée
qu'une si faible chance de salut nous sépare d'un ennemi,
qui n'épargne ni l'honneur ni la vie !... »

Ambroise rappelle ensuite le saint commerce d'amitié qui
existait entre Satyre et lui. Il y avait entre les deux frères
une telle ressemblance de traits, qu'on les prenait souvent

l'un pour l'autre : *alter in altero ridebamur* ; et ce qui ajoutait encore à leur air de famille, c'était une entière conformité
de goûts et de sentiments. On n'imagine pas, sans avoir lu
ces belles pages, avec quelle délicatesse de formes l'orateur
raconte ces détails intimes et familiers. Son cœur y est à
l'aise, il s'y repose avec bonheur ; il aime à communiquer à
son auditoire l'émotion qu'il éprouve. Sans doute, on ne peut
se le dissimuler, le style de cette oraison funèbre n'est pas sans
défauts ; le rhéteur paraît quelquefois à côté de l'orateur ; mais
il ne l'efface pas, parce que la vérité du sentiment subsiste
sous la recherche de l'expression. Esprit fin et pénétrant,
Ambroise se complaît dans le contraste des idées : il poursuit
cette opposition jusque dans le rapport matériel des sons,
qui redouble le choc des antithèses. Sa phrase se découpe
trop souvent en deux membres, qui s'équilibrent en se balan-
çant. Comme écrivain, il appartient évidemment à la même
école que saint Augustin. En effet, comme vous avez pu le
remarquer, les morceaux que j'ai cités ne se distinguent pas
moins par le luxe des antithèses et des métaphores, que par
le naturel du sentiment et le mouvement de la pensée. Mais,
chose assez singulière ! ce tour ingénieux se produit sans le
moindre effort : la forme antithétique lui est si naturelle,
qu'elle semble spontanée. C'est ce qui fait que, loin d'ôter
à son langage de sa simplicité, elle y ajoute plus de grâce et
de délicatesse.

Je ne sais, Messieurs, si j'exprime bien ma pensée : je ne
voudrais point devant vous passer pour un panégyriste à outrance du style des Pères. Assurément, nous sommes loin de la
période ample et majestueuse de Cicéron ; mais il y a, dans les
écrits des Pères de l'Église latine au quatrième siècle, quelque
chose de moins vague, de moins indécis, de plus vif, de plus
net, de plus vigoureux, que je n'hésite pas un instant d'attri-

buer aux habitudes de la pensée chrétienne. L'idée y est moins enveloppée, elle est plus en saillie, elle y est mieux démembrée, elle y parait plus à jour, si je puis m'exprimer ainsi ; et cela n'est pas sans mérite, même au point de vue exclusif du langage. Ce que je dis là se produit plus ou moins dans toutes les littératures. Il y a certainement, entre le style français du dix-septième siècle et la phrase courte, vive, coupée, alerte de Voltaire, une différence que je n'ai pas besoin de vous signaler : ce qui n'empêche pas cette dernière d'être un des modèles de la prose française. Sans vouloir donner à ce rapprochement plus de valeur qu'il ne comporte, je dirai seulement que, pour apprécier le mérite relatif du style des **Pères,** il faut tenir compte de plus d'une vérité. A tout prendre, et malgré ses défauts au point de vue purement esthétique, il me paraît un meilleur instrument de l'idée que le style de la latinité classique. Jamais on n'eût pu, avec la langue de Cicéron, soumettre la pensée à une analyse aussi fine et aussi rigoureuse qu'avec le style latin des Pères et du moyen âge. La formation des langues modernes, de la nôtre surtout, est infiniment plus redevable, pour la précision et la clarté, à la plume des auteurs chrétiens qu'au style périodique des écrivains de l'ancienne Rome. Je ne fais qu'effleurer cette matière, que je réserve pour d'autres temps. Qu'il me suffise, en étudiant l'oraison funèbre dans saint Ambroise, d'avoir appelé sur les qualités de son style l'attention qu'elles méritent.

L'éloge des vertus de Satyre forme la deuxième partie du discours dont je m'occupe. Non pas, Messieurs, que je prétende y retrouver cet ordre méthodique, que nous admirerons dans les oraisons funèbres de Bossuet. La manière oratoire des Pères est bien moins régulière et plus libre : ce qui ne veut pas dire qu'on ne puisse signaler dans leurs œuvres quelques

points principaux, auxquels se rattache toute la suite des pensées. Ambroise relève par quelques traits touchants le tableau
des vertus de son frère, dont la piété, la chasteté, la bienfai-
sance, la justice étaient dignes de toutes louanges. Il en est un
surtout, qui me paraît d'une haute importance pour l'histoire
du dogme chrétien. Surpris par une tempête sur les rivages
de la Sicile, le jeune néophyte s'était vu obligé de se jeter à
la mer pour gagner la terre ferme à la nage; mais, avant
de se confier aux flots, il attacha autour de son cou un linge,
dans lequel se trouvait la sainte Eucharistie, que les fidèles
avaient coutume d'emporter sur eux, quand ils devaient
faire un périlleux voyage. Je ne vois pas trop comment
Luther s'accommodait de ce fait, pour nier la présence permanente de Jésus-Christ dans l'Eucharistie; il est vrai que sa
fameuse scène avec le diable le dispensait des lumières de tout
autre précepteur. Je ferai une remarque analogue, au sujet
de la péroraison de ce discours, dans laquelle l'évêque de
Milan prie le Seigneur d'agréer le sacrifice qu'il va offrir pour
l'âme de son frère, *sacrificium sacerdotis;* ce qui prouve
qu'au quatrième siècle on célébrait, comme aujourd'hui, le
sacrifice de la Messe pour l'âme des défunts. Du reste, j'aurais pu tirer de toutes les oraisons funèbres, que nous avons
étudiées jusqu'ici, la même conclusion en faveur de la prière
pour les morts. Tant il est vrai qu'on ne saurait toucher à
un monument quelconque de l'éloquence sacrée, sans y trouver une confirmation éclatante du dogme catholique.

Je ne dirai qu'un mot du deuxième discours qu'Ambroise
prononça devant le peuple de Milan, à l'occasion de la mort
de son frère Satyre. C'est moins une oraison funèbre qu'un
traité de la résurrection ; aussi porte-t-il ce titre dans le
recueil de ses œuvres. Le dogme de la résurrection des corps
s'y trouve établi sur des preuves aussi belles que solides.

Avec saint Ambroise, nous terminons l'étude de l'oraison funèbre dans les Pères du quatrième siècle. Il nous resterait bien, pour épuiser le sujet, un genre de compositions, qui sans se confondre, à vrai dire, avec l'oraison funèbre, s'en rapprochent beaucoup. Je veux parler des épîtres consolatoires de saint Jérôme. Il ne manquerait à plusieurs d'entre elles, pour être rangées parmi les éloges funèbres, que d'avoir été prononcées en chaire. Mais une étude détaillée de ces lettres pourrait vous sembler un hors-d'œuvre, et d'ailleurs ralentirait trop notre marche. Je ne ferai donc que les effleurer en passant. Elles sont au nombre de sept, et presque toutes consacrées à la louange d'illustres dames romaines, que saint Jérôme dirigeait dans les voies de la perfection. La première est adressée à Paula, pour la consoler de la mort de sa fille Blésille. La deuxième à l'évêque Héliodore : c'est un éloge funèbre à peu près complet du jeune prêtre Népotien, enlevé à la fleur de l'âge. Dans la troisième, on rappelle à Pammachius les vertus de sa femme Pauline, fille de Paula, qu'il venait de perdre. La quatrième, adressée à Océanus, retrace la vie de Fabiola. Dans la cinquième, saint Jérôme cherche à consoler Salvina de la perte de Nébride, son mari, dont il retrace les grandes qualités. La sixième et la septième, adressées à Eustochie et à Principia, filles de Paula et de Marcella, renferment l'éloge funèbre de ces pieuses chrétiennes. Vous croirez peut-être, Messieurs, que ces lettres, épanchements familiers d'une douleur intime, excluent toute recherche. Non, il y a beaucoup d'art, trop même peut-être. Tout en faisant bon marché de la rhétorique, saint Jérôme tient à en observer les règles. S'il vient à s'en écarter, il s'interrompra pour se dire : *Exciderunt-ne tibi præcepta rhetorum?* as-tu oublié les préceptes des rhéteurs? Il ne craint pas, en écrivant à des personnes d'un esprit cultivé de déployer tout le luxe de l'érudition classique. Les vers de Virgile ou d'Horace coulent sous sa plume, avec la même facilité que les textes de l'Écriture sainte. Il ne faudrait pas conclure de là que ces lettres sont des pièces de rhétorique, émaillées de citations profanes. Non, jamais la douleur n'eut d'expression plus vraie, plus franche, j'ajouterai plus éloquente. Il y a, sans doute, quelque teinte d'uniformité à travers des épîtres qui traitent, à peu de chose près, le même sujet. Mais quel esprit! quel éclat! quelle verve! quelle finesse de traits et quelle richesse de coloris, dans le tableau des vertus de ces austères chrétiennes, que l'Église présentait au monde païen comme l'image la plus pure et la plus sainte de la vertu! Il y a là des pages qui valent l'éloquence du discours. Jérôme dépeint les grandes choses de la foi avec une imagination forte et souple, sévère et gracieuse, que je ne retrouve au même degré que dans Tertullien. Ses lettres sont en quelque sorte l'histoire de la vie intime, de la vie morale du quatrième siècle, dont la poésie se reflète sur quelques nobles figures. Fabiola, cette descendante des Fabius, entourée des pauvres de Rome, dont elle lave les blessures, en expiation des désordres de sa vie passée; Paula, cette fille des Scipions, qui renonce aux délices de Rome pour s'ensevelir, à Bethléem, dans l'obscurité de la retraite; Marcella, son égale en noblesse, son émule en piété; Nébride, l'ami d'enfance d'Arcadius et d'Honorius, qui n'use de son crédit que pour devenir le refuge des malheureux : toute cette Rome chrétienne, qui s'élève sur les débris de la Rome païenne, reçoit du pinceau de l'illustre écrivain sa couleur et sa physionomie. Vous m'en voudriez, si je ne citais du moins l'un ou l'autre trait de cette éloquence si grave et si douce. Je choisis la fin de l'éloge funèbre de Fabiola, qui, d'un bout à l'autre, est un modèle de grâce et de délicatesse. Après avoir retracé la vie de la grande dame romaine dont la pénitence avait réparé les fautes, Jérôme dépeint le triomphe dont Rome entière honora les funérailles de la Madeleine repentante.

« Non, s'écrie-t-il, ce n'est pas avec cet éclat que Furius avait triomphé des Gaulois, ni Papirius des Samnites, ni Scipion de Numance, ni Pompée des nations du Pont. Ceux-ci n'avaient vaincu que des corps, celle-là a dompté l'esprit du mal. J'entends la foule qui précédait son char funèbre, je la vois qui se pressait autour de ses dépouilles. Il n'y avait de place ni dans les rues, ni sous les portiques, ni sur les toits, pour la multitude immense qui voulait jouir de ce triomphe. Ce jour-là, Rome voyait tous ses peuples réunis dans son sein : tous se sentaient glorifiés dans l'illustre pénitente. Et pourquoi les hommes ne se seraient-ils pas réjouis de son salut, puisque sa conversion avait fait la joie des anges? — Reçois, ô Fabiola, ce présent d'un vieillard ; c'est le dernier devoir que je rends à ta vertu. Souvent j'ai loué des vierges, j'ai loué des veuves, j'ai loué des épouses : leurs vêtements n'avaient jamais perdu leur blancheur : aussi elles suivent l'agneau, partout où il porte ses pas. On est heureux lorsqu'on peut célébrer une vie qui n'a jamais connu de tache. Mais non, bannissons tout zèle chagrin, toute parole amère. Si le père de famille est bon, pourquoi notre œil serait-il envieux ? Celle qui était tombée au milieu des voleurs a été replacée sur les épaules du Christ. Il y a beaucoup de demeures dans la maison de notre Père. Là où le péché a abondé, la grâce a surabondé. A elle aussi beaucoup sera pardonné, « parce qu'elle a beaucoup aimé ! »

Cette fin est d'un pathétique qui n'a rien de supérieur dans l'éloquence chrétienne. Jérôme n'est pas moins admirable, lorsqu'il dit dans l'exorde de l'éloge funèbre de Paula : « Elle était d'une naissance noble, mais sa sainteté a surpassé sa noblesse. Ses richesses l'avaient rendue puissante, mais la pauvreté du Christ lui a donné plus d'éclat. Descendante des Gracques, fille des Scipions, héritière de Paul, issue de Papiria la mère de l'Africain, elle a eu quelque chose de plus illustre que tout cela : elle a préféré Bethléem à Rome, elle a échangé l'éclat d'un brillant palais d'or contre la bassesse d'une demeure chétive. » Jusqu'ici, c'est l'âme aimante de Jérôme qui s'épanche sous la douleur de l'amitié. Maintenant écoutez le philosophe chrétien, le solitaire de Bethléem, qui du fond de sa cellule jette sur le vieux monde un regard de mélancolique tristesse. Il veut consoler Héliodore de la mort de Népotien. A cet effet, il rassemble les désastres de son temps dans un tableau dont je ne citerai que la fin. « Dieu est offensé, et nous ne songeons pas à l'apaiser. Ce sont nos péchés qui font la force des barbares. C'est à nos vices que les armées romaines doivent leurs défaites. Et comme si ce n'était point assez de ces désastres, nos guerres civiles achèvent ce que n'avait pu faire le glaive des ennemis... Si donc nous voulons nous relever, humilions-nous d'abord. O honte! ô ignominie! L'armée romaine, ces légions fameuses qui avaient vaincu le monde, tremblent et reculent ; elles ne peuvent soutenir l'aspect de ces hommes qui n'osent pas même fouler la terre de leurs pieds. Et nous n'entendons pas la voix des prophètes qui nous crient: Mille prendront la fuite, et un seul les poursuivra! » Il y a, dans ce ton lugubre, quelque chose de la véhémence d'Isaïe et de la majesté sombre d'Ézéchiel. Mais quel sentiment de poignante tristesse dans cette phrase qui termine la lettre : « Ainsi, mon cher Héliodore, nous nous écrivons et nous nous répondons. Nos lettres passent les mers, et tandis que le vaisseau sillonne les ondes, chacun des flots emporte une portion de notre vie. » Voilà saint Jérôme, avec le caractère de sa vie et de son éloquence. Retiré au fond de l'Orient, au milieu des immenses travaux qui absorbent sa vie, le sublime solitaire jette de temps à autre un regard sur le monde, il assiste de loin aux catastrophes qui épouvantent l'empire romain, il recueille les bruits sinistres que la tempête lui envoie, il pousse par intervalles un cri d'alarme qui retentit comme un dernier écho de la prophétie antique, puis, se recueillant dans le silence de son âme, il rentre dans sa retraite pour se consoler, avec Dieu et l'éternité, de la perte des siens et des malheurs de son temps.

En quittant les oraisons funèbres de saint Ambroise et les épîtres consolatoires de saint Jérôme, nous avançons d'un pas rapide vers les temps modernes. Bacon disait : Il y a des déserts à travers les siècles comme à travers les terres. Dieu me garde d'appeler le moyen âge un désert : à coup sûr, il ne mérite pas ce nom, pas même sous le rapport littéraire. Mais ce qu'il est vrai de dire, c'est qu'il ne s'y rencontre que peu d'oraisons funèbres. Soit qu'il y en ait un plus grand nombre, que le temps n'a pas épargnées, soit que le caractère plus pratique de la prédication chrétienne ait fait négliger généralement cette forme de l'éloquence sacrée, toujours est-il que, du cinquième au onzième siècle, je n'ai pas trouvé de discours qui mérite, à proprement parler, d'être appelé une oraison funèbre. Car on ne saurait appliquer ce nom à l'un ou à l'autre traité, qui s'en rapproche pour le choix des matières, pas plus qu'à un certain nombre d'épitres consolatoires ou à quelques élégies sur la mort d'un prince. Pour arriver à des compositions qui justifient ce titre, il faut que nous descendions jusqu'au douzième siècle.

Mais au douzième siècle, où trouverons-nous l'oraison funèbre? Sera-ce devant le cercueil d'un empereur ou d'un roi? sera-ce au milieu des pompes d'une cour, dans l'assemblée des grands de la terre ? Non, nous la trouverons loin du monde, dans le silence de la retraite, sur la tombe fraîchement creusée de quelques moines obscurs. C'est à leur mémoire, que le plus grand orateur du siècle consacrera les inspirations de son âme. Je ne m'en étonne pas. La vraie grandeur, la grandeur morale de l'époque était là, dans ces hommes qui fermaient leurs cellules sur le monde, pour vivre avec Dieu dans la méditation des choses de l'esprit.

Donc, pour apprécier ce nouvel épisode dans l'histoire de l'éloquence funèbre, transportons-nous par la pensée dans l'un des monastères les plus fameux du douzième siècle. Après une journée de travail, la cloche du soir vient de réunir les frères. Sept cents religieux sont là, sous le regard de Dieu: puis l'abbé se lève au milieu d'eux. Cet homme à la face amaigrie par la pénitence, qui au dire de ses contemporains ressemblait plutôt à un esprit qu'à un homme, toute l'Europe le connaît. Il y a quelques jours à peine, il revenait de l'Italie où sa parole puissante avait étouffé un schisme. Arraché sans cesse, malgré lui, à la solitude par les affaires de la chrétienté dont il est l'âme et la tête, il vient de regagner sa retraite favorite, et il se retrouve avec bonheur dans l'assemblée de ses frères. Le monastère dont je parle, c'est l'abbaye de Clairvaux, et dans l'orateur que nous allons entendre, vous avez reconnu saint Bernard.

Or, à l'époque de sa vie où mon sujet m'amène à le considérer, Bernard expliquait à ses religieux le Cantique des cantiques. Vingt-cinq sermons sur ce livre mystérieux n'avaient pu épuiser les ressources de son éloquence, et il venait de reprendre son sujet là où il l'avait laissé. Mais à peine a-t-il commencé son discours, qu'une émotion subite l'oblige d'interrompre. Quelques jours auparavant, Gérard, son frère bien-aimé, le compagnon de ses travaux, le confident de toute

sa vie, avait été enlevé à son cœur. Maîtrisant la douleur qui
déchirait son âme, Bernard avait assisté l'œil sec aux funérailles de son frère ; bien plus, il les avait célébrées lui-même,
et, au milieu des sanglots qui étouffaient la voix de ses religieux, il avait, debout sur la tombe de Gérard, récité pour
le défunt les prières de l'Église. Mais la nature allait recouvrer ses droits. De retour dans l'assemblée des frères, l'abbé
de Clairvaux sentit que son cœur allait se briser sous la contrainte qu'il lui avait imposée, et la parole venant à lui manquer sur le texte qu'il avait choisi, sa douleur éclata avec
d'autant plus de vivacité qu'il l'avait contenue jusqu'alors :

« Pourquoi dissimuler, s'écrie-t-il, quand le feu que je
cache en moi-même brûle ma poitrine et dévore mes
entrailles ? Plus je le concentre au fond de mon âme, plus il
gagne, plus il me tourmente. Qu'y a-t-il de commun entre
ce cantique et moi qui suis dans l'amertume? J'ai fait violence
à mon cœur et j'ai dissimulé jusqu'ici, de peur que l'affection ne parût triompher de la foi... Mais cette douleur
refoulée a poussé des racines plus profondes ; elle est, comme
je le sens, devenue plus cuisante, parce qu'elle n'a pas
trouvé d'issue. Je l'avoue, je suis vaincu. Il faut que ce que
je souffre au dedans paraisse au dehors ; mais que ce
soit du moins sous les yeux de mes fils, qui, connaissant la
perte que j'ai faite, doivent juger ma douleur avec plus d'indulgence et lui porter de plus douces consolations. Vous
savez, ô mes fils, à quel point ma douleur est juste, combien
le coup qui m'a frappé est digne de pitié. Car vous connaissiez le compagnon fidèle, qui m'a délaissé sur la route où nous
marchions ensemble ; vous avez vu quelle était son activité
dans le travail, la douceur de ses mœurs. Est-il quelqu'un
qui me soit si nécessaire ? quelqu'un qui m'aime aussi tendrement ? Il était mon frère par la naissance, mais plus

encore par la religion. Je vous en supplie, plaignez mon sort, vous qui savez tout cela. J'étais faible de corps, et il me soutenait ; pusillanime, et il me fortifiait ; paresseux et négligent, et il me réveillait ; sans prévoyance et sans mémoire, et il m'avertissait. Pourquoi m'as-tu été arraché ? pourquoi as-tu été enlevé de mes bras, toi dont l'âme se confondait avec la mienne, homme selon mon cœur ? Nous nous sommes aimés pendant la vie ; comment sommes-nous séparés dans la mort ? Amère séparation que la mort seule pouvait accomplir !... O mort, tu as bien réussi, puisque d'un seul coup ta fureur a fait deux victimes ! »

Gérard était, pour l'abbé de Clairvaux, ce que Satyre avait été pour saint Ambroise. Aussi cette oraison funèbre offre-t-elle de nombreux traits de ressemblance avec celle dont nous parlions tout à l'heure, à tel point que Bérenger, disciple d'Abailard, prenait texte de là pour accuser saint Bernard de plagiat. On ne peut nier assurément qu'il n'y ait une grande analogie entre les deux discours, mais elle résulte surtout de l'identité du sujet. A l'exemple de Satyre qui gérait les affaires temporelles d'Ambroise, Gérard avait pris une large part à l'administration de Clairvaux : son bon sens dirigeait en quelque sorte le génie de son frère, et son activité lui épargnait bien des soins fastidieux. Grâce à lui, Bernard pouvait mener de front les occupations multiples qui se partageaient son temps. C'est ce qui resserrait plus étroitement encore les liens d'affection qui unissaient les deux frères. L'orateur est admirable de tendresse lorsqu'il rappelle les services qu'il a reçus de Gérard, et qu'il peint ces vertus modestes qui fuyaient tout éclat, pour s'ensevelir dans l'obscurité du travail manuel. On mesure, en lisant ces pages pleines d'émotion, toute la puissance pathétique du talent de saint Bernard. « Son âme, s'écrie-t-il, et son cœur ne faisaient qu'un avec mon cœur et mon âme ; le glaive qui l'a traversée, l'a partagée par le milieu ; le ciel a reçu l'une de ces moitiés, l'autre est demeurée dans la fange ; et moi, moi qui suis cette misérable portion privée de la meilleure partie d'elle-même, on me dira : Ne pleurez point. Mes entrailles ont été arrachées de mon sein, et l'on me dira : Ne souffrez point. Je souffre et je souffre malgré moi, parce que ma force n'est pas la dureté d'une pierre, parce que ma chair n'est pas de bronze ; je souffre et je me plains, et ma douleur est toujours devant moi. »

Je disais, Messieurs, au commencement de ma leçon, que le christianisme n'ôte rien, aux affections légitimes du cœur, de leur force et de leur vivacité. Certes, en voilà une preuve touchante. Cet homme, qui, au milieu des austérités du cloître, exhale en plaintes déchirantes la douleur d'un frère, montre assez par son exemple que le véritable chrétien ne rougit pas de l'homme, et que l'Évangile n'est pas autre chose que le code de la nature humaine restauré par la grâce et sanctionné par Dieu.

Mais quelle résignation sublime, au milieu de si profonds regrets ! Loin de murmurer contre les décrets de la Providence, Bernard remercie Dieu de lui avoir conservé si longtemps celui qu'il aimait. L'année précédente, Gérard était tombé malade à Viterbe, où il avait accompagné son frère. Saisi de tristesse, à l'idée qu'il laisserait ces chères dépouilles sur la terre étrangère, l'abbé de Clairvaux n'avait demandé à Dieu, pour toute grâce, que de donner à Gérard la force de terminer son voyage, et de ne le rappeler à lui qu'après leur retour à Clairvaux. « Seigneur, s'écrie-t-il, tu m'as exaucé. Il s'est rétabli, et nous avons achevé la tâche que tu nous avais imposée ; nous sommes revenus la joie dans le cœur et chargés de nos trophées pacifiques. J'avais presque oublié notre convention, mais tu t'en es souvenu. J'ai honte de ces sanglots qui m'accusent de prévarication. Il suffit : tu as repris ton bien, tu as réclamé ton serviteur. Ces pleurs marquent le terme de mes paroles; c'est à toi, Seigneur, de marquer le terme et la mesure de mes larmes. » Cette oraison funèbre, ouverte par une explosion involontaire de la douleur, et fermée brusquement par des sanglots, est le témoignage le plus irrécusable de la sensibilité de saint Bernard : elle montre, sous un jour nouveau et à peu près inconnu, cette belle nature où la fermeté du caractère s'alliait à la tendresse du cœur.

En prononçant l'éloge funèbre de son frère, dans l'assemblée des religieux de Clairvaux, saint Bernard remplissait une tâche qui lui était habituelle. Comme nous l'apprennent les historiens de sa vie, il ne dédaignait même pas de célébrer après leur mort les vertus de simples frères convers. Ces épanchements familiers d'une douleur éloquente ne sont pas arrivés jusqu'à nous. Il existe néanmoins, dans le recueil de ses œuvres, un discours de ce genre qui rivalise pour la vérité du pathétique avec l'oraison funèbre de Gérard, dont il forme le pendant. Permettez-moi de vous en entretenir un instant.

Humbert, prieur de Clairvaux, avait été l'un des premiers compagnons de saint Bernard. Cinquante années, passées dans les exercices de la pénitence, avaient fait de cet homme un modèle accompli de la vie religieuse ; et l'abbé de Clairvaux le chérissait tendrement. Aussi indulgent pour les autres que sévère envers lui-même, Bernard ne pouvait obtenir du fervent religieux qu'il se relâchât tant soit peu de ses austérités. Ni l'âge ni les infirmités ne purent diminuer, jusqu'à la veille de sa mort, les pratiques de mortification qu'il s'était imposées. Il convenait qu'une telle vie reçût une première récompense dans la parole du grand orateur. Le lendemain du jour où le prieur de Clairvaux eut terminé sa carrière, Bernard prononça son oraison funèbre dans l'assemblée des frères.

Vous ne vous attendez pas certainement à trouver dans ce discours de la pompe ou de l'emphase. L'éloge d'un religieux ne comportait ni l'élévation du ton, ni la solennité du langage. Non, tout y est simple et grand. C'est un père qui épanche son cœur au milieu de ses fils. Il y a sans doute, dès le début, quelque chose de dramatique, dans ce défi jeté à la mort qui n'a pu atteindre l'âme de ce saint homme, et qui même se verra forcée de lui rendre un jour le corps dont on l'a dépouillé. Mais ce qui fait le charme principal de cette allocution, c'est la simplicité qui y règne. L'orateur s'efface derrière cette vie, plus éloquente que tous les discours, qui s'est écoulée silencieuse et calme à l'ombre d'un monastère. C'est l'humble religieux qui, du fond de sa tombe, va lui-même instruire ses frères. Bernard lui prête sa voix, en rappelant quelle a été la vie du bien-aimé défunt : « Qui jamais, dit-il, a pu surprendre sur ses lèvres une médisance ou une légèreté, une parole de vaine gloire ou d'envie ? Qui jamais l'a entendu juger ses frères ou prendre part aux jugements qu'on portait sur eux ? Jamais propos vain ne sortit de sa bouche, et l'on rougissait même d'en tenir en sa présence... Beaucoup d'entre vous n'ignorent pas quelles maladies l'accablaient ; mais son âme était supérieure aux années, et son courage ne savait pas céder aux infirmités. C'est avec une surprise mêlée d'admiration qu'on le voyait franchir les vallées, été comme hiver, gravir les montagnes malgré son grand âge, pour partager le travail des jeunes frères. Lorsque, pressé d'affaires, je le retenais auprès de moi pour prendre conseil de lui, je le voyais triste et inquiet, jusqu'à ce que je l'eusse rendu à votre société... »

On conçoit l'impression que cette éloquence simple et douce devait produire dans une telle assemblée ; mais l'émotion a dû arriver à son comble quand Bernard, se mettant lui-même en scène, s'écriait dans l'affliction de son âme : « O mon Dieu! vous m'avez enlevé mes frères selon la chair, vous m'avez enlevé ceux qui étaient mes frères selon l'esprit, et dont la sagesse me servait de lumières ; vous avez fait le vide autour de moi, en frappant coup sur coup, à mes côtés, ceux qui me soulageaient dans le fardeau que vous m'avez imposé. De tant d'amis, Humbert seul me restait, de tous le plus cher, parce qu'il était le plus ancien ; vous me l'avez pris également : il vous appartenait. Me voilà seul désormais; je leur ai survécu à tous, je meurs dans chacun d'eux. Mais non, je ne m'élève pas contre vos jugements ; loin de moi le murmure ! La douleur seul inspire ma parole... » On n'analyse pas de tels sentiments : il suffit de les rappeler pour en faire comprendre l'éloquente vérité.

Je vous retiens un peu longtemps, Messieurs, au milieu de ces scènes de famille, où l'oraison funèbre nous apparaît sous un aspect nouveau ; mais cet épisode n'est pas sans intérêt dans l'histoire de l'éloquence sacrée. Sans doute, le thème des discours dont je viens de parler, ce n'est pas une vie qui fait bruit dans l'histoire; ce n'est pas l'éloge d'un grand prince ou d'un héros. Là, pas de pompes extérieure, pas de faste, point d'appareil ; une parole simple et sans apprêt, des regrets touchants sur la tombe de quelques moines obscurs ; voilà l'oraison funèbre dans le monastère du douzième siècle. Mais j'ignore s'il est une scène d'éloquence qui vaille celle-là, en grandeur véritable et en poésie. Cette vallée solitaire encadrée d'épaisses forêts ; cette abbaye, dont le silence n'est interrompu que par la voix de la prière; cette église simple et nue, qui invite l'âme aux graves pensées de la foi ;

désastreuse : *O noctem illam memorabilem et in fastis eximiæ alicujus notæ adjectione signandam!* cet orateur, dis-je, ne pouvait faire de Charles IX qu'un prince accompli, et de Catherine de Médicis autre chose qu'une héroïne. Cela n'a pas manqué. Si, au lieu d'avoir été une des plus tristes figures qui apparaissent dans la royauté française, Charles IX eût marché l'égal de saint Louis, Muret n'aurait pu célébrer avec plus d'enthousiasme le génie et les grandes qualités de cet incapable. Que nous importe, du reste, que l'orateur imite avec bonheur le style de Cicéron, que sa harangue mérite de figurer parmi les meilleures pièces latines du seizième siècle, si elle porte à faux sur le point capital du sujet ? Toutefois, ne soyons pas trop sévères envers un contemporain de ce triste événement. Si aujourd'hui même, après toutes les lumières que l'histoire est venue répandre sur ce déplorable épisode de nos guerres civiles, il est encore des écrivains assez peu équitables, pour mêler le nom de l'Église à un odieux coup d'État auquel elle n'a pas eu de part, il n'y a pas lieu de s'étonner que l'orateur du seizième siècle ait pu se tromper sur le véritable caractère des faits, jusqu'à voir des représailles légitimes dans ce qui n'était que l'effet d'une politique égoïste et misérable.

Nous pouvons appliquer la même remarque à la plupart des éloges funèbres de cette époque de rivalités et de luttes ardentes. L'esprit de parti exagère la louange ou le blâme jusqu'au ridicule. Qui s'attendrait, par exemple, à voir Henri III élevé jusqu'aux nues par ses panégyristes ? « Qui sera, s'écrie l'un d'entre eux, en 1589, qui sera l'Orphée, le Thamyris ou le Musée capable de traiter cet argument ? Quelle harpe pourra suffisamment chanter la ruine commune de la France ? Voulant parler, Messieurs, je deviens raide comme un tronc, et n'ouvre la bouche que parce qu'il n'est pas en ma puissance de me taire... Il n'y a plainte d'Égypte ou de Phrygie qui puisse égaler cette infortune, ni chœur de tragédie qui la puisse représenter. Si je me tais, de quel diamant prendrai-je la nature, ou de quelle froideur deviendrai-je glacé? Si je pleure, de quelle harmonie entonnerai-je mon pleur, et quel grand ouvrage entreprendrai-je? » Un peu plus loin, l'orateur compare la France, berceau du roi, à l'île de Crète qui se glorifie d'avoir donné naissance à Jupiter. Je vous demande pardon de la monotonie un peu fatigante à laquelle mon sujet me condamne; mais, dans l'impuissance où je suis de signaler quelque progrès notable, je me vois obligé de relever sans cesse les mêmes défauts. Tous ces éloges funèbres de la fin du seizième siècle se ressemblent par l'absence complète du goût et même des convenances de la chaire. Je n'en excepte pas celui du cardinal de Lorraine et de François de Guise, qui obtint quelques succès sous le titre de *Littera et arma:* avec plus de recherche dans l'expression, cette pièce latine ne diffère, que par la langue, des discours français de la même époque. Même profusion de citations profanes, même pompe emphatique. L'affectation règne partout, et le naturel nulle part.

Arrivés à la première moitié du dix-septième siècle, nous marchons sur un terrain qui ne nous est pas inconnu. Nous avons étudié l'an dernier les caractères généraux de l'éloquence sacrée, dans cette période de transition qui précède Bossuet; et ceux d'entre vous qui m'ont fait l'honneur de me suivre, se rappellent peut-être quelques-unes des conclusions auxquelles nous nous étions arrêtés. Toutes sont applicables à l'oraison funèbre, et nous pouvons même ajouter que ce genre était de tous le moins bien traité. Nous avons pu en juger d'après un éloge funèbre de Crillon, prononcé à Avignon par un père de la Compagnie de Jésus; et, bien que le cardinal

Duperron et saint François de Sales se détachent du milieu de ce groupe d'orateurs par un ensemble de traits plus achevé, il n'est pas moins vrai de dire que ni l'éloge funèbre de Ronsard, ni celui du duc de Lorraine n'échappent complètement à l'influence du mauvais goût de l'époque. Quelques détails de plus me semblent nécessaires, pour mieux préciser le milieu dans lequel Bossuet allait paraître.

La mort de Henri IV, en 1610, ouvrait à l'oraison funèbre un champ magnifique. Aussi, son éloge retentit d'une extrémité à l'autre dans toutes les chaires du royaume; et jamais peut-être la mémoire d'un prince ne fut célébrée par un si grand nombre de discours. Il nous en reste une bonne partie, qui nous permettent d'apprécier à quel degré de perfection ce genre d'éloquence était parvenu au commencement du dix-septième siècle. Je devrais dire plutôt à quel degré d'imperfection; car on ne peut qu'être surpris de ne pas trouver, parmi tant d'œuvres diverses, une seule qui mérite l'attention. Comme accent de vérité et comme pathétique simple et touchant, je leur préfère à toutes la lettre de saint François de Sales sur la mort de Henri IV, dont je vous ai lu quelques fragments, en traitant de l'éloquence de ce grand écrivain. Ce n'est pas que je veuille dire qu'un trépas si funeste n'inspirait point aux orateurs une douleur sincère. Henri IV était universellement regretté, et il méritait de l'être. Malgré les défauts qui entachent sa mémoire, sa bonté avait su gagner tous les cœurs. Chacun de ces discours en offre le témoignage. Mais le sentiment de la douleur ou de l'admiration y revêt des couleurs si fortes, qu'il devient presque ridicule dans l'expression. S'agit-il de retracer la fatale journée de l'assassinat du roi : « C'est aujourd'hui, s'écrie un orateur à Troyes, le grand vendredi de la félicité terrienne, la Noël de notre misère, l'agonie de notre repos, la conception de nos douleurs, l'occident de notre joie, l'orient de nos larmes, ô donc la maudite journée! » Faut-il peindre la valeur de Henri au milieu des combats : « Il éclatait en soleil au trône de sa majesté, il foudroyait en Mars parmi la presse des batailles, il étonnait en tonnerre : tout tremblait à ses pieds, la frayeur marchait à la tête de son avant-garde, la mort suivait après, la victoire était à sa droite, le bonheur à sa gauche, le triomphe lui serrait sa perruque royale d'un chapelet de diamants. » Je cite une des moins mauvaises; car s'il fallait nous engager dans celle de l'abbé de la Saussaye, aumônier du roi, ou dans celle de Valladier, la plus grande célébrité oratoire de l'époque, nous y trouverions le galimatias pompeux à l'apogée de sa force. On le voudrait, qu'on ne se sentirait pas le courage de réhabiliter des productions pareilles. J'aime mieux voir l'excellent père Cotton, confesseur de Henri, monter en chaire à la Flèche et, suffoqué par l'émotion, interrompre son discours pour entamer un autre sujet. Ses larmes m'en disent plus que toutes ces phrases à effet, qui gâtent une douleur vraie par l'enflure du style et l'exagération du ton.

Parmi les oraisons funèbres de Louis XIII, il en est quelques-unes qui offrent plus d'intérêt. Il est vrai que trente-trois ans se sont écoulés dans l'intervalle. Pendant ce temps le goût s'est épuré et la langue se dégage, bien qu'avec peine, des formes latines; nous approchons de la période pleine et harmonieuse de la deuxième moitié du siècle. Mais l'entente des moyens oratoires est encore bien incomplète. On ne sait pas grouper, autour de quelque idée féconde, les faits qui s'y rattachent. La vie du prince dans une première partie, sa mort dans la seconde, telle est la division ordinaire de ces oraisons funèbres. Ce qui n'empêche pas que l'une ou l'autre ne renferme quelques belles idées rendues dans un style assez ferme. Je citerai en particulier celle de l'abbé Ogier, prononcée à Saint-Benoît, celles du P. Senault de l'Oratoire, de l'Évêque d'Uzès dans l'assemblée générale du clergé de France, de Godeau, évêque de Grasse. Il n'en est aucune, parmi celles que je viens de rappeler, où l'on ne puisse relever quelques traits d'une véritable beauté. La minorité de Louis XIV, inaugurée par les victoires du duc d'Enghein, les inspire heureusement. « C'est vous, divine Providence, s'écrie l'évêque d'Uzès, qui tenez la mer calme durant que les petits des alcyons acquièrent des forces dans leurs nids flottants ; c'est vous qui, protégeant la minorité du jeune roi, calmerez cette mer orageuse, sujette à tant d'agitations. » A quelques pas de la Fronde, c'était exprimer sous une forme touchante le vœu de la France entière. L'abbé Ogier use d'un tour non moins délicat, quand il rapporte à Louis XIII une partie des succès du duc d'Enghien : « Comme quand le vent ou la marée ont cessé sur les eaux, le vaisseau ne laisse pas encore d'aller quelque temps de pareille impétuosité par l'impression qu'il en a reçue, ainsi la prospérité de la France et le cours de ses victoires ne s'est pas arrêté, n'a pas laissé d'aller du même train, quoique ce grand roi, qui lui avait donné le branle, ne fût plus au monde. » Faites circuler dans ces membres de phrase qui s'embarrassent un peu le souffle de Bossuet, et vous avez devant vous une de ces images qui sont dans la mémoire de tout le monde. J'insiste là-dessus, Messieurs, pour vous faire remarquer les progrès de l'éloquence ; car ici les généralités ne suffisent pas : il n'y a qu'une étude de détails qui puisse nous les faire noter. Ainsi quand le P. Senault, traçant le caractère de Louis XIII, dit de lui : « Il était si heureux qu'il semblait obliger la fortune de servir à ses desseins, et il était d'ailleurs si prudent qu'il semblait disposer de tous les événements, et lire dans les secrets de

l'avenir tous le succès de ses entreprises, » il est difficile de
ne pas se rappeler ce trait du caractère de Cromwell: « qui ne
laissait rien à la fortune de ce qu'il pouvait lui ôter par conseil et par prévoyance, mais au reste si vigilant et si prêt à
tout, qu'il n'a jamais manqué les occasions qu'elle lui a pré-
sentées. » Quand l'évêque de Grasse, voulant montrer que
Louis XIII a été roi de lui-même, part de cette royauté intérieure qui, dans le premier homme, répondait à sa royauté extérieure sur les créatures, et qu'il conclut par ces mots: « Il
n'appartient qu'à Dieu d'avoir sa seule volonté pour loi,
parce qu'elle n'est ni faible ni corrompue, » il porte dans l'éloquence cet esprit philosophique, qui donne tant de profondeur aux conceptions de Bossuet. Quand il dit de la couronne
de France: « Elle n'a au-dessus d'elle que la croix de Jésus-
Christ à qui elle fait gloire de se soumettre. Elle a été parfaitement arrondie aussitôt que formée, et on peut bien dire de ses
lis que la gloire et la pompe de Salomon ne les a point effacés: »
il égale, par la beauté de l'expression, s'il ne surpasse point
Bossuet, proclamant la maison de France la plus grande de
l'univers. Ce sont là des lueurs vives qui éclairent et qui pré-
parent la marche du génie. Il est une chose néanmoins que
je ne puis pardonner à ces oraisons funèbres : c'est le silence
complet qu'elles gardent sur Richelieu. On dirait, à les lire,
que cet homme extraordinaire n'avait jamais paru. A quoi
faut-il attribuer cet étrange oubli ? Sans doute, et en premier
lieu, au peu de bénédictions que Richelieu avait récoltées même
dans le clergé. Mais il convient d'y voir également un de ces
tours oratoires, qui sacrifient la vérité au besoin de louer. Dans
le tableau d'un règne où le ministre était tout, il fallait, pour
que le roi devînt quelque chose, écarter le ministre. La gloire
de Richelieu eût éclipsé la pâle figure de Louis XIII. De là,
ce silence universel qui, partout ailleurs, serait une flat-

terie et qui, dans la chaire chrétienne, est une faiblesse.

Ainsi, Messieurs, pour me résumer, nous sommes près et nous sommes loin de Bossuet. Nous touchons à lui ; car le P. Senault se rencontrera avec le grand orateur dans l'oraison funèbre de la reine d'Angleterre, et la comparaison de ces deux discours ne sera pas ce qu'il y a de moins intéressant. Nous sommes éloignés de lui, car on ne saurait se le dissimuler, malgré toutes les beautés partielles que je viens de relever dans ces diverses productions, elles restent à une distance infinie de ses immortels chefs-d'œuvre. Évidemment, après un siècle de tentatives, l'oraison funèbre en est encore à ses coups d'essai. Qu'est-ce donc qu'il fallait pour l'élever à la hauteur où nous la verrons arriver ? Ce qu'il fallait, c'est le souffle créateur de l'homme de génie. Ramasser dans un cadre largement conçu et fortement lié tous les faits d'une grande vie, les rattacher au mouvement de l'histoire comme les actes divers d'un drame unique, tenir d'une main ferme le fil de la Providence dans la conduite des affaires humaines, fondre dans l'unité d'un récit palpitant d'émotion les événements d'un royaume ou d'un siècle, dessiner les caractères, peindre les âmes, prêter à chaque fait sa physionomie, sa couleur, sa vie ; et, après avoir passé en revue les gloires et les grandeurs du monde, se retirer sur les sommets de la foi, pour faire tomber sur elles les clartés de la mort et de l'éternité : voilà ce qu'il fallait faire et ce que Bossuet a fait, avec cette puissance du génie qui marque aux œuvres de l'homme une ère nouvelle de grandeur et d'éclat.

Nous aborderons la prochaine fois l'étude de ses premières oraisons funèbres.

VINGT-HUITIÈME LEÇON

LES DEUX PREMIÈRES ORAISONS FUNÈBRES
DE BOSSUET

Vue d'ensemble sur l'histoire de l'oraison funèbre avant Bossuet. — L'archidiacre de Metz débute par l'éloge de madame Yolande de Monterby. — Sa manière de concevoir ce genre d'éloquence ; il expose clairement les principes, et s'efforce de réagir contre le mauvais goût de ses devanciers. — Son argumentation se ressent encore des sécheresses de l'école, et il ne sait pas se défendre complètement des défauts qu'il condamne. — L'oraison funèbre de Henri de Gournay montre Bossuet aux prises avec les puissances humaines, qu'il aimera toujours à humilier en face d'une tombe entr'ouverte. — Une page admirable sur l'égalité des hommes devant la mort — Shakspeare et l'évêque de Meaux. — Le sentiment de la grandeur dans Bossuet. — L'oraison funèbre du P. Bourgoing : difficulté de la tâche ; comment l'orateur agrandit son sujet. — Est-il vrai que ce discours renferme une critique indirecte de la compagnie de Jésus ? — Premiers linéaments du sermon sur l'Unité de l'Église. — Allusion délicate au rôle que le P. Bourgoing remplissait auprès de la personne du duc d'Orléans. — Bossuet s'inspirant des Pères de l'Église. — Les sermons de Bossuet, riche répertoire pour ses oraisons funèbres.

Messieurs,

Avant d'aborder l'étude des premières oraisons funèbres de Bossuet, j'éprouve le besoin de revenir un instant sur mes pas, pour mesurer l'espace que nous avons parcouru. Remontant aux origines de l'oraison funèbre, nous avons recherché son double point de départ psychologique et historique. A cet effet, nous avons interrogé tour à tour la nature humaine et l'Écriture sainte. Dans l'une, nous avons trouvé la plainte funèbre s'échappant spontanément du cœur de l'homme, sous

l'impression de ce qu'il y a de plus douloureux et de plus
tragique dans sa destinée ; dans l'autre, nous avons rencontré
l'élégie, qui s'empare de la plainte funèbre pour l'élever à une
création poétique, la poésie prophétique qui l'étend aux
grandes catastrophes de l'histoire, la philosophie sacrée, enfin,
qui embrasse dans l'énergique concision de ses maximes
toutes les misères de l'humanité ; et, bien que la Bible ne nous
ait pas donné l'oraison funèbre sous la forme que le christianisme a su lui prêter, nous n'en avons pas moins recueilli,
dans ses divines pages, tous les éléments qui devront la composer. Puis, nous nous sommes tournés vers l'antiquité profane, pour apprécier le caractère que l'éloge funèbre y avait
revêtu, sous la double influence du sentiment patriotique et
de l'amour de la gloire. Sans parler du *Ménéxène* de Platon,
qui est une véritable théorie du genre, l'éloge funèbre des
guerriers athéniens par Périclès et celui de la légion de Mars
par Cicéron nous ont fourni des modèles éclatants. Passant
alors de l'antiquité profane au christianisme, nous avons
signalé, dans l'éloge des martyrs, la transformation de cette
branche de l'éloquence sous l'empire des doctrines évangéliques. Les Pères du quatrième siècle, notamment saint Grégoire de Nysse, saint Grégoire de Nazianze et saint Ambroise,
nous sont apparus comme les modèles et les précurseurs de
nos grands orateurs modernes dans l'éloquence funèbre. Le
dernier des Pères, saint Bernard, a fait revivre au douzième
siècle cette forme spéciale de la prédication chrétienne. Il nous
fallait signaler, avant comme après lui, une assez forte lacune
dans l'histoire de l'oraison funèbre, dont nous avons retrouvé
la trace vers la fin du quatorzième siècle. A cette époque, le
mouvement qui emportait les esprits vers l'imitation de l'antiquité est venu multiplier sous nos pas les éloges funèbres. De
là, tant de pièces latines qui fourmillent au quinzième et au

seizième siècle, et dont nous avons marqué les défauts. De cette éloquence un peu factice, nous nous sommes tournés vers les premiers essais de l'oraison funèbre dans notre langue. Partant de la mort de François Iᵉʳ, nous avons passé en revue diverses productions, où le mauvais goût le dispute d'ordinaire à l'emphase des mots et au vide des idées, et nous sommes venus toucher à Bossuet, sans avoir pu surprendre, dans les œuvres de ses devanciers, rien qui fît présager les siennes, si ce n'est quelques lueurs de génie rapides et passagères.

C'est à ce grand homme qu'était réservé le mérite de reprendre l'oraison funèbre, là où l'avaient laissée les Pères, pour l'élever à un degré de perfection inconnu avant lui. Toutefois, vous le concevez sans peine, Bossuet lui-même n'a pu débuter par des chefs-d'œuvre, dans un genre où il n'a pas laissé d'égal. Comme il l'a fort bien dit dans un de ses discours : « Ni l'art, ni la nature, ni Dieu même, ne produisent pas tout à coup leurs grands ouvrages ; ils ne s'avancent que pas à pas. On crayonne avant que de peindre, on dessine avant que de bâtir, et les chefs-d'œuvre sont précédés par des coups d'essai. » Rien n'est plus vrai. Aussi, bien que l'oraison funèbre de la reine d'Angleterre figure en tête de toutes les éditions, (j'ignore pour quel motif, en réalité,) plusieurs « coups d'essai » avaient précédé ce chef-d'œuvre.

Le cardinal de Bausset me paraît en avoir ignoré ou méconnu quelques-uns dans son *Histoire de Bossuet*. Selon lui, le jeune orateur aurait débuté dans cette nouvelle carrière, le 4 décembre 1662, par l'oraison funèbre du P. Bourgoing. C'est une erreur manifeste ; deux œuvres du même genre avaient précédé ce discours : deux œuvres peu connues à la vérité, mais qui méritent de l'être, parce qu'elles marquent le point de départ du génie de Bossuet.

C'est au mois de décembre 1656, que l'archidiacre de Metz, âgé de vingt-neuf ans, s'essaya pour la première fois dans l'oraison funèbre, à l'occasion de la mort de madame Yolande de Monterby, abbesse des religieuses Bernardines de cette ville. Les dernières études de M. Floquet sur la vie de Bossuet mettent ce point hors de toute contestation.

Renfermé dans le cadre assez étroit d'une vie peu éclatante, le sujet ne permettait pas à l'orateur de donner un libre essor à toutes ses facultés. De plus, nous ne possédons qu'une partie de ce premier discours. D'où il suit, que nous y cherchions en vain la pleine mesure du talent de Bossuet, même à l'époque de sa jeunesse où il le prononçait. Mais ce qu'il y a d'admirable dans ce début, c'est que nous y trouvons, dès l'exorde, l'idée la plus grande et la plus vraie de l'oraison funèbre :

« Quand l'Église ouvre la bouche des prédicateurs dans les funérailles de ses enfants, ce n'est pas pour accroître la pompe du deuil par des plaintes étudiées, ni pour satisfaire l'ambition des vivants par de vains éloges des morts. La première de ces deux choses est trop indigne de sa fermeté, et l'autre trop contraire à sa modestie. Elle se propose un objet plus noble dans la solennité des discours funèbres : elle ordonne que ses ministres, dans les derniers devoirs que l'on rend aux morts, fassent contempler à leurs auditeurs la commune condition de tous les mortels, afin que la pensée de la mort leur donne un saint dégoût de la vie présente, et que la vanité humaine rougisse en regardant le terme fatal que la Providence divine a donné à ses espérances trompeuses. »

Voilà l'idée vraiment chrétienne de l'oraison funèbre. Bossuet trace ici d'une main ferme le programme qu'il suivra toute sa vie. C'est bien là, en effet, le même orateur qui, à trente années de là, dira, dans une circonstance plus mémorable : « Mon discours, dont vous vous croyez peut-être les juges, vous jugera au dernier jour : et si vous n'en sortez plus chrétiens, vous en sortirez plus coupables. » Il y a dans ce petit nombre de phrases par lesquelles Bossuet s'annonce dans sa nouvelle carrière, il y a, dis-je, toute une réforme ; et lorsqu'on songe à quelle pompe affectée le mauvais goût entraînait la plupart de ses contemporains, on ne peut qu'être surpris de le voir ramener d'un trait l'oraison funèbre à son véritable caractère. Car enfin, autour de lui, on ne peut se dissimuler que ce genre d'éloquence tournait généralement au panégyrique : on songeait moins à instruire les vivants qu'à louer les morts. Le P. Senault, le meilleur orateur qui eût paru au dix-septième siècle avant Bossuet, n'avait-il pas prétendu démontrer, dans l'oraison funèbre de Louis XIII, que ce prince avait été le plus grand monarque qui jusqu'alors eût régné sur la France ? J'ajouterai même que l'abus de la louange est toujours pour l'oraison funèbre un écueil difficile à éviter. Car si Voltaire a pu dire, avec assez de raison, dans sa préface d'*Œdipe roi* : « On doit des égards aux vivants, aux morts on ne doit que la vérité, » il n'est pas moins juste d'ajouter que, pour se produire en toute franchise, la vérité a besoin d'attendre un certain nombre d'années. Une mémoire toute récente mérite certains ménagements que l'orateur chrétien lui-même est tenu d'observer, ne fût-ce que par respect des convenances. Ce qui ne veut pas dire, à coup sûr, qu'il faille exagérer les qualités ni taire les défauts. Mais, entre l'invective et la flatterie, il y a cette juste modération de l'éloge et du blâme, au milieu de laquelle la vérité ne perd aucun de ses droits, tandis que la charité conserve tous les siens. Les oraisons funèbres de Bossuet en fournissent une preuve évidente.

Quoi qu'il en soit, au moment d'aborder ce genre d'éloquence, le jeune orateur me paraît évidemment préoccupé des défauts qu'il trouve dans ses contemporains. Nul doute qu'il n'eût entendu plusieurs d'entre eux, et que leur fausse rhétorique, chargée d'érudition profane, n'eût choqué son sens chrétien si ferme et si droit. C'est ce qui ressort assez clairement des allusions qu'il y fait dans ses trois premières oraisons funèbres. Si j'insiste là-dessus, c'est que, pour apprécier la réforme opérée sur ce point par Bossuet, il me paraît utile de savoir, au préalable, quel jugement il portait sur la manière de ses devanciers. Voici, par exemple, comment il ouvrira l'oraison funèbre de **Henri de Gournay** : « Rejetant loin de mon esprit toutes les considérations profanes, et les bassesses honteuses de la flatterie, indignes de la majesté du lieu où je parle et du ministère sacré que j'exerce, je m'arrêterai à vous proposer trois ou quatre réflexions tirées des principes du christianisme. » Dans celle du **P. Bourgoing**, il trahira avec plus d'évidence sa préoccupation secrète. Il s'élèvera avec force contre « ces prédicateurs infidèles qui ravilissent leur dignité, jusqu'à faire servir au désir de plaire le ministère d'instruire; qui ne rougissent pas d'acheter des acclamations par des instructions, des paroles de flatterie par la parole de vérité; des louanges, vains aliments d'un esprit léger, par la nourriture solide et substantielle que Dieu a préparée à ses enfants. Que ferez-vous ici, s'écrie-t-il, faibles discoureurs? Détruirez-vous ces remparts, en jetant des fleurs? Dissiperez-vous ces conseils cachés, en chatouillant les oreilles? Croyez-vous que ces superbes hauteurs tombent au bruit de vos périodes mesurées? Et pour captiver les esprits, est-ce assez de les charmer un moment par la surprise d'un plaisir qui passe? Non, non, ne nous trompons pas : pour renverser tant de remparts et vaincre tant de résistance, et nos mouvements affectés, et nos paroles arrangées, et nos figures artificielles, sont des machines trop faibles. » Ou je me trompe fort, Messieurs, ou Bossuet avait en vue, dans ce passage, la fausse rhétorique qui, de son temps, avait généralement prévalu dans l'éloquence de la chaire.

Mais pour en revenir à son premier essai dans l'oraison funèbre, serait-il exact d'affirmer que cette production de sa jeunesse ne porte d'aucune façon l'empreinte des défauts de l'époque? De prime abord, et avant tout examen, cela n'est guère probable. Le génie lui-même ne peut se soustraire tout à fait aux influences extérieures. Je ne parle pas de cet abus de la métaphore et de cette enflure de mauvais goût, qu'on remarque dans les oraisons funèbres de Henri IV et de Louis XIII. De ce côté-là, Bossuet s'annonce en maître dès le premier pas. Il n'en est pas de même de l'argumentation trop sèche et trop aride, que les habitudes de l'école avaient mise en vogue. Dans le discours dont je parle, l'archidiacre de Metz sacrifie un peu au goût des abstractions théologiques. Il agite deux problèmes assez conformes à l'esprit du temps. Il se demande lequel est le plus désirable à l'homme, ou de vivre jusqu'à l'extrême vieillesse, ou d'être promptement délivré des misères de cette vie. Une pareille manière de peser le pour et le contre, de balancer entre elles deux propositions contraires, rappelle, bien que de loin, les *sic* et *non* d'Abailard. Elle n'équivaut pas, sans doute, aux subtilités du P. Cotton, recherchant dans l'oraison funèbre de Villeroy comment l'âme est la forme du corps. Mais on ne peut nier également que l'influence de la scolastique ne se fasse trop sentir dans l'argumentation de Bossuet. La suite le prouve encore mieux. L'orateur examine ce que c'est que le temps. A cet effet, il le considère de deux manières différentes : en tant qu'il se mesure en lui-même par heures, par jours, par mois, par années, et en tant qu'il aboutit à l'éternité. « Dans le premier cas, dit-il, je soutiens que le temps n'est rien, parce qu'il n'a ni forme ni substance ; que tout son être n'est que de couler, c'est-à-dire que tout son être n'est que de périr, et, partant, que tout son être n'est rien. Dans le deuxième cas, il peut être quelque chose, parce que ce même temps qui se perd est un passage à l'éternité qui demeure. D'où il suit que tout le temps est perdu, si nous n'y attachons pas quelque chose de plus immuable que lui. » Assurément, tout cela est fort juste ; mais vous conviendrez, avec moi, que c'est le ton de l'école plutôt que celui de la chaire. Au besoin, j'en appellerai de Bossuet jeune à Bossuet dans la maturité de l'âge et du talent. Écoutons-le exprimant la même idée : « Parlez, mes frères. parlez, je ne suis ici que pour aider vos réflexions. Elle viendra cette heure dernière, elle approche, nous y touchons, la voilà venue. Il faut dire avec Anne de Gonzague : Il n'y a plus ni princesse, ni Palatine ; ces grands noms dont on s'étourdit ne subsistent plus. Il faut dire avec elle : Je m'en vais, je suis emporté par une force inévitable ; tout finit, tout diminue, tout disparaît à mes yeux. Il ne reste plus à l'homme que le néant et le péché : pour tout fonds, le néant ; pour toute acquisition le péché. Le reste, qu'on croyait tenir, s'échappe, semblable à de l'eau gelée dont le vil cristal se fond entre les mains qui le serrent et ne fait que les salir. » Voilà l'orateur ! Tout à l'heure c'était le philosophe qui disserte. Un souffle puissant est venu traverser ce raisonnement aride, pour l'animer par la vivacité du mouvement et la poésie de l'image.

Ainsi, Messieurs, ce qui ressort pour nous de ce fragment de discours, c'est d'une part l'idée nette et vraiment chrétienne, que Bossuet se formait de l'oraison funèbre à l'entrée même de sa carrière ; et de l'autre, le tribut presque inévitable que son génie payait à l'un des défauts de l'époque. Quant à la deuxième partie, qui renferme le tableau des vertus de madame Yolande de Monterby, nous ne pouvons guère en juger par le peu qui nous reste. Il en est de même de l'oraison funèbre de messire Henri de Gournay, prononcée à Metz en 1658, et dont nous ne possédons qu'un morceau assez peu étendu.

Mais ce morceau est remarquable à plus d'un titre. J'oserais presque dire que toutes les grandes oraisons funèbres de Bossuet y existent en germe. C'est ici qu'il se trouve pour la première fois en face des grandeurs humaines, et qu'il cherche à les confondre par la preuve de leur néant. L'idée capitale du discours est celle-ci : quelque apparente inégalité que la fortune ait mise entre nous, « la nature n'a pas voulu qu'il y eût grande différence d'un homme à un autre. » Pour quiconque a lu les oraisons funèbres de Bossuet, il est évident que cette pensée en est le thème et le fonds. Pour la développer, l'orateur imagine un plan superbe. Il envisage successivement les trois états par lesquels nous passons tous : la naissance, le cours de la vie et sa conclusion par la mort; et il trouve, dans chacune de ces situations, des marques indubitables de notre commune faiblesse. Mais, continue-t-il, les hommes « s'imaginent forcer la nature et se rendre différents des autres, malgré l'égalité qu'elle a ordonnée. Premièrement, pour mettre à couvert la faiblesse commune de la naissance, chacun tâche d'attirer sur elle toute la gloire de ses ancêtres et de la rendre plus éclatante par cette lumière empruntée.... Dans le progrès de la vie, on se distingue plus aisément par les grands emplois, par les dignités éminentes, par les richesses et par l'abondance. » Enfin, bien que l'égalité soit inévitable dans la mort, les hommes superbes cherchent à la tromper en jouissant de la vie. « De là naissent trois vices énormes qui rendent ordinairement leur vie criminelle : car cette grandeur dont ils se flattent dans leur naissance les fait vains et audacieux. Le désir démesuré dont ils sont poussés de se rendre considérables au-dessus des autres, dans tout le progrès de leur âge, fait qu'ils s'avancent à la grandeur par toutes sortes de voies, sans épargner les plus criminelles ; et l'amour désordonné des douceurs qu'ils goûtent dans une vie pleine de délices, détournant leurs yeux de dessus la mort, fait qu'ils tombent entre ses mains sans l'avoir prévue. » Cela posé, l'orateur fait ressortir par un habile contraste les qualités de Henri de Gournay. « L'illustre gentilhomme, dit-il, a tellement ménagé toute sa conduite, que la grandeur de sa naissance n'a rien diminué de la modération de son esprit ; que ses emplois glorieux, dans la ville et dans les armées, n'ont point corrompu son innocence, et que, bien loin d'éviter l'aspect de la mort, il l'a tellement méditée qu'elle n'a pas pu le surprendre, même en arrivant tout à coup, et qu'elle a été soudaine sans être imprévue. » Voilà le large plan de cette oraison funèbre. Si je l'ai rapporté tout au long, c'est qu'il embrasse, selon moi, et résume à l'avance toutes les grandes idées que Bossuet développera dans la suite. C'est le coup d'œil de l'aigle qui, avant de prendre son vol, mesure du regard tout l'espace qu'il va parcourir. Dès maintenant, nous pouvons conjecturer jusqu'où s'élèvera le génie de Bossuet, fécondé par les méditations de la foi. De là, l'intérêt qui s'attache à cette ébauche vigoureuse et hardie. Je me sers de ce mot, car le discours dont je parle n'est dessiné que dans ses lignes principales.

Il est une idée, néanmoins, qui s'y trouve pleinement développée. Plusieurs d'entre vous, Messieurs, seront peut-être étonnés d'apprendre que ce fragment à peine connu renferme une des plus belles pages de Bossuet, celle que tout le monde cite comme appartenant à l'oraison funèbre de Madame, où l'orateur l'a reproduite. Je veux parler de la célèbre comparaison des vies humaines avec les fleuves qui se perdent dans l'Océan. Je ne puis résister au plaisir de vous la rappeler, parce qu'elle nous donne la mesure du talent de Bossuet, à son début dans la carrière de l'éloquence funèbre :

« De même que, quelque inégalité qui paraisse dans le cours des rivières qui arrosent la surface de la terre, elles ont toutes cela de commun qu'elles viennent d'une petite origine, que dans le progrès de leur course elles roulent leurs flots en bas par une chute continuelle, et qu'elles vont enfin perdre leurs noms, avec leurs eaux, dans le sein immense de l'Océan, où l'on ne distingue point le Rhin, ni le Danube, ni ces autres fleuves renommés, d'avec les rivières les plus inconnues : ainsi tous les hommes commencent par les mêmes infirmités. Dans le progrès de leur âge, les années se poussent les unes les autres comme des flots : leur vie roule et descend sans cesse à la mort, par sa pesanteur naturelle ; et enfin, après avoir fait, ainsi que des fleuves, un peu plus de bruit les uns que les autres, ils vont tous se confondre dans ce gouffre infini du néant, où l'on ne trouve plus ni rois, ni princes, ni capitaines, ni tous ces autres augustes noms qui nous séparent les uns des autres, mais la corruption et les vers, la cendre et la pourriture qui nous égalent. »

Quelle effrayante poésie dans ce tableau de l'égalité des hommes devant la mort! Quelle force d'imagination dans cette peinture vivante de la destinée humaine! Au fond, l'idée de Bossuet est bien simple. C'est un mot de l'Écriture qui la lui fournit : « Nous mourons tous, et nous allons sans cesse au tombeau, ainsi que des eaux qui se perdent sans retour. » Voilà le point de départ. Mais comme l'imagination de l'orateur, j'aurais presque dit du poète, se déploie dans un cadre si simple et en apparence si étroit ! comme le rapprochement de ces scènes de la nature avec les destinées de l'homme fait éclater la justesse et la grandeur de l'idée ! De telles comparaisons ne se font qu'une fois dans une langue : on les cite, mais on ne les refait pas ; et c'est le triomphe du génie, qu'on ne puisse pas revenir sur ce qu'il a touché ni recommencer ce qu'il a produit.

Ici, Messieurs, se révèlent pour la première fois, chez Bossuet, ces étonnantes facultés qui le rendaient si propre à l'éloquence funèbre. On a dit que son génie n'a jamais eu de muse plus féconde que la mort. Le mot est juste. Nul homme ne s'est inspiré davantage de cette terrible solennité qui entoure les mystères de la tombe. Ce n'est pas qu'il y cherche une insulte à la dignité humaine. Non ; même lorsqu'il remue avec le plus de complaisance la cendre des morts illustres, qu'il entr'ouvre sous les yeux de l'auditoire cet abîme où tombent d'un même bruit la puissance, la gloire, le génie, la beauté, on sent à l'émotion de sa voix que s'il cherche à humilier l'homme, c'est afin de pousser à bout la vanité humaine, et non pour triompher de notre faiblesse. Tout énergique qu'il est, son langage n'a rien d'ironique ni d'amer. Il respire la noble fierté de l'homme qui a conscience de la dignité de son être. Jamais orateur n'a plus célébré la grandeur de l'homme, ni mieux exprimé son néant. Ce qui, à première vue, paraît une contradiction, nous donne au contraire la clef du génie de Bossuet dans l'oraison funèbre. S'il excelle à peindre ce qu'il y a de misérable dans la destinée humaine, c'est qu'il aime naturellement et qu'il sent avec vivacité tout ce qui s'y trouve de grand. La majesté royale, le génie, l'autorité, n'ont jamais eu d'admirateur plus enthousiaste que Bossuet : voilà pourquoi, leurs ruines n'auraient pu trouver de plus grand peintre. Les choses humaines frappaient son imagination par leurs extrémités, et c'est cet étrange contraste qui, agissant sur son âme, lui prêtait de si fortes inspirations. Jamais on ne pénétrera le secret de son admirable éloquence, si l'on ne tient compte du sentiment de la grandeur, qui dominait l'âme de Bossuet et qui la remuait d'autant plus vivement devant le spectacle du néant de l'homme. De là, ce style tragique dont rien n'égale l'émouvante poésie. Nous venons d'en voir un exemple dans le tableau de l'égalité des hommes devant la mort. Il n'y a que le pinceau de Dante ou de Shakspeare, dont la sombre énergie puisse lutter avec cette langue audacieuse. Si je n'avais craint de rabaisser la majesté de la chaire, j'aurais rapproché de ce morceau la scène fameuse du cimetière, où Hamlet passe en revue les grands de la terre après leur mort. Rien ne me rappelle mieux l'originalité forte de Bossuet, que cette étrange conception. Des deux côtés, c'est la même hardiesse de coup d'œil pour saisir les ravages de la mort, et le même coloris pour les peindre. Mais il est juste d'ajouter que, dans Shakspeare, le sublime côtoie le trivial, et le trivial indécent. Lorsque Hamlet, suivant dans ses transformations successives la poussière d'Alexandre, s'en vient dire « que cette argile qui tenait l'univers dans la crainte va calfeutrer un mur pour nous défendre de la bise, » on ne sait s'il faut frissonner ou rire. Bossuet n'a jamais de ces tons, que le père Lejeune, par exemple, ne s'interdit pas toujours. La dignité de son langage n'a d'égale que son respect pour les convenances. Il confond l'esprit par la grandeur et le relief de l'idée, plutôt qu'il ne cherche à frapper les sens par l'effet d'un réalisme trop nu.

Ce respect de la dignité humaine est admirable dans un homme qui a porté à l'orgueil de si terribles coups. C'est ainsi que, dans l'oraison funèbre dont je parle, après avoir flétri la vanité qui pousse certains hommes à « mettre une différence infinie entre le sang noble et le roturier, comme s'il n'avait pas les mêmes qualités et n'était pas composé des mêmes éléments, » il ne dédaigne pas le lustre que peut jeter sur une naissance une suite d'ancêtres glorieux. Il ne craindra pas de dire qu'il a « plu à notre Sauveur de naître d'une race illustre par la glorieuse union du sang royal et sacerdotal dans la famille d'où il est sorti ; » il louera « dans un gentilhomme chrétien ce que Jésus-Christ même a voulu avoir. » Voilà Bossuet. Il aime naturellement la grandeur, il en a le sens et l'instinct. De la même main qu'il abat ce qu'il y a dans l'homme de faux et de chimérique, il relève tout ce qui s'y trouve de véritablement grand.

Vous comprenez, Messieurs, que ces réflexions acquerront plus de justesse, quand nous serons arrivés aux grandes œuvres, dans lesquelles le génie de Bossuet s'est ramassé tout entier. Nous en sommes toujours à ses coups d'essai. Nous cherchons l'idée qu'il se formait de l'oraison funèbre à l'entrée de sa carrière, tel défaut qui dépare ses premières productions, telle page qui révèle avec plus d'éclat son talent naissant, telle aptitude spéciale ou telle disposition de l'âme et du caractère, qui nous fera mieux comprendre ses succès futurs dans ce genre d'éloquence. Ce travail préliminaire nous était naturellement tracé par ses deux premières oraisons funèbres. Prononcées l'une et l'autre à Metz, elles répondent à la première partie de sa carrière oratoire, et marquent la première phase du développement de son génie dans l'éloquence funèbre.

Celles du P. Bourgoing et de Nicolas Cornet peuvent être envisagées comme la transition des « coups d'essai » de Bossuet à ses véritables chefs-d'œuvre. Prêchées à Paris, l'une en 1662, l'autre en 1663, elles coïncident avec ses débuts dans les chaires de la capitale, et prennent place au milieu de ses stations d'Avent et de Carême.

C'est dans l'église des Pères de l'Oratoire de la rue Saint-Honoré, actuellement convertie en temple protestant, que l'archidiacre de Metz fut appelé à rendre ce devoir funèbre au troisième supérieur général de la congrégation. Le P. Bourgoing appartenait à cette lignée d'hommes éminents, qui avaient surgi dans la première moitié du dix-septième siècle, tels que les Vincent de Paul, les Bérulle, les Olier, les Condren. Lié d'amitié avec plusieurs d'entre eux, malgré son âge peu avancé, Bossuet se rapprochait de tous par une étroite conformité de vues et de sentiments. Aussi, dès son arrivée à Paris, s'était-il senti attiré vers ce groupe célèbre, qui exerçait sur les esprits une influence si profonde. Nul doute que ce ne fût là un des motifs pour lesquels le choix de l'Oratoire se porta sur lui dans une telle circonstance. Du reste, le jeune orateur allait se trouver en face d'un auditoire digne de sa réputation ; deux des meilleurs prédicateurs de l'époque présidaient la cérémonie funèbre : le P. Senault, qui avait succédé au défunt dans la charge de supérieur général de l'Oratoire, et Godeau, évêque de Vence. Enfin, le sujet par lui-même n'était pas sans difficulté. Déjà cette illustre congrégation, une des gloires du dix-septième siècle, glissait sur la pente funeste qui devait l'entraîner. Malgré la vive opposition du P. Bourgoing, les doctrines jansénistes avaient pénétré dans son sein, et cette année même, en 1662, trois de ses membres, plus spécialement connus pour leur obstination, avaient été envoyés en exil. Comme vous le voyez, la tâche était délicate. Bossuet s'en acquitta, avec ce tact de l'homme de génie qui cherche la vérité en dehors et au-dessus des partis.

Ce qu'il y a d'admirable dans ce discours, c'est le talent

qu'a l'orateur d'agrandir son sujet, tout en lui donnant le ton
et la couleur qui lui sont propres. La même remarque, d'ailleurs, peut s'étendre à presque toutes ses oraisons funèbres.
Si j'excepte celle du prince de Condé, il n'en est aucune dont
le sujet offrit par lui-même de très grandes ressources. C'est
ce qui fait ressortir d'autant mieux la force créatrice dont il
était doué. A l'instant même, son génie élargissait l'horizon,
et s'ouvrait une de ces perspectives qui, derrière la vie d'un
homme, laissait voir tout un peuple ou une doctrine. Voilà
ce qui fait des oraisons funèbres de Bossuet autant de créations originales, dont chacune a son caractère particulier.
Tout le dix-septième siècle est là, dans ces sept ou huit discours, avec ce qui précède cette grande époque et ce qui la
suit. Sans doute, la vie du P. Bourgoing, tout intéressante
qu'elle était, ne fournissait pas un thème très fécond ni fort
élevé. Mais il s'y rattachait une grande institution, celle de
l'Oratoire. Bossuet s'en servira pour amplifier son cadre. Il la
fera paraître sur l'arrière-plan de son discours, et ce qui
semblait devoir n'être qu'une biographie plus ou moins attachante deviendra la haute appréciation d'un grand fait. Cet
art vraiment admirable, dont nous découvrons ici le germe,
éclatera bien mieux dans les oraisons funèbres postérieures à
celle-ci. Mais, pour le moment, bornons-nous à ce premier
exemple. On a voulu voir, Messieurs, dans le magnifique éloge
de l'Oratoire, une critique indirecte de plusieurs ordres religieux, particulièrement de la Compagnie de Jésus. Pour y
découvrir ce que je viens de signaler, il faut, selon moi, une
pénétration singulière ; et, en ce qui me concerne, j'avoue franchement que je n'ai pas ce don là. Du reste, il suffit d'avoir lu
Bossuet, pour apprécier la valeur de pareilles insinuations.
L'enthousiasme avec lequel il parle des ordres religieux en
général, et de l'institut des jésuites en particulier, les réduit à

néant. Non, Bossuet n'était pas de ces esprits chagrins et étroits qui ne savent admirer qu'une chose, et qui, hors d'elle, ne trouvent rien de bon. L'état religieux est aussi ancien que le christianisme ; mais chaque époque lui prête une forme particulière, en raison même de ses tendances et de ses besoins. Au treizième siècle, c'est l'ordre monastique dans son acception la plus rigoureuse ; au seizième, c'est une milice fortement organisée qui surgit de la mêlée ; au dix-septième siècle, c'est une association plus libre qui, sous le nom de Compagnie ou de Congrégation, travaille à la régénération morale de la société : de là, Saint-Sulpice, Saint-Lazare, l'Oratoire. C'était une nouvelle phase dans la vie religieuse. Sous cette forme, elle se rapprochait davantage de la vie séculière, et se rattachait plus étroitement à l'épiscopat, dont elle relevait par une dépendance plus directe. Bossuet, tout dévoué à l'autorité épiscopale, ne cache pas sa sympathie pour ces associations nouvelles, qui lui paraissent une expression exacte des besoins religieux de son époque. Il aime cette Compagnie, « à laquelle son fondateur n'a point voulu donner d'autre esprit que l'esprit même de l'Église, ni d'autres règles que ses canons, ni d'autres supérieurs que ses évêques, ni d'autres biens que sa charité, ni d'autres vœux solennels que ceux du baptême et du sacerdoce. Là, dit-il, une sainte liberté fait un saint engagement ; on obéit sans dépendre ; on gouverne sans commander ; toute l'autorité est dans la douceur, et le respect s'entretient sans le secours de la crainte. » Voilà ce qui faisait incliner Bossuet vers l'Oratoire : c'est l'esprit de tout son discours.

Malheureusement, comme nous le disions tout à l'heure, quelques membres de cette compagnie tendaient à s'écarter d'une si sage discipline. Pour les y ramener, l'orateur trace le plan de l'Église, selon le dessein éternel du divin architecte. Cette deuxième partie de l'oraison funèbre du P. Bourgoing est la première ébauche du sermon sur l'unité de l'Église. Tout le magnifique discours, qui devait faire l'admiration de l'assemblée de 1682, se trouve en germe dans ce petit nombre de pages que Bossuet y transportera, jusqu'au style près. Il montre « que le dessein de Dieu, dans l'établissement de son Église, est de faire éclater par toute la terre le mystère de son unité, en laquelle est ramassée toute sa grandeur. Par conséquent, quiconque aime l'Église doit aimer l'unité, et quiconque aime l'unité doit avoir une adhérence immuable à tout l'ordre épiscopal : au pape, chef de cet ordre et de l'Église universelle ; aux évêques, chefs et pasteurs des églises particulières. » En présence des opinions jansénistes, qui divisaient l'Église de France et l'Oratoire en particulier, l'à-propos de ces belles réflexions ne pouvait échapper à personne. Bossuet les développera plus tard, dans une circonstance plus mémorable et au milieu de dangers non moins graves. Ici, il se contente de les indiquer ; puis, s'élevant au-dessus des partis, il conjure l'Oratoire de rester fidèle au plan de conduite que lui avaient marqué ses illustres fondateurs :

« Soyez bénie de Dieu, sainte Compagnie ; entrez de plus en plus dans ces sentiments ; éteignez ces feux de division ; ensevelissez sans retour ces noms de parti. Laissez se débattre, laissez disputer et languir dans des questions ceux qui n'ont pas le zèle de servir l'Église : d'autres pensées vous appellent, d'autres affaires demandent vos soins. Employez tout ce qui est en vous d'esprit, de cœur, de lumière et de zèle au rétablissement de la discipline, si horriblement dépravée et dans le clergé et parmi le peuple. »

Ne croyez pas, Messieurs, qu'au milieu de ce beau développement, l'orateur perde de vue le sujet principal de son discours. La figure du P. Bourgoing se détache à merveille sur

le fond du tableau. Bossuet en exprime tous les traits avec
une rare fidélité. Il le montre successivement portant l'innocence à l'autel, le zèle à la chaire, l'assiduité dans la prière, une
patience vigoureuse pour la conduite des âmes, une ardeur
infatigable au milieu de toutes les affaires de l'Église. Il sème la
vie du saint prêtre de détails charmants, parfois d'allusions fines
et délicates. J'en citerai une qui échappe à la lecture, quand on
n'a pas consulté les mémoires du temps. Le P. Bourgoing
avait été confesseur du duc d'Orléans, et plusieurs accusaient
le bon religieux d'une indulgence excessive. Voici le tour ingénieux que Bossuet emploiera pour venger la mémoire du véné-
rable prêtre : « N'entrons jamais dans ce détail, dit-il ; hono-
rons par notre silence le mystérieux secret que Dieu a imposé à
ses ministres. Contentons-nous de savoir qu'il y a des plantes
tardives dans le jardin de l'Époux, que, pour en voir la fécondité, les directeurs des consciences, ces laboureurs spirituels,
doivent attendre avec patience le fruit précieux de la terre, et
qu'enfin le P. Bourgoing a eu cette singulière consolation, qu'il
n'a pas attendu en vain, qu'il n'a pas travaillé inutilement, la
terre qu'il cultivait lui ayant donné avec abondance des fruits
de bénédiction et de grâce. »

C'est par ce discours qu'il est permis de juger à quel point
l'étude des oraisons funèbres, qui nous restent des Pères,
avait laissé de traces dans l'esprit de Bossuet. J'insiste là-
dessus d'autant plus volontiers, qu'à l'ouverture de ce cours
nous avons présenté l'antiquité chrétienne, comme la source
à laquelle le génie de nos orateurs modernes est venu
demander ses plus belles inspirations. Or, parmi les oraisons
funèbres qui se trouvent dans les Pères, celles de saint Grégoire de Nazianze me paraissent avoir été l'objet de prédilec-
tion de Bossuet. Le discours qui nous occupe en est une
preuve manifeste. Le nom et les pensées de l'illustre patri-

arche de Constantinople y paraissent à plusieurs reprises. Mais ce qui est plus digne de remarque, c'est qu'il est des passages où, sans le nommer, l'archidiacre de Metz le traduit presque littéralement. En voici un exemple assez frappant. Animé par le souvenir des austérités du P. Bourgoing, l'orateur s'écrie vers la fin : « O membres tendres et délicats, si souvent couchés sur la dure ! ô gémissements, ô cris de la nuit pénétrant les nues et perçant jusqu'à Dieu ! etc. » Cette tirade assez longue est empruntée, presque mot pour mot, à l'oraison funèbre de sainte Gorgonie par saint Grégoire de Nazianze. Ce n'est pas la première fois que nous avons vu quel heureux parti Bossuet sait tirer des Pères ; mais j'y reviens avec d'autant plus de complaisance que ces imitations sont moins apparentes dans ses oraisons funèbres, et partant moins connues.

Je ne terminerai pas l'étude de ce discours, sans vous faire remarquer un passage qui se retrouve également dans l'oraison funèbre de Madame. C'est la peinture, si justement admirée, de l'état auquel la mort réduit les dépouilles de l'homme. Empruntant à Tertullien l'énergie de son pinceau, Bossuet suit jusque dans le sein de la terre cette chair qui, après avoir changé de nature, devient « un je ne sais quoi qui n'a point de nom dans aucune langue. » Ce tableau est retouché jusqu'à trois ou quatre fois dans les œuvres oratoires de l'évêque de Meaux, et, si je ne me trompe, il faut en chercher l'esquisse primitive dans un de ses premiers sermons, sur la résurrection des morts. Il en est de même de ces belles paroles, qu'il met dans la bouche du P. Bourgoing expirant : « O mort ! lui dit-il d'un visage ferme, tu ne me feras aucun mal, tu ne m'ôteras rien de ce qui m'est cher, tu me sépareras de ce corps mortel ; ô mort, je t'en remercie ; j'ai travaillé toute ma vie à m'en détacher, j'ai tâché de mortifier mes appétits sensuels ; ton secours, ô mort, m'était nécessaire pour en arracher jusqu'à la racine.... » Cette page, dont je ne cite que quelques lignes, est tirée tout entière d'un panégyrique de saint François de Paule, prêché à Metz. Je pourrais multiplier les exemples à l'infini. Qu'il me suffise de quelques-uns pour justifier cette conclusion, à savoir, qu'il existe un rapport d'origine très-étroit entre les oraisons funèbres de Bossuet et ses sermons. Ceux-ci sont la mine féconde, d'où il a tiré les richesses qu'il a répandues dans celles-là. Ici, c'est un plan magnifique dont une main hardie s'est contentée de tracer les principaux linéaments; là, c'est une œuvre achevée, dans laquelle le fini de l'exécution vient s'ajouter à la hardiesse de l'ensemble. Mais, de part et d'autre, le travail de l'esprit est tel qu'on ne sait ce qu'il faut admirer davantage, du génie qui a pu trouver des matériaux si vastes, ou de l'art qui a su les combiner pour en produire un ouvrage si parfait.

Nous nous sommes arrêtés un peu longtemps aux premiers essais de Bossuet dans l'oraison funèbre; mais rien n'est plus intéressant, selon moi, que de marquer le point de départ et d'observer les progrès de l'homme de génie, dans un genre qu'il est appelé à porter à sa perfection. Voilà pourquoi nous avons dû parcourir ces productions de jeunesse, avant de fixer notre attention sur celles qui dénotent la maturité de l'âge et du talent. Il nous reste, pour épuiser cette première série de discours, l'oraison funèbre de Nicolas Cornet. Comme d'une part, la question qui s'y rattache est fort importante; et que, de l'autre, on a fait tant de bruit autour du nom de Bossuet, à propos du jansénisme, il me paraît utile d'en faire la matière de toute une leçon. Ce sera le sujet de notre prochaine entrevue.

VINGT-NEUVIÈME LEÇON

L'ORAISON FUNÈBRE DE NICOLAS CORNET

Est-il vrai, comme le prétend Ledieu, que l'oraison funèbre de Nicolas Cornet, telle qu'elle fut imprimée en Hollande, à l'insu de Bossuet, n'est pas l'œuvre authentique du grand orateur ? — Les *Mémoires* de Ledieu ne méritent pas la même créance que son *Journal*. — Quelle a toujours été l'opinion de Bossuet, relativement aux cinq propositions extraites de Jansénius ? — Sages conseils qu'il donne au maréchal de Bellefonds. — Dans sa lettre aux religieuses de Port-Royal, il leur recommande la soumission pure et simple à l'Église, sans distinction du droit et du fait. — Le cardinal de Noailles et le *Cas de conscience*. — Bossuet compose ses *Jugements ecclésiastiques*, et refuse de publier ses *Avertissements sur les Réflexions morales* du P. Quesnel. — Sa fermeté contre les doctrines n'a d'égale que sa modération vis-à-vis des personnes. — Il trouve moyen de louer hautement la conduite de Nicolas Cornet, dans l'affaire des jansénistes, sans réveiller les colères qu'avaient fait naître ces questions irritantes. — Bossuet en face des casuistes. — Qu'est-ce que la casuistique ? Ses avantages et ses dangers. — Rigorisme et relâchement. — — Bossuet garde le juste milieu, frappant à droite ceux qui tiennent « les consciences sous des rigueurs très injustes », et à gauche ceux qui mettent « des coussins sous les coudes des pécheurs ».

Messieurs,

L'oraison funèbre de Nicolas Cornet, grand maître de Navarre, doit nous occuper aujourd'hui. Or, voici ce que nous lisons dans les Mémoires de l'abbé Ledieu, secrétaire de Bossuet : « Le grand maître Nicolas Cornet mourut à Navarre le 18 d'avril 1663. L'archevêque d'Auch, Henri de la Motte Houdancourt, supérieur, fit les obsèques pontificalement, et l'abbé Bossuet l'oraison funèbre. Un neveu de ce grand maitre la fit imprimer en Hollande, il y a dix ou douze ans. *L'auteur ne s'y est pas du tout reconnu. Il ne croyait pas alors devoir encore rien imprimer.* »

Ces paroles de Ledieu nous mettent d'abord en présence d'une grave difficulté. L'oraison funèbre de Nicolas Cornet, telle que nous l'avons, est-elle authentique? Peut-on y voir l'œuvre de Bossuet et pour le fond et pour la forme? ou bien faut-il, sur la foi d'un témoignage qui n'est pas sans valeur, s'en défier comme d'un discours qui aurait subi, pour un motif quelconque, des altérations sensibles? Telle est la question.

Or, il est évident que la question, telle qu'elle s'offre à nous, dépend beaucoup de la créance que méritent les allégations de Ledieu. Comme je le disais tout à l'heure, son témoignage est digne, à coup sûr, d'être pris en considération : mais je me hâte d'ajouter qu'il n'est pas non plus sans réplique. En général, je ne crois pas m'écarter de la vérité, en disant qu'il y a une grande différence à établir entre ses Mémoires et son Journal. Dans ce dernier ouvrage, il suit Bossuet jour par jour et, pour ainsi dire, heure par heure : il note, avec une exactitude qui devient de la minutie, les moindres détails qui concernent les dernières années de la vie du grand homme. Il rapporte ce qu'il a vu et entendu. Encore faut-il, en toute justice, bien voir et bien entendre ; et je crains fort que l'honnête secrétaire, qui était un homme de médiocre portée, n'ait parfois vu un peu de travers et entendu à moitié, notamment lorsqu'il rend compte de certaines appréciations de Bossuet. Mais enfin, on est bien obligé de s'en rapporter à la foi d'un témoin oculaire et auriculaire, aussi longtemps, du moins, qu'on n'a pas de raison valable pour s'écarter de son récit. Il en va tout autrement quand Ledieu nous parle, dans ses Mémoires, des premières années de la vie de Bossuet, à la personne duquel il ne fut attaché qu'en 1684. Les erreurs manifestes, qui lui échappent dans la première partie de ses Mémoires, doivent nous mettre un peu en garde contre son témoignage, et ne nous permettent pas d'ajouter une foi absolue à des allégations qu'il n'a pu vérifier par lui-même.

Voilà donc une première observation dont la portée ne saurait échapper à personne. Mais accordons qu'en 1698, Bossuet ait réellement dit à son secrétaire qu'il ne se reconnaissait pas dans l'oraison funèbre de Nicolas Cornet, qu'on venait d'imprimer en Hollande. Il n'en faudrait pas moins pouvoir préciser le sens que Bossuet attachait à ces paroles. Le désaveu porte-t-il sur le fond des idées ou sur la forme seulement ? C'est ce que Ledieu ne nous apprend pas. Et pourtant, il y a plus d'une manière d'entendre cette phrase. Que l'évêque de Meaux venant à lire un discours prononcé à trente-cinq années de là, oublié par lui depuis longtemps, reparaissant tout à coup sans sa participation, contre son gré même, dans un pays étranger, que Bossuet, dis-je, frappé des incorrections de style, des phrases inachevées qui s'y rencontraient, ait pu dire qu'il ne s'y reconnaissait pas, sans désavouer pour cela le fond des pensées et les parties essentielles, cela se conçoit sans la moindre peine. Pour quiconque sait avec quelle sévérité ce grand orateur jugeait les productions de sa jeunesse, un tel langage n'est pas de nature à surprendre beaucoup. Il eût dit de même, selon toute apparence, si on avait imprimé, à son insu, l'oraison funèbre de Madame Yolande de Monterby ou de Henri de Gournay. Encore une fois, une affirmation de ce genre n'implique point, par elle-même, un désaveu formel de l'ouvrage. Ce qui le prouve, c'est que Bossuet n'éleva aucune réclamation, lorsque, de son vivant, le *Journal des Savants*, rédigé par des hommes de sa connaisnance, annonça l'oraison funèbre de Cornet. Et s'il est vrai qu'il ne la fit pas entrer dans le recueil de ses oraisons funèbres publié sous ses yeux en 1689, ce fut apparemment pour la même raison qui en fit exclure celle du P. Bourgoing, à savoir. qu'il ne jugeait pas à propos de faire imprimer ses premières œuvres oratoires.

On ne peut donc, à mon avis, inférer d'un mot de Ledieu, jeté en passant dans ses Mémoires, aucune preuve solide contre l'authenticité de ce discours. Ce qui ne veut pas dire, assurément, qu'il n'ait pu subir quelques altérations de moindre importance. La reproduction d'un ouvrage quelconque, entreprise sans la participation de l'auteur, n'est jamais sans reproche. Mais le fond est inattaquable. Ce qui fournit, selon moi, une preuve péremptoire, c'est le discours lui-même. Sans parler en effet du style et du ton de Bossuet, qui s'y révèlent dès le début, l'oraison funèbre de Nicolas Cornet, telle que nous la possédons, caractérise parfaitement l'attitude de ce grand homme au milieu des querelles religieuses du dix-septième siècle, à tel point que, sans invoquer aucun témoignage, on pourrait conclure à la simple lecture qu'il a dû la prononcer.

Il ne peut pas entrer dans mon sujet de m'étendre beaucoup sur les luttes théologiques du dix-septième siècle. C'est l'objet du cours d'histoire ecclésiastique. Mais ce qui nous intéresse en particulier, c'est de connaître au juste l'attitude prise par Bossuet, en face de ces questions qui agitaient si vivement les esprits. On a dirigé contre lui, à ce sujet, des accusations si graves et si peu fondées, qu'il n'est pas inutile de dégager sa mémoire de quelques nuages qui planent sur elle, d'autant plus que l'oraison funèbre qui nous occupe nous apparaitra par là sous son véritable jour.

Tout le monde sait que ce fut Nicolas Cornet qui, en qua-

lité de syndic de la Faculté de théologie de Paris, dénonça, le
1er juillet 1649, aux docteurs réunis, sept propositions
extraites de Jansénius, dont cinq furent, peu d'années après,
condamnées par le Saint-Siège sur la demande des évêques de
France. Quand l'affaire éclata, Bossuet, âgé de près de vingt-
deux ans, se préparait à recevoir l'ordre du diaconat et à
subir les épreuves de la licence. C'est dire assez qu'il était au
plus fort de ses études théologiques, trop jeune par conséquent pour prendre une part active à ces luttes naissantes.
Mais dès ce moment-là, déterminé par ses propres études plus
encore que par l'autorité de son maître, il n'hésita pas à
condamner les propositions incriminées, ce qui lui valut de
la part de quelque mauvais plaisant, comme il s'en rencontre
dans tous les partis, le reproche peu spirituel *de n'avoir
étudié la théologie que par un cornet.* Dans tout le cours de
sa vie, Bossuet ne varia jamais sur ce point. Non-seulement
il tenait les cinq propositions pour condamnables en elles-
mêmes, mais il y voyait de plus l'âme et la substance du livre
de Jansénius. C'est l'expression dont il se servait, dans une
lettre adressée au maréchal de Bellefonds : « Je crois donc,
écrivait-il, que les propositions sont véritablement dans Jansénius et qu'elles sont l'âme de son livre. Tout ce qu'on dit
au contraire me paraît une pure chicane et une chose inventée pour éluder le jugement de l'Église. » On ne saurait
s'exprimer en termes plus formels. Bien des années après, le
11 février 1703, Bossuet répétait les mêmes paroles à Ledieu
qui s'empressa de les consigner dans son Journal : « J'ai, ces
jours derniers, relu Jansénius tout entier ; et comme je fis, il
y a quarante ans, j'y ai retrouvé les cinq propositions très-
nettement, et leurs principes répandus par tout le livre. » Il
ne saurait donc y avoir le plus léger doute à cet égard.
Bossuet, en condamnant les cinq propositions, les attribuait

à Jansénius, et par là se séparait profondément des partisans de cet évêque, qui, tout en les rejetant avec l'Église entière, refusaient néanmoins de les voir dans l'*Augustinus*. Lors donc qu'on veut prétendre que Bossuet n'était en dissidence avec Port-Royal que sur des questions secondaires, on abuse des mots, puisque le point capital était précisément de savoir si les propositions devaient être attribuées à Jansénius ou non.

Mais, Messieurs, ce que je vous prie de remarquer dès l'abord, dans cette même lettre au maréchal de Bellefonds, c'est l'esprit de modération qui retient Bossuet sur la limite du devoir et de la vérité. Il paraît que le confesseur du maréchal prétendait lui défendre de nommer les cinq propositions, sans ajouter aussitôt qu'elles sont dans Jansénius. Comme l'Église n'avait pas imposé aux laïques l'obligation de signer le formulaire d'Alexandre VII, une telle exigence devenait un fardeau à tout le moins inutile. Bossuet s'exprime là-dessus sans le moindre détour : « Ce pieux religieux, écrit-il, vous impose un joug que l'Église n'impose pas, puisqu'il n'y a rien dans ses jugements qui oblige les laïques à se déclarer positivement sur cette matière. On n'a rien à vous demander, quand vous ne direz jamais rien contre le jugement qui décide la question de fait, et que, dans l'occasion, vous direz que vous vous rapportez sur tout cela à ce que l'Église ordonne à ses enfants. » Voilà ce bon sens admirable, également éloigné et des molles complaisances qui énervent la vérité, et du zèle intempestif qui la compromet. Tel il se montra dès le début, tel il paraîtra dans tout le cours de sa vie.

Ce fut vers la fin de l'année 1664 que Bossuet se trouva, pour la première fois, activement mêlé dans la question du jansénisme. Les partisans de ce système s'étaient retranchés

dans la distinction du droit et du fait. Ils admettaient bien
que les cinq propositions méritaient par elles-mêmes les qualifications du Saint-Siège, mais ils niaient qu'elles eussent
été entendues dans le sens voulu par l'auteur. Le formulaire
d'Alexandre VII, du 15 février 1665, vint les forcer dans ce
nouveau retranchement, en obligeant tous les ecclésiastiques
et les membres des communautés religieuses à condamner les
propositions dans le sens voulu par l'auteur, *in sensu ab
auctore intento*. Mais déjà plusieurs assemblées du clergé
avaient prescrit la souscription d'un formulaire, peu différent
de celui-là, et également approuvé par le pape. On sait avec
quelle obstination les religieuses de Port-Royal se refusèrent
à cet acte. Ce fut pour les y amener que Bossuet intervint, sur
la prière de l'archevêque de Paris, Hardouin de Péréfixe.
La lettre qu'il leur écrivit à ce sujet est un modèle de discussion solide et de charité chrétienne. S'adressant tour à tour
à leur foi et à leur piété, il établit, avec autant de calme que
de netteté, que cette distinction de droit et de fait est inouïe dans
de pareilles souscriptions ; que le jugement sur le livre de
Jansénius a été rendu avec toutes les formes canoniques ;
qu'un tel jugement, émané du Saint-Siége et accepté par tous
les évèques, a droit à l'adhésion de tous les fidèles ; que si
l'Église n'exige pas de ses enfants, sur des faits non révélés, un
acte de foi divine comme sur les dogmes de la révélation,
elle leur demande à bon droit cette foi humaine et ecclésiastique, qui n'est pas autre chose qu'une soumission sincère
de leur jugement à celui de leurs supérieurs légitimes, et que,
par suite, on ne peut la refuser sans une rébellion manifeste.
Tel est, en peu de mots, le résumé de cette lettre qui, pour un
motif que nous ignorons, ne fut pas imprimée, ni envoyée
aux religieuses de Port-Royal. Ce ne fut qu'en 1709, que le
cardinal de Noailles la fit paraître à la suite d'un de ses man-

dements. On voit par là avec quelle réserve judicieuse Bossuet traitait les questions si délicates du jansénisme. Évitant avec un soin extrême tout ce qui est de nature à aigrir les esprits, il ne s'embarrasse point dans des questions inutiles ou controversées. Il ne recherche pas même si l'Église est infaillible ou non dans la décision des faits dogmatiques, tels que l'attribution du sens d'une proposition à un auteur déterminé. Il ne pousse pas les choses à l'extrême, en demandant, sur le jugement de ces faits, ce que l'Église ne demande pas, un acte de foi divine. Il se renferme strictement dans l'obligation qui en résulte : la soumission pure et simple, sans aucune restriction, avec la persuasion intérieure et absolue. C'est toujours, comme vous le voyez, la même ligne de conduite droite et inflexible. Ni trop, ni trop peu, voilà sa devise. C'est à lui qu'on pense tout naturellement, quand on relit ce beau mot de Massillon, écrivant à l'évêque de Rhodez en 1728 : « il faut prendre le parti qui n'est point un parti ; le parti de l'Église, qui désavoue et ceux qui la défendent mal et ceux qui l'attaquent. »

On conçoit qu'avec des dispositions tout ensemble si fermes et si pacifiques, Bossuet ait déploré vivement les tristes divisions que le jansénisme avait fait naitre dans l'Église de France. Aussi salua-t-il avec joie la paix de Clément IX, dont la mansuétude pastorale semblait devoir mettre un terme à ces funestes débats. Vous diriez qu'il la célèbre d'avance dans l'oraison funèbre de Nicolas Cornet : « On ne fait plus aucune sortie, s'écrie-t-il, on ne parle plus que de paix. O qu'elle soit véritable ! ô qu'elle soit effective ! ô qu'elle soit éternelle ! » On sait que l'événement ne répondit pas à son attente. Un instant assoupie, la querelle se raviva plus fortement que jamais, surtout vers la fin du dix-septième siècle. Ce fut alors que, dans l'assemblée du clergé de 1700, Bossuet porta un nouveau et rude coup aux opinions jansénistes. Sur l'initiative qu'il en prit, les évêques de France condamnèrent quatre propositions, qui renouvelaient les erreurs proscrites jusqu'alors. On n'a qu'à lire le Journal de Ledieu, à la date du 26 août 1700, pour voir avec qu'elle vigueur l'évêque de Meaux poursuivit, au sein de l'assemblée, ce que beaucoup de gens affectaient encore d'appeler le fantôme du jansénisme. Il ne déploya pas moins de zèle quand parut, en 1702, le fameux *cas de conscience* qui remettait tout en question, en réduisant au silence respectueux la soumission due au jugement de l'Église, sur l'attribution des cinq propositions à Jansénius. Bossuet fut des premiers à prendre feu, selon l'expression de Ledieu, peu suspect en cette matière, comme assez défavorable aux adversaires des jansénistes. Il se fit relire, à ce sujet, sa lettre aux religieuses de Port-Royal qu'il avait retouchée dans le temps, et, revenant sur cet épisode de sa vie, il dit à son secrétaire : « Vous voyez combien j'étais alors attentif à cette affaire et combien je la suivais de près. » Ce fut lui qui donna au cardinal de Noailles le plan, l'économie et tout le fond de son ordonnance contre le *cas de conscience* proposé par les jansénistes. Enfin, pour « faire quelque chose qui pût frapper un grand coup et ne recevoir pas de réplique », comme il disait, il se mit à composer son ouvrage sur les *Jugements ecclésiastiques*, que la mort ne lui permit pas d'achever, mais qui, tout imparfait qu'il est, reste une des pièces les plus vigoureuses qui aient été dirigées contre le jansénisme.

Ce serait donc, Messieurs, une injustice criante que de reprocher à Bossuet quelque tiédeur dans l'attaque des erreurs jansénistes, puisque, toute sa vie durant, il ne cessa de les combattre, avec modération il est vrai, mais sans la moindre faiblesse. Il est un dernier fait néanmoins qui, mal interprêté, serait de nature à faire craindre quelque surprise de sa part. M. de Noailles, évêque de Châlons, avait approuvé en 1695 le livre des *Réflexions morales*, composé par le P. Quesnel et condamné plus tard par la bulle *Unigenitus*. Nommé archevêque de Paris, le prélat préparait une nouvelle édition de cet ouvrage pour son diocèse ; mais comme sur ces entrefaites il avait condamné un livre janséniste, on crut voir une contradiction dans sa conduite. De là, un pamphlet dirigé contre lui sous le titre de *Problème ecclésiastique*, dans lequel l'auteur anonyme (un bénédictin, selon d'Aguesseau,) se demandait lequel des deux on devait croire, ou Louis-Antoine de Noailles, évêque de Châlons, approuvant les *Réflexions* du P. Quesnel, ou Louis-Antoine de Noailles, archevêque de Paris, censurant le livre janséniste de *l'Exposition*. L'archevêque, inquiet de cette nouvelle attaque, appela Bossuet à son secours. Le cas était embarrassant. L'évêque de Meaux, il faut bien l'avouer, ne jugea point d'abord le livre du P. Quesnel avec toute la juste sévérité qu'on déploya plus tard. Comme aucun jugement de l'Église n'était encore intervenu contre cet ouvrage, il croyait pouvoir réduire à un sens orthodoxe ce qui, par le fait, était répréhensible. Ce n'est pas qu'il le tint pour irréprochable : bien s'en faut. Il voulait y faire introduire des corrections importantes et nécessaires : ce sont les propres termes dont Ledieu se sert, dans son Journal, sous la date du 14 novembre 1704. En conséquence il exigea qu'on y mît un certain nombre de cartons, pour en retrancher ce qu'il y trouvait d'erroné. Ces réserves faites, il se chargeait de justifier le cardinal de Noailles de toute contradiction, et c'est principalement à cette fin qu'il composa son *Avertissement sur les Réflexions morales,* dans lequel, tout en essayant de disculper certains passages du P. Quesnel, il s'élevait avec force contre les propositions jansénistes.

Mais, voyant qu'on ne tenait pas compte de toutes ses demandes, il refusa de publier son *Avertissement*, comme n'ayant plus d'objet. Ce ne fut qu'après sa mort qu'un abus de confiance livra au P. Quesnel une copie de cet écrit, qu'il publia sous le titre inexact de *Justification des Réflexions morales*. Voilà, en peu de mots, l'historique de ce dernier incident. D'où il suit que si Bossuet, par un excès de condescendance pour le cardinal de Noailles, entreprit de défendre un livre dans lequel il exigeait préalablement des corrections importantes, il voulait tirer de cette défense même une nouvelle et dernière réfutation des erreurs jansénistes. Ce qui le prouve sans réplique, ce sont les attaques violentes que les partisans du P. Quesnel ne cessèrent de diriger contre lui dans leurs lettres et dans leurs écrits.

Telle fut, Messieurs, l'attitude de Bossuet en face du jansénisme, attitude digne en tous points d'un homme qui, en dehors de tous les partis, suivait le droit chemin de la vérité, sans se laisser détourner, ni à droite ni à gauche, par cette fougue impétueuse qui emporte les esprits extrêmes. Si maintenant nous passons des doctrines aux personnes, nous trouverons le même mélange de fermeté et de modération dans la conduite de ce grand homme. Certes, il jugeait avec sévérité les écrivains qui épuisaient tous les raffinements de la dialectique, pour éluder les condamnations de l'Église. « Ce sont les jansénistes, disait-il à Ledieu le 15 janvier 1703, qui ont accoutumé le monde, et surtout les docteurs, à avoir peu de respect pour les censures de l'Église, et non seulement pour celles dés évêques, mais encore pour celles de Rome même, au moins dans les matières qui les touchent et surtout dans les faits. » « M. Arnauld, disait-il au mois de février de la même année, est inexcusable d'avoir tourné toutes ses études, au fond, pour persuader le monde que la doctrine de

Jansénius n'a pas été condamnée. » Comme vous le voyez, l'évêque de Meaux n'épargnait pas le blâme à ceux qui le méritaient. Mais, d'un autre côté, il aurait voulu que le zèle de quelques-uns de leurs adversaires eût moins d'animosité, et même qu'on s'abstînt de part et d'autre de qualifications trop dures. « On ne peut pas dire, reprenait-il, que M. Arnauld ni Messieurs de Port-Royal, ni ce qu'on appelle communément des jansénistes, soient des hérétiques, puisqu'ils condamnent les hérésies sur ce sujet condamnées par l'Église; mais qu'ils sont au moins fauteurs d'hérétiques et schismatiques, deux qualifications que j'ai exprès données à leur secte dans la dernière assemblée de 1700. » Du reste, il ne manquait aucune occasion pour rendre justice à leurs vertus et à leurs talents. En pleine assemblée du clergé de France de 1700, il fit l'éloge de la piété de Jansénius, de son savoir et de son esprit de soumission, tout en blâmant fortement sa doctrine. Il désirait surtout qu'on ménageât autant que possible M. Arnauld, « un si grand homme, » disait-il, l'engageant à faire usage de sa science pour réfuter le système de Malebranche sur la nature et la grâce. Aussi ce célèbre docteur disait-il de Bossuet : « Entre tant de grandes qualités que j'admire en M. de Meaux, il n'y en a pas qui me paraisse plus extraordinaire qu'un certain fond de sincérité et d'équité, qui lui fait reconnaitre la vérité, qui que ce soit qui la lui propose. » Lorsque, en 1697, les noms de Pascal et d'Arnauld furent rayés du recueil des *Hommes illustres* de Perrault, Bossuet s'en plaignit vivement dans une lettre à son neveu, comme d'un outrage fait à leur mémoire. Je sais, Messieurs, qu'il se trouvera toujours certaines gens qui, sous prétexte d'ardeur pour la vérité, traiteront cette indulgence de faiblesse ; mais, pour peu qu'on veuille réfléchir au caractère que tracent à la polémique chrétienne les préceptes de l'Évangile et les exemples des saints Pères, on reconnaîtra sans peine que rien ne nuit plus au triomphe d'une bonne cause, que ce zèle aveugle qui enveloppe les personnes et les doctrines dans une haine commune, que la vérité a d'autant plus de prise sur l'erreur qu'elle sait se contenir dans la modération de sa force, et qu'enfin la justice n'accomplit tous ses devoirs que lorsque la charité conserve tous ses droits.

Nous possédons maintenant la clef d'une partie de l'oraison funèbre de Nicolas Cornet. Ce que nous venons de dire explique naturellement les pages si nettes, si fermes, dans lesquelles l'orateur expose l'origine de cette grave querelle, et le rôle qu'y avait joué le grand maître de Navarre : « Quelle effroyable tempête s'est excitée en nos jours, touchant la grâce et le libre arbitre ! je crois que tout le monde ne le sait que trop ; et il n'y a aucun endroit si reculé de la terre, où le bruit n'en ait été répandu. Comme presque le plus grand effort de cette nouvelle tempête tomba dans le temps qu'il était syndic de la Faculté de théologie : voyant les vents s'élever, les nues s'épaissir, les flots s'enfler de plus en plus ; sage, tranquille, et posé qu'il était, il se mit à considérer attentivement quelle était cette nouvelle doctrine et quelles étaient les personnes qui la soutenaient. Il vit donc que saint Augustin... Après avoir ainsi regardé la face et l'état de cette doctrine, il s'appliqua à connaître le génie de ses défenseurs. Saint Grégoire de Nazianze, qui lui était fort familier, lui avait appris que les troubles ne naissent pas dans l'Église par des âmes communes et faibles : « Ce sont, dit-il, de grands esprits, mais ardents et chauds, qui causent ces mouvements et ces tumultes ; » mais ensuite les décrivant par leurs caractères propres, il les appelle excessifs, insatiables, et portés plus ardemment qu'il ne faut aux choses de la religion ; paroles vraiment sensées, et qui nous représentent au vif la nature de tels esprits... Notre sage et avisé syndic jugea que ceux desquels nous parlons étaient à peu près de ce caractère : grands hommes, éloquents, hardis, décisifs, esprits forts et lumineux, mais plus capables de pousser les choses à l'extrémité que de tenir le raisonnement sur le penchant ; et plus propres à commettre ensemble les vérités chrétiennes qu'à les réduire à leur unité naturelle... » C'est dans cette partie de l'oraison funèbre, que le P. Tabaraud de l'Oratoire trouvait des *invectives inspirées par l'esprit de parti,* qui le portaient à croire *qu'elle a été interpolée en divers endroits.* Mais, Messieurs, Bossuet, ne dit à cette occasion, que ce qu'il répète en mille endroits du Journal de Ledieu et dans ses propres écrits. Y a-t-il dans ce passage, au style oratoire près, quelque chose de plus vigoureux que dans ceux que je citais tout à l'heure, ou dans cette phrase que je tire de sa lettre aux religieuses de Port-Royal : « Vous vous verriez attachées à la conduite particulière de personnes, desquelles je ne veux rien dire, sinon qu'elles sont à plaindre plus que je ne puis l'exprimer, d'en être réduits à ce point, qu'ils semblent mettre toute leur défense à décrier hautement, et de vive voix et par écrit tout le gouvernement présent de l'Église. » Et d'ailleurs, il faut être peu familier avec la manière de Bossuet, pour ne pas la reconnaître à cette phrase magistrale qui semble commander à la langue en lui imposant le tour qu'il lui plaît, à ce trait brusque et rapide qui peint au vif un caractère ou une doctrine. Je reprends la suite de l'oraison funèbre : «C'est de cette expérience, de cette connaissance exquise, et du concert des meilleurs cerveaux de la Sorbonne, que nous est né cet extrait de ces cinq propositions, qui sont comme les justes limites par lesquelles la vérité est séparée de l'erreur ; et qui étant, pour ainsi parler, le caractère propre et singulier des nouvelles opinions,

ont donné le moyen à tous les autres de courir unanimement contre leurs nouveautés inouïes. »

Ce qui ajoutait sans nul doute à l'intérêt de ce discours,
ce qui en faisait presque un événement, c'était l'assistance
au milieu de laquelle il fut prononcé. La chapelle de Navarre,
où furent célébrées les obsèques de Nicolas Cornet, s'élevait
sur l'emplacement qu'occupent à cette heure les bâtiments
de l'École polytechnique. Ce jour-là, outre un grand nombre
d'évêques, les docteurs des facultés de Paris se pressaient à
l'envi autour de la chaire, les uns voulant rendre ce dernier
devoir à l'amitié qu'ils avaient portée au feu grand maître,
les autres désireux d'écouter ce qui se pouvait dire du combat
qu'il avait eu avec les jansénistes. C'est le neveu de Cornet
qui nous apprend ces détails, dans l'éloge de son oncle. La
tâche de Bossuet était donc fort délicate. Il s'agissait de
toucher à des questions irritantes, sans réveiller les colères à
peine assoupies. Il est vrai qu'il avait eu pour s'y préparer,
non pas neuf jours seulement, comme l'a dit à tort le cardinal de Beausset, mais plus de deux mois : puisque le service
funèbre de Cornet ne se fit que le 27 juin 1663, tandis que sa
mort était arrivée au mois d'avril de la même année. L'orateur aborda des matières si graves, avec cette franchise pleine
de mesure, qui permet la critique et fait taire la prévention.
D'ailleurs, c'était chez lui un principe dont il ne se dé-
partit jamais. « Je crois, écrivait-il dans une de ses lettres, que
la vérité se peut dire hautement partout, pourvu que la
discrétion tempère le discours et que la charité l'anime. »
Aussi cette oraison funèbre fut-elle universellement admirée,
et s'il fallait chercher un écho du suffrage de tous jusque
dans la jeunesse studieuse de Navarre, je citerais quelqu'une
de ces pièces de vers qui en ont transmis le poétique souvenir :

Atque ita Cornelius per teque in teque superstes,
Non periit nobis, totus at ipse manet.

En célébrant la mémoire de Nicolas Cornet, Bossuet ne rencontrait pas seulement sur son chemin l'affaire du jansé-nisme, il se trouvait de plus en face d'une autre question non moins épineuse, dans laquelle le grand maître de Navarre avait dû également prendre parti, je veux dire la question de la morale relâchée ou des casuistes.

La casuistique est cette partie de la science morale, qui consiste à résoudre les cas de conscience par l'application des principes. Chez nous, où l'empire des mots est fort grand, où souvent il domine les idées, le discrédit qui s'est attaché à ce mot de casuistique a rejailli quelque peu sur la chose elle-même. Pascal, plus que tout autre, a contribué à ce résultat, en dirigeant contre elle l'arme terrible du ridicule. Dire à un homme : Vous êtes un casuiste, cela équivaut presque à lui dire : Vous êtes un sophiste. Et pourtant, que nous le voulions ou non, nous sommes tous casuistes malgré nous et à chaque instant, parce qu'à chaque pas nous nous trou-vons en face d'un devoir, dont il s'agit de faire l'application à un cas particulier. D'où il suit évidemment, qu'il n'est aucune branche de la science théologique qui ait plus d'im-portance que celle-là, parce qu'elle détermine plus directe-ment la conduite morale. J'ajouterai qu'il n'en est point qui ait été cultivée avec un labeur plus opiniâtre. Vous seriez étonnés sans doute, en parcourant les volumineux traités de plusieurs de ces théologiens qu'on a appelés casuistes, tels que Vasquez, Sanchez par exemple, de voir avec quelle pro-fondeur d'analyse psychologique et quelle expérience du cœur humain ils pénètrent dans le détail de la vie, sondant les plis et les replis de la conscience, pesant la valeur morale de chaque acte dans la balance du devoir, passant en revue l'une après l'autre toutes les situations de l'âme, tenant compte des motifs, de l'intention, des mille circonstances qui peuvent modifier le caractère des actions humaines, de telle sorte que rien n'échappe à leur sagacité patiente. Une telle science, si on peut appeler de ce nom ce qui est plutôt une méthode, est vaste et complexe comme l'activité humaine. De là sa difficulté. Car si rien n'est plus aisé, depuis la révélation chrétienne, que d'établir en général la règle des mœurs, il n'est pas toujours facile de la suivre dans l'application. Là naissent des divergences. C'est ce que nous voyons tous les jours : tel acte blâmé par les uns est loué par les autres, bien que tous s'accordent sur les principes généraux qui doivent diriger la conduite de l'homme. Il n'est donc pas surprenant qu'il puisse se produire quelquefois, parmi les théologiens eux-mêmes, des appréciations diverses sur un seul et même acte ; et comme, en toutes choses, il y a deux extrêmes dont il faut se garder également, il peut se manifester, en morale, deux tendances contraires. On peut en effet outrer l'application des principes et resserrer la règle des mœurs, de manière à étouffer la liberté dans l'étreinte de la loi : c'est ce qui s'appelle du rigorisme. Il est possible également d'élargir plus qu'il ne faut le cercle de la liberté, de lui laisser trop de jeu, en affaiblissant le lien des obligations morales : de là le relâchement ou la morale relâchée.

Ces deux tendances, car ce nom convient mieux que celui de systèmes, se sont manifestées à différentes époques et se manifesteront toujours plus ou moins, tant qu'il y aura des hommes chargés de faire l'application des lois morales. Au dix-septième siècle, elles se trouvaient en présence l'une de l'autre. Rien de plus facile, à mon avis, que d'expliquer l'origine de cette lutte. La casuistique, est à peu près, à la morale ce que la scolastique est au dogme. Excellentes méthodes l'une et l'autre, elles peuvent devenir un abus. A force de vouloir raffiner sur la règle des mœurs, de disséquer, pour ainsi dire, chaque cas de conscience, de faire valoir le pour et le contre, de pousser un principe à ses conséquences extrêmes, on est exposé à perdre, comme disait Bossuet, «parmi des détours infinis, la trace toute droite de la vérité,» et à trouver au bout, en place d'une solution, une véritable énormité. De même qu'en abusant de la scolastique, on peut être amené jusqu'à rechercher combien d'anges tiendraient sur la pointe d'une aiguille; ainsi, en discutant à perte de vue, par exemple, sur le superflu des biens que les riches doivent aux pauvres, on épiloguera tant, sur ce qu'il faut appeler superflu ou non, qu'on finira par ne plus même y trouver le nécessaire. C'est ce qui était arrivé à certains casuistes, trop préoccupés d'introduire la rigueur géométrique dans une science qui ne la comporte pas. « Ces chicanes raffinées, continue Bossuet après saint Augustin, ces subtilités en vaines distinctions, sont véritablement de la poussière soufflée, de la terre dans les yeux, qui ne font que troubler la vue : *sufflantes pulverem et excitantes terram in oculos suos.* » Ajoutez à cette manie de subtiliser l'intention, fort louable sans doute quand elle n'excède pas les limites du **vrai**, de vouloir sauver le plus grand nombre d'hommes possible, de s'insinuer au fond des cœurs par une adresse indulgente, dans un siècle surtout où la corruption des mœurs semblait offrir peu de prise à la sévérité, et vous comprendrez sans peine comment, une fois engagés sur cette pente dangereuse, quelques théologiens ont pu se laisser glisser dans la morale relâchée. Certes, il ne faut pas se le dissimuler, le péril était grand ; car le relâchement énerve la discipline et favorise la corruption au lieu de la combattre.

Mais le danger n'était pas moindre du côté opposé. En exagérant les suites de la chute originelle, les docteurs jansénistes devaient aboutir, par voie de conséquence, au rigorisme en morale. Comme le libre arbitre leur paraissait plus déréglé qu'il n'est en réalité, bien qu'il le soit beaucoup, ils devaient naturellement serrer le frein, comme on dit, au risque de le rompre. De là cette tendance, que leur reprochait Bossuet, à trouver partout des crimes nouveaux, à accabler la faiblesse humaine, à traîner toujours l'enfer après eux et à ne fulminer que des anathèmes. On sait quel était l'esprit de ces livres qui, sous prétexte de respect pour les sacrements, restreignaient l'absolution des fautes, et éloignaient les fidèles de la table sainte comme indignes d'y participer fréquemment. Voilà donc deux extrémités également périlleuses, entre lesquelles se trouvait le bon sens, la justice, la modération, la vérité en un mot. Cette voie royale, que l'Église a toujours suivie, Bossuet devait la tenir, sans jamais s'en écarter.

Je trouve le programme de sa conduite dans ces belles paroles, tirées d'un de ses sermons pour le jour de Pâques, prêché devant Louis XIV : Il faut être « toujours autant éloigné d'une excessive rigueur qui se détourne à la droite que d'une extrême condescendance qui se détourne vers la gauche. » Sans doute, il appliquait les maximes évangéliques dans toute leur sévérité. Ses sermons seuls en feraient foi, comme nous avons eu occasion de le remarquer l'an dernier. S'il est une chose qu'il faille admirer presque à l'égal de son génie, c'est ce sens chrétien si ferme et si vigoureux, qui ne transige pas avec les mollesses du monde et ses vaines complaisances, qui poursuit le vice sous telle forme qu'il paraisse, qui fait revivre, dans cet évêque de la cour de Louis XIV, la rudesse évangélique de saint Paul. Il suffit de lire ses traités sur le *probabilisme* et sur l'*usure* pour voir que, parmi les opinions controversées dans l'école, il n'adoptait pas la moins sévère. Aussi, ne cesse-t-il de faire une guerre à outrance aux casuistes relâchés. Déjà, dans la fameuse assemblée de 1682, il avait appelé sur eux l'attention des évêques; dans celle de 1700, il développa lui-même et fit censurer cent vingt-quatre propositions disséminées dans leurs écrits. Les procès-verbaux qui nous restent témoignent avec quelle vigueur l'évêque de Meaux poursuivait ces raffinements d'une casuistique égarée. Mais ce qui n'est pas moins digne de remarque, c'est le soin qu'il prenait d'écarter toute question de nom propre ou de personne. En cela, il était bien éloigné de Pascal, dont le tort éternel sera d'avoir enveloppé une société entière dans des erreurs qu'elle-même avait été la première à condamner. Il ne manquait certes pas d'ecclésiastiques, dans l'assemblée de 1700, qui eussent goûté fort ce procédé. L'archevêque de Reims entre autres, Letellier, ne cessait d'insulter les jésuites dans toutes les conversations. « M. de Meaux, dit Ledieu dans son Journal, sous la date du 1er juillet 1700, en était indigné, et il nous disait : Il faut laisser parler M. de Reims; mais quand il faudra dresser une censure, je suis bien résolu de n'y laisser glisser aucun mot d'aigreur ni de dureté. » Voilà Bossuet dans son véritable jour, cherchant et défendant la vérité sans acception de personnes. Il suffit de le montrer tel qu'il est, pour faire évanouir les prétendues antipathies qu'on lui suppose. Cette noble indépendance d'esprit qui le suivait partout, il la montre également dans ses attaques contre le rigorisme outré de certains jansénistes. « Car, disait-il dans ses *Méditations sur l'Évangile*, et ceux-là ferment la porte du ciel qui la font trop large, et ceux-là qui augmentent les difficultés et les fardeaux, et dont la dureté rend la piété sèche et odieuse. » « Que dire, s'écriait-il en chaire, faisant allusion à l'opinion de quelques écrivains du parti sur la fréquente communion, que dire de ceux qui fuient les sacrements en crainte du péril où les précipiterait le mépris qu'on en fait, en sorte qu'il n'y a plus de sacrements pour eux ? Combien en connaissez-vous qui n'ont plus rien de chrétien, que ce faux respect des sacrements qui fait qu'ils les abandonnent, de peur, disent-ils, de les profaner ? Le beau reste de christianisme ! Comme si on pouvait faire, pour ainsi parler, un plus grand outrage aux remèdes que d'en être environné sans daigner les prendre, douter de leur vertu et les laisser inutiles ! » J'abuse peut-être un peu des citations, mais j'aime à vous faire juger par vous-mêmes du véritable rôle de Bossuet dans la polémique de son temps. A voir l'impartialité qu'il a su garder au milieu de ces débats irritants, on serait peut-être tenté de voir en lui un homme de juste milieu ou de tiers-parti, dans le sens odieux qu'on donne parfois à ces mots. Oui, sans doute, il y a un juste milieu faux et blâmable ; c'est le juste milieu des hommes sans principes, qui oscillent perpétuellement entre les divers partis, prêts à donner des gages à chacun, pour se faire bien venir de tous ; c'est le juste milieu des faux politiques, des indifférents ou des sceptiques : ce juste milieu n'est pas la vérité, c'est le doute et la faiblesse. Mais il en est un autre que la vérité commande ; c'est le juste milieu des esprits sûrs et fermes, c'est celui de l'Église qui depuis dix-huit siècles s'avance à travers le monde, tenant la balance égale entre Nestorius et Eutychès, entre Pélage et Jansénius, entre l'erreur à droite et l'erreur à gauche : ce juste milieu est je l'avoue, celui de Bossuet et de tous ceux qui croient comme lui que la vérité n'est pas le privilège d'un parti, mais que, destinée par Dieu à devenir le partage de tous, elle s'arrête précisément là où les partis commencent.

Ouvrons maintenant l'oraison funèbre de Nicolas Cornet : nous y trouvons l'expression la plus vraie, la plus franche, la plus complète des sentiments que nous venons d'exposer :

« Deux maladies dangereuses ont affligé de nos jours le corps de l'Église : il a pris à quelques docteurs une malheureuse et inhumaine complaisance, une pitié meurtrière, qui leur a fait porter des coussins sous les coudes de leurs pécheurs, chercher des couvertures à leurs passions, pour condescendre à leur vanité et flatter leur ignorance affectée. Quelques autres, non moins extrêmes, ont tenu les consciences captives sous des rigueurs très-injustes : ils ne peuvent supporter aucune faiblesse, ils traînent toujours l'enfer après eux, et ne fulminent que des anathèmes. L'ennemi de notre salut se sert également des uns et des autres, employant la facilité de ceux-là pour rendre le vice aimable, et la sévérité de ceux-ci pour rendre la vertu odieuse... Certes, je ne vois rien dans le monde qui soit plus à charge à l'Église que ces esprits vraiment subtils, qui réduisent tout l'Évangile en problèmes, qui forment des incidents sur l'exécution de ses préceptes, qui fatiguent les casuites par des consultations infinies : ceux-là ne travaillent en vérité qu'à nous envelopper la règle des mœurs... Ils confondent le ciel et la terre, ils mêlent Jésus-Christ avec Bélial, ils cousent l'étoffe neuve avec la vieille, des lambeaux de mondanité avec la pourpre royale : mélange indigne de la piété chrétienne, union monstrueuse qui déshonore la vérité, la simplicité, la pureté incorruptible du christianisme... Mais que dirai-je de ceux qui détruisent par un autre excès l'esprit de la piété, qui trouvent partout des crimes nouveaux et accablent la faiblesse humaine en ajoutant au joug que Dieu nous impose? Qui ne voit que cette rigueur enfle la présomption, nourrit le dédain, entretient un chagrin superbe, et un esprit de fastueuse singularité, fait paraitre la vertu trop pesante, l'Évangile excessif, le christianisme impossible ?... Vous voyez donc, chrétiens, que pour trouver la règle des mœurs il faut tenir le milieu entre les deux extrémités, et c'est pourquoi l'oracle toujours sage nous avertit de ne nous détourner jamais ni à la droite ni à la gauche... Le sage Nicolas Cornet ne s'est pas laissé surprendre à cette rigueur affectée qui ne fait que des superbes et des hypocrites ; mais aussi s'est-il montré implacable à ces maximes moitié profanes et moitié saintes, moitié chrétiennes et moitié mondaines, ou plutôt toutes mondaines et toutes profanes, parce qu'elles ne sont qu'à demi chrétiennes et à demi saintes, etc. »

Vous le voyez, Messieurs, Bossuet nous apparait ici tel qu'il se montra toute sa vie, frappant à droite sur les docteurs jansénistes, à gauche sur les casuites relâchés, et cherchant la vérité avec l'Église et l'Évangile, entre le relâchement des uns et le rigorisme des autres. Il suffit du reste de parcourir ses sermons, pour y trouver des passages analogues à ceux-ci. Je citerai en particulier ses deux sermons *sur le respect dû à la vérité* et *sur la haine des hommes pour la vérité*, qui reproduisent deux pages entières de l'oraison funèbre de Nicolas Cornet ; ce qui n'est pas un faible argument en faveur de l'authenticité de ce discours.

J'aurais encore, Messieurs, bien des endroits remarquables à signaler dans la magnifique pièce qui vient de nous occuper : l'exorde, où se trouve cette phrase qui porte si bien le cachet inimitable du style de Bossuet : « L'univers n'a rien de plus grand que les grands hommes modestes ; » l'éloge de l'humilité de Cornet, qui se termine par ce beau mouvement : « J'ai vu un grand homme mépriser ce qu'il y a de plus éclatant dans le siècle, et cependant je vois une jeunesse emportée, etc. » Mais, vous le comprenez sans peine, nous ne pouvons que parcourir les sommets de ces chefs-d'œuvre, en nous attachant à ce qu'ils ont de plus caractéristique pour l'éloquence de Bossuet, et pour l'histoire de son temps qui s'y trouve tout entière avec ses épisodes les plus intéressants.

Nous aborderons, mardi prochain, l'étude de l'oraison funèbre de la reine d'Angleterre.

TRENTIÈME LEÇON

L'ORAISON FUNÈBRE DE LA REINE D'ANGLETERRE

Ce qui fait la majesté incomparable de ce discours, c'est le contraste entre la grandeur de l'homme et son néant. — L'Écriture racontant les conquêtes et la mort d'Alexandre. — Le rôle de l'orateur chrétien, en face des puissances humaines, n'est pas de les mépriser, mais de les humilier sous la main de Dieu. — Jamais siècle ne fut plus grand que le dix-septième, et ne mérita de plus sévères leçons. — Dans le sublime exorde de son oraison funèbre, Bossuet s'inspire d'Isaïe. — L'évêque d'Amiens à Saint-Denis, et le P. Senault à Notre-Dame de Paris, font l'éloge de la même princesse, dans de pitoyables discours pleins d'enflure et de mauvais goût. — Canevas de Bossuet ; léger reproche à l'orateur, qui exagère la prudence de Henriette et la paix religieuse des premières années du règne de Charles Ier. — Deux nobles infortunes : Marie-Antoinette de Lorraine et Henriette-Marie de France. — La révolution d'Angleterre appréciée par Bossuet. — Ce que doit être la philosophie de l'histoire, science inconnue des anciens, et dont la Bible seule a posé les principes, notamment dans les prophéties de Daniel. — Les deux lois de l'histoire : Providence de Dieu et liberté de l'homme. — L'école déiste battue en brèche par l'évêque d'Hippone et par l'évêque de Condom. — Comment Bossuet réfute d'avance l'école fataliste de Herder, de Hégel et des éclectiques modernes, d'où est née la trop célèbre théorie du succès. — Bossuet a le tort d'assigner, pour unique cause de la révolution d'Angleterre, la révolte religieuse du seizième siècle, sans mentionner du même coup les tendances politiques de l'absolutisme, vers lequel la Réforme poussait les souverains. — Quoi qu'en dise M. Guizot, nul n'a mieux que Bossuet dépeint l'étrange figure de Cromwell, dont les crimes trouvent auprès de certains historiens une coupable indulgence.— L'avenir religieux de la Grande-Bretagne.

Messieurs,

L'oraison funèbre de la reine d'Angleterre est, parmi les œuvres oratoires de Bossuet, celle où son génie atteint la plénitude de sa force et s'élève à l'apogée de sa grandeur. Au point de vue de l'éloquence chrétienne en général, comme au point de vue particulier de l'éloquence chrétienne au dix-septième siècle, c'est une œuvre capitale. Et lorsqu'on rencontre sur son passage une de ces œuvres qui font époque dans l'histoire du génie humain, on s'arrête devant elles comme devant les monuments qui résument et personnifient tout l'art et toute la pensée d'un siècle.

Qu'est-ce donc qui fait du discours de Bossuet une de ces créations vastes et hardies qui semblent en quelque sorte reculer les bornes de l'éloquence? Deux choses, qui ne s'étaient encore rencontrées nulle part ni si neuves ni si fortes : d'un côté, l'éloquence chrétienne en face des grandeurs de la terre, dans son attitude la plus sublime ; de l'autre, la philosophie de l'histoire prêtant à l'éloquence chrétienne toute la hardiesse et toute la profondeur de ses vues.

C'est, Messieurs, ce coup d'œil hardi, profond, ce coup d'œil de la foi, jeté à travers les trônes et les tombeaux, les rois et les peuples, qui, joint à une majesté de langage dont rien n'approche, fait de l'oraison funèbre de la reine d'Angleterre un chef-d'œuvre qui rappelle tout ce que le génie de l'homme a conçu de plus étonnant. Il n'est rien dans l'éloquence profane qui égale ce discours, et l'éloquence sacrée n'a rien qui le surpasse.

Approchons-nous donc de cette grande page d'éloquence. Voyons d'abord quelle en est l'idée-mère, et ce qu'il y a, dans cette pensée capitale, de puissance oratoire, de valeur philosophique et morale.

En prêchant devant Louis XIV à Saint-Germain-en-Laye, douze jours après la mort d'Anne d'Autriche, Bossuet avait fait entendre ce cri d'éloquente pitié : *Oh! que nous ne sommes rien!* Ce cri-là se prolonge à travers toutes les oraisons funèbres. C'est la note magique qui, répétée par intervalle, fait tressaillir les âmes et vibrer les cœurs.

Eh bien, qu'y a-t-il au fond de cette parole ? quelle est l'idée qu'elle exprime ? L'idée qu'elle exprime, c'est le néant de l'homme : idée simple, très-commune, banale même. Qui est-ce qui n'a pas réfléchi au néant de l'homme ? qui est-ce qui n'en a point parlé ? cela frappe tous les esprits, cela éclate à tous les yeux, et l'on peut dire que de tous les lieux communs c'est le plus commun.

Il semblerait donc que cette idée si rebattue ne dût pas offrir à l'éloquence de grandes ressources. Et pourtant c'est avec cette idée, c'est en la présentant sous une forme vive, saisissante, que l'éloquence, l'éloquence sacrée surtout, produira toujours ses plus grands effets, ses émotions les plus fortes. Supposez telle assemblée d'hommes que vous voudrez, une assemblée de petits ou de grands, de riches ou de pauvres, de savants ou d'ignorants, déroulez devant elle le tableau de nos misères, peignez avec force le néant de l'homme, la brièveté de sa vie, la ruine de ses espérances, la soudaineté de sa mort, mettez-y du mouvement, de la chaleur, vous remuerez, vous attendrirez, vous sentirez, à l'émotion qui gagnera l'assemblée, que vous avez touché à l'un des ressorts les plus puissants de la parole, le seul de tous peut-être qu'il soit possible de manier toujours sans l'user jamais, parce qu'il suffit pour le mettre en jeu d'avoir des hommes sous les yeux et une tombe derrière soi.

Tant il est vrai qu'il y a, dans ce contraste entre la grandeur de l'homme et son néant, une source intarissable de haute éloquence, d'effrayante poésie ! Et maintenant, pour augmenter l'effet, agrandissez le contraste, prenez l'homme dans l'une des situations les plus hautes de la vie, dans les conditions les plus brillantes de son existense, au sein de la prospérité, dans l'éclat des honneurs, au faîte de la puissance, à l'apogée de la gloire ; placez à votre droite toutes ces choses qui éblouissent, qui fascinent ; et à votre gauche, un cercueil et une tombe : vous avez sous la main le sujet le plus drama- tique qui puisse s'offrir à la parole de l'homme.

C'est ce qui fait la poésie de l'oraison funèbre, ce qui lui prête un caractère de solennité unique dans l'éloquence. Et ne croyez pas, Messieurs, que l'effet oratoire résulte ici préci- sément de la pompe des images, du luxe des comparaisons, du redoublement ou du choc des antithèses. Non, le sublime du genre, c'est d'égaler par une simplicité noble et majestueuse la grandeur du sujet. En voulez-vous un exemple ? Écoutez l'oraison funèbre d'Alexandre le Grand par l'auteur inspiré du premier livre des Machabées :

« Après qu'Alexandre le Macédonien, fils de Philippe, qui régna premièrement dans la Grèce, fut sorti de la terre de Céthim, et qu'il eut frappé Darius, roi des Perses et des Mèdes, il livra plusieurs batailles, et il prit les villes les plus fortes et il mit à mort les rois de la terre. Et il passa jusqu'aux extrémités du monde, et il reçut les dépouilles d'une multi- tude de nations, et la terre se tut devant lui. Et il assembla ses forces et une armée des plus vaillantes, et son cœur s'é- leva et s'enfla d'orgueil. Et il se rendit maître des peuples et des rois, et ils devinrent ses tributaires. Et, après cela, il tomba malade sur un lit de douleur, et il connut qu'il mourrait. Et il appela les grands de sa cour qui avaient été nourris avec lui dès la jeunesse, et il leur partagea son royaume pendant qu'il vivait encore. Alexandre régna donc douze ans et il mourut.... »

Vous ne trouverez rien, dans ce petit nombre de lignes, qui s'éloigne tant soit peu de la simplicité du genre historique, rien qui dénote un effort de style ou un jeu de l'imagination.

Et, cependant, il y a dans cette manière de traiter les grandeurs humaines, dans cette sérénité de l'écrivain devant la plus grande renommée du vieux monde, dans cette brièveté énergique qui ramasse, qui resserre tout un demi-siècle de batailles, de conquêtes, de bruit, de mouvement, entre deux traits : *Et siluit terra in conspectu ejus... et mortuus est ;* il y a, dis-je, dans tout cela un air de grandeur et un caractère de majesté qui frappe, qui subjugue, qui fait qu'en face d'un tableau si court et si plein de vie, on s'écrie malgré soi : voilà le sublime !

C'est qu'en effet le sublime jaillit ici du sujet même, du contraste des situations. Mais, Messieurs, ne faut-il voir dans cette peinture du néant de l'homme, qui est pour l'oraison funèbre une source d'inspirations si haute et si féconde, ne faut-il y voir qu'un thème propre aux grands effets de la parole, au sublime de l'idée ou de l'expression? Laissons de côté la question d'art, le point de vue de l'éloquence ou de la poésie. Ne trouvez-vous pas que cet avertissement donné, en face d'un cercueil, aux grandeurs de la terre est une leçon de la plus haute moralité? N'y a-t-il pas dans cette parole qui se joue librement au-dessus des rois et des princes, pour leur rappeler la faiblesse de notre condition commune, une force souveraine qui peut défendre le pouvoir contre ses propres excès, contre les séductions de l'orgueil et les entraînements du vice ? N'est-ce pas, en un mot, l'éloquence sacrée remplissant l'une de ses fonctions les plus augustes et les plus salutaires ?

Messieurs, s'il est dans l'éloquence chrétienne une chose qui mérite l'attention, c'est son attitude en face des grandeurs de la terre. Sans doute, le christianisme rejette bien loin de lui ces théories égalitaires, qui promènent le niveau sur la surface des sociétés. Fille du ciel, issue d'un acte divin, la religion est trop haute pour s'effaroucher de ce qui, né du fait de l'homme, est passager comme lui. Voilà pourquoi elle a toujours respecté les pouvoirs humains, sans les craindre. *Nec terremus, nec timemus,* disait saint Ambroise ; nous ne sommes pas à craindre, et nous ne craignons pas : voilà sa devise. Aussi n'a-t-elle jamais craint ce qui, dans l'humanité, s'élève au-dessus de l'ordinaire, comme une sorte de saillie ou de pyramide : elle y voit au contraire un fait nécessaire et permanent. Parlez-moi de l'égalité devant Dieu, devant les lois divines et humaines : à la bonne heure ; mais l'égalité du mérite, l'égalité de l'intelligence, l'égalité du pouvoir : jamais. Il y a toujours eu, et il y aura toujours parmi les hommes, outre les différences accidentelles de la naissance et de la fortune, de véritables supériorités : la supériorité du caractère moral, qui, transfiguré par un principe surnaturel et divin, s'appelle la sainteté ; la supériorité de l'esprit, qui dans sa plus haute expression devient le génie ; la supériorité du pouvoir, qui sous tel nom ou telle forme constitue l'autorité : triple hiérachie, au sommet de laquelle apparaissent, comme les privilégiés de Dieu et du monde, les saints, les hommes de génie et les souverains.

Il ne s'agit donc pas, pour l'éloquence chrétienne, de traiter avec dédain la souveraineté politique, ni d'affecter en face d'elle une attitude de censeur ou une pose de tribun. Non, un tel rôle n'a jamais convenu et ne saurait convenir à la dignité de la chaire. De la part d'une puissance qui a la perpétuité pour elle, cela ne serait ni grand ni généreux. Pour retenir les pouvoirs humains entre les limites de la justice et de la modération, pour les garantir du vertige qui, dans des positions si élevées, fait tourner les meilleurs esprits, la religion a des moyens plus efficaces, des hardiesses plus divines. Elle en appelle du trône au tombeau, de la

grandeur suprême au néant de l'homme, des distinctions
sociales à la mort « qui égale tout, et qui, d'une main
prompte et souveraine, renverse les têtes les plus respectées. »
C'est par là, c'est par ces coups de surprise qu'elle cherche
à étourdir la vanité humaine, et à lui faire sentir qu'après
tout, comme parlait Bossuet, « il n'y a pas grande différence
entre de la boue et de la boue. » Et ne dites pas que ces
grandes images de la mort, du néant de l'homme, n'ont
jamais retenu un pouvoir sur la pente du mal. Il n'est pas,
au contraire, de frein modérateur plus fort que celui-là.
Quand Louis XIV fuyait Saint-Germain, parce que du haut
de ses collines il découvrait au loin les monuments de Saint-
Denis et les tombes de ses ancêtres, lorsqu'il se retranchait à
Versailles, pour échapper à cet horizon d'où la mort lui apparaissait comme une menace ; il écartait un souvenir dont il
sentait la force, il fuyait une leçon qui pour lui devenait un
remords.

Et puisque j'en arrive à Louis XIV et au dix-septième
siècle, vous êtes-vous jamais arrêtés, Messieurs, à une coïncidence remarquable? C'est au dix-septième siècle que les
grandeurs humaines déploient tout leur faste, et c'est au dix-
septième siècle que l'éloquence chrétienne les foudroie avec
le plus de complaisance. C'est l'époque où tout conspire
pour exalter la puissance souveraine, et où la chaire catholique redouble d'énergie et de vigueur pour peindre le néant
de l'homme. De ce point de vue, les oraisons funèbres du
dix-septième siècle prennent une importance sociale, qui
échappe trop souvent aux observations des critiques. Pour
la comprendre, il suffit de nous transporter au milieu de
cette société où le pouvoir royal, parvenu au faîte de la
grandeur, ne rencontrait en face de lui ni limites à son
étendue, ni contrôle dans son exercice, ni contre poids à

sa force : où l'encens de la flatterie, où les fumées de l'orgueil formaient autour de lui une sorte d'atmosphère chargée de vapeurs malsaines ; où rien par conséquent ne pouvait dissiper cette ivresse de la gloire et de la prospérité, si fatale aux rois comme aux peuples. Vous savez, Messieurs, que je n'exagère pas, que je reste plutôt en deçà de la vérité que je ne vais au delà. Eh bien, je dis que rien n'était plus salutaire que de faire apparaître, au-dessus de cette majesté d'emprunt, de cette majesté adulée et courtisée, une souveraineté plus haute ; je dis que ce n'est pas sans une émotion profonde qu'une telle société, depuis les sujets jusqu'au souverain, a dû entendre ces paroles qui tombaient au milieu d'elle, avec la majesté de la foi et le calme de l'histoire :

« Celui qui règne dans les cieux et de qui relèvent tous les empires, à qui seul appartient la gloire, la majesté et l'indé-pendance, est aussi le seul qui se glorifie de faire la loi aux rois et de leur donner, quand il lui plaît, de grandes et de terribles leçons. Soit qu'il élève les trônes, soit qu'il les abaisse, soit qu'il communique sa puissance aux princes, soit qu'il la retire à lui-même et ne leur laisse que leur propre faiblesse ; il leur apprend leurs devoirs d'une manière souveraine et digne de lui. Car, en leur donnant sa puissance, il leur commande d'en user, comme il fait lui-même, pour le bien du monde ; et il leur fait voir, en la retirant, que toute leur majesté est empruntée, et que, pour être assis sur le trône ils n'en sont pas moins sous sa main et sous son autorité suprême. C'est ainsi qu'il instruit les princes, non-seulement par des discours et par des paroles, mais encore par des effets et par des exemples. *Et nunc, reges, intelligite, erudimini qui judicatis terram.* »

Messieurs, je ne m'arrêterai pas à analyser cette page d'éloquence, la plus belle que nous ayons dans notre langue. Je craindrais de vous faire injure en cherchant à relever ce qui n'a pas besoin de l'être, la majesté de ce début, la pompe et la magnificence de langage, qui résulte du choix des mots les plus simples, des tours les plus ordinaires, un ton solennel qui rappelle la prophétie antique. Tout est épuisé sur ce sujet, et ce que je pourrais en dire ne ferait qu'affaiblir vos propres impressions. C'est là une de ces pages vers lesquelles une langue se reportera toujours, pour s'y retrouver dans la perfection de ses qualités. Mais ce que je vous prie de remarquer dans ce morceau fameux, c'est l'attitude vraiment sublime qu'y prend l'éloquence chrétienne devant les grandeurs de la terre. C'est de Dieu que Bossuet se réclame, pour rappeler les pouvoirs humains à la conscience et au sentiment de leur faiblesse. La souveraineté de Dieu dans le monde, d'une part ; de l'autre, le néant de l'homme, la main de Dieu qui apparaît sur la tête des princes, la tombe qui s'entr'ouvre sous leurs pieds : c'est entre ces deux extrémités que Bossuet renferme la puissance souveraine, qu'il la resserre, qu'il l'accule, jusqu'à ce qu'il l'ait obligée à confesser sa dépendance et sa petitesse. De là, le caractère de cette parole, dont l'effrayante majesté ne se retrouve nulle part.

Je me trompe, Messieurs, elle se retrouve quelque part, à la source même où Bossuet l'a prise, dans l'Écriture sainte. C'est dans ces pages, où le sublime coule à pleins bords, qu'éclate la souveraineté de Dieu dans le monde, avec ces couleurs audacieuses dont l'imagination orientale revêt les grandes pensées. Écoutez Isaïe :

« Les nations sont devant le Seigneur comme une goutte d'eau dans un vase d'airain, un grain de sable dans une balance ; les iles sont comme la poudre légère... Tous les peuples sont devant ses yeux comme s'ils n'étaient pas ; ils sont pour lui comme le vide et le néant... La terre est son trône ; en sa présence, les mortels sont comme des insectes ; c'est lui qui a étendu les cieux comme un voile, et qui les a préparés comme un pavillon pour l'homme. C'est lui qui regarde en pitié la science des philosophes et la justice des rois de la terre. Ils ne sont ni plantés ni enracinés sur cette terre : un souffle les frappe tout à coup, ils sèchent aussitôt et un tourbillon les chasse devant lui comme la paille légère (ch. LX). »

Voilà bien l'idée que Bossuet met en relief à l'entrée de son discours : la souveraineté de Dieu dans le monde, son empire sur les rois et les grands de la terre. C'est en laissant derrière lui à son point de départ cette idée capitale, qu'il abordera l'un des grands coups d'état de la Providence, celui qui frappa d'étonnement les hommes du dix-septième siècle, la révolution d'Angleterre.

En prononçant l'oraison funèbre de Henriette-Marie de France, l'évêque de Condom rencontrait sur son chemin ce grave événement. Rien de plus intéressant qu'un tel fait et la vie qui lui servait d'encadrement. Une jeune princesse, âgée de seize ans, quitte son royaume natal pour un trône étranger. Arrivée là, elle ne trouve partout qu'aversion et froideur. Religion, langue, coutumes, tout blesse ses convictions ou ses habitudes. Enfin, après quelques années de prospérité apparente, elle se voit enveloppée dans la catastrophe la plus terrible qui jusqu'alors eût épouvanté un pays chrétien. Déployant un courage au-dessus de son sexe, elle passe et repasse la mer pour chercher des subsides au roi son époux. Elle assiste à toutes les horreurs d'une guerre civile dont elle partage tous les dangers. Sa tête est mise à prix. Obligée de se réfugier sur sa terre natale, elle est poursuivie à coups de canon jusque sur les côtes de la France. Elle y retrouve la guerre civile qu'elle fuyait en Angleterre,

Réduite, par suite des troubles de la Fronde, à une extrémité voisine de la misère, elle apprend, pour surcroît de malheurs, le meurtre juridique du roi son époux. Alors elle ne songe plus qu'à s'ensevelir dans la retraite. Mais la Providence lui ménage un retour inespéré ; son fils est rappelé sur le trône d'où la révolution avait chassé son époux. Elle revoit enfin avant de mourir cette Angleterre, qui, pacifiée à la surface, la console par un accueil triomphal d'une rébellion passée. Voilà, Messieurs, le sujet tragique, plein d'incidents dramatiques et de péripéties soudaines, qui s'offrait à Bossuet. C'était là, sans nul doute, pour un grand orateur, un thème riche et fécond. Mais, avant de le voir entre les mains d'un homme de génie, cherchons d'abord quel parti en ont su tirer deux talents inférieurs.

Nous possédons trois oraisons funèbres de la reine d'Angleterre : la première prononcée par Bossuet le **16** novembre 1669, dans la chapelle du monastère de Chaillot : la deuxième par le P. Senault, de l'Oratoire, le 25 novembre, à Notre-Dame ; et la troisième par François Faure, évêque d'Amiens, le **20** novembre, à Saint-Denis. Vous voyez, d'après cela, que la plus belle part n'était pas échue à Bossuet. Une petite chapelle étroite pouvait sembler un local bien humble, à côté de deux grandes basiliques. Mais rien ne prouve mieux qu'il est possible de faire un chef-d'œuvre dans une petite chapelle et des pauvretés dans une grande cathédrale. L'évêque d'Amiens avait été sous-précepteur de Louis XIV, ce qui explique un peu la déférence du monarque. Déjà le prélat, qui se piquait de bon goût et d'éloquence, avait eu la main malheureuse pour l'oraison funèbre d'Anne d'Autriche. Celle de la reine d'Angleterre mit le comble à sa réputation. « Monseigneur l'évêque d'Amiens, écrivait d'Ormesson le jour même de la cérémonie, fait aujourd'hui l'oraison funèbre de la reine d'Angleterre avec aussi peu de succès qu'à la reine-mère ; il a perdu partie et revanche et il est au tout. » L'orateur ne se tint pas pour battu : plus tard, il revint à la charge, sollicitant à mainte reprise des discours d'éclat. Louis XIV finit par s'en étonner. « C'est, sire, dit La Feuillade, qu'il demande le tout du tout. » J'ignore ce qu'il demandait, mais si j'en juge par l'oraison funèbre de la reine d'Angleterre, il ne rendait pas beaucoup. Le discours est très faible. Veillez sur vous-mêmes, priez pour la reine ; voilà ce qui en fait le fond. A vrai dire néanmoins, la division est la même que celle de Bossuet. La vie de Henriette de France offrait tout naturellement un double aspect : la prospérité des premières années de son règne et le malheur qui remplit les dernières. Aussi retrouvons-nous le même plan dans le P. Senault. Mais l'évêque d'Amiens use, pour le mettre en relief, d'un tour singulier qui donne la mesure de son éloquence :

« Arrien rapporte qu'Alexandre ayant campé sur les bords du fleuve Oxus, il sortit d'auprès de sa tente deux fontaines, dont l'une jetait des eaux amères et l'autre des ruisseaux d'une eau très douce. Ces deux sources d'amertume et de douceur n'ont-elles pas rejailli auprès du trône de notre princesse, et, ce qui est plus étrange, l'une n'a-t-elle pas été l'origine de l'autre ? »

On se demande si c'est bien en 1669, à côté de Bossuet, à quatre jours de distance de l'un de ses chefs-d'œuvre, que l'éloquence de la chaire usait de pareils rapprochements. Tout le discours du prélat est à peu près sur le même ton. Voici un trait non moins bizarre :

« Keunet, roi d'Écosse, voulant prendre en ses mains un globe artificiel d'un prix inestimable et d'une singulière beauté, mais dans lequel étaient renfermées des flèches très subtiles et très pénétrantes, au moment qu'il toucha un certain ressort imprévu, toutes ces flèches se lancèrent contre lui et lui firent des blessures mortelles. O reine chrétienne! vous avez porté la main, dès le commencement de votre règne, sur ce globe mystérieux qui n'est autre que la profession de la foi, etc. »

Évidemment nous rétrogradons d'un demi-siècle, vers l'époque où l'étalage d'une érudition indigeste s'appelait de l'éloquence. L'évêque d'Amiens n'a pas même le sentiment des convenances de la chaire, témoin ce portrait d'Henriette de France :

« Elle était bien faite de sa personne, d'un esprit vif, agréable et accort ; elle était douce, affable, civile, et née pour charmer les cœurs de tous les rois de l'Europe. Sa réputation excita le prince d'Angleterre à se dérober pour la voir ; et, trouvant que la vérité surpassait tout ce qu'il en avait appris, il ne cessa de faire des instances qu'il ne l'eût obtenue pour son épouse. »

Voilà des détails qui auraient pu trouver leur place dans les Mémoires de Mademoiselle ou de Madame de Motteville, mais qui, dans la chaire, étaient superflus. Je pourrais citer plus d'un passage non moins répréhensible, si le discours en général méritait qu'on s'y arrêtât plus longtemps. Il faut savoir gré cependant à l'orateur d'avoir relevé un trait qui a échappé à Bossuet : c'est l'ingratitude de Charles Ier envers Strafford. « Depuis la captivité du comte de Strafford, innocent de tout autre crime que de sa fidélité envers le roi, lequel, cédant à la violence de ses sujets, et leur accordant la signature de la mort de son ministre, signa malheureusement l'arrêt de la sienne, la nation anglaise, qui, avant la naissance du schisme, était une des plus soumises à son monarque, secoua le joug de l'obéissance... » Rien de plus

juste : en souscrivant à la condamnation d'un fidèle serviteur, le roi d'Angleterre signait la sienne. Mais le discours de
l'évêque d'Amiens n'en est pas moins une pièce froide, sans
vie ni couleur, où nul détail remarquable ne vient racheter
la médiocrité du fond.

De la part du P. Senault, on serait en droit de s'attendre
à une œuvre moins imparfaite. Ce religieux est, en effet, le
meilleur orateur de la chaire qui ait paru au dix-septième
siècle, avant Bossuet. Eh bien, je dois le dire, à quelques
passages près, qui dénotent une certaine vigueur de style ou
d'esprit, son discours ne s'élève guère au-dessus de celui de
l'évêque d'Amiens. A défaut de hardiesse ou d'originalité, on
n'y retrouve pas même le bon goût dont le P. Senault fait
preuve dans ses sermons. Il s'égare dans des réflexions
subtiles, ou se perd dans le genre descriptif. Je citerai, par
exemple, le commencement de la première partie :

« Rien ne fut plus glorieux et plus magnifique que son
passage en Angleterre. Les vaisseaux qui la portèrent étaient
des plus beaux et des plus grands de l'Océan : leur grandeur
les pouvait faire passer pour des montagnes flottantes ou
pour des écueils animés. Leurs proues et leurs poupes étaient
dorées. Leurs mâts étaient peints, et je ne sais si leurs voiles
n'étaient point de pourpre comme ceux de Cléopâtre en la
bataille actiaque. Ils étaient armés d'une infinité de pièces de
canon qui tiraient sans cesse, et qui, joignant leur bruit à
celui des tambours et des trompettes, faisaient servir à la
beauté de ce triomphe tout ce qui a coutume de servir à la
fureur de la guerre. Les vents s'accordèrent avec les flots, et
la mer demeura tranquille pour favoriser le passage de la
reine. A cette pompe magnifique succéda la plus belle entrée
du monde ; car le roi d'Angleterre attendait la reine à
Douvres avec une cour si superbement parée, que ceux qui la

virent furent persuadés que jamais mariage n'eut de plus beaux ni de plus heureux commencements. Mais ne vous souvient-il point, Messieurs, que les peuples d'Arménie ayant vu des couronnes peintes sur les flots, au passage de Mithridate, jugèrent que le bonheur de son règne ne serait pas de longue durée, parce que le vent qui avait formé ces couronnes sur la mer les avait effacées ? Ne pouvons-nous pas faire le même jugement du règne de Henriette-Marie de France, et dire que la félicité n'en serait pas longue, puisqu'elle avait commencé sur les eaux qui ont toujours été le symbole de l'inconstance ? »

Cette description est pitoyable, et le trait qui la termine vaut à peu près le fleuve Oxus de l'évêque d'Amiens, et les deux fontaines, symboles du règne de Henriette de France. Quel contraste avec Bossuet rappelant, en quelques lignes, le même passage : « O voyage bien différent de celui qu'elle avait fait sur la même mer, lorsque venant prendre possession du sceptre de la Grande-Bretagne, elle voyait pour ainsi dire les ondes se courber sous elle, et soumettre toutes leurs vagues à la dominatrice des mers! » Encore si cette pompe triomphale, décrite avec tant de complaisance par le P. Senault, était conforme à la vérité historique ? Mais rien ne ressembla moins à un triomphe que l'accueil fait à la reine, lorsqu'elle débarqua de Boulogne à Douvres. Nulle pompe, nul éclat, aucune marque même de cet empressement banal que l'on met à recevoir les souverains. C'est à peine si l'on observa toutes les bienséances qu'exigeait le rang de la princesse. Mais l'orateur n'y regardait pas de si près. Soit qu'il eût été mal informé ou qu'il eût cédé à la tentation de faire un brillant tableau, les faits ne répondent nullement à son discours.

Le P. Senault n'est guère plus heureux dans le portrait historique que dans la description. Voulant dépeindre les qualités de Madame, fille de la reine d'Angleterre, il emploie un style qui rappelle plutôt le sonnet ou le madrigal que l'éloquence de la chaire :

« Elle a de l'esprit infiniment, mais du beau, du fin et du délicat : son cœur est grand et généreux, son humeur est obligeante. Elle n'a pas de plus grand plaisir que quand elle peut en faire à quelqu'un. Son corps est digne de son âme, et ses yeux nous font bien connaître qu'elle est née pour commander à tout le monde. Enfin, pour vous dire en un mot tout ce que j'en pense, elle ressemble à la reine sa mère, et elle nous la fait voir telle qu'elle était dans sa jeunesse et dans sa bonne fortune. »

On peut pardonner aux loisirs d'un biographe complaisant ces études sur des yeux qui semblent faits pour commander à tout le monde, mais la chaire n'admet pas d'excuse pour de pareilles fantaisies d'artiste. Il faut dire cependant, à la louange du P. Senault, qu'il parait avoir compris que l'intérêt de cette oraison funèbre était, avant tout, dans le grand drame qui s'y rattache. Il aborde, comme Bossuet, la révolution d'Angleterre et il en recherche les causes. La première, selon lui, c'est la trop grande félicité qui menace les États les plus heureux d'un soudain renversement; la seconde, c'est la religion. Il nomme les trois grands partis nés de la Réforme : les Épiscopaux, les Presbytériens et les Indépendants; il en signale l'esprit et les tendances. On peut voir, dans cette page, une tentative assez heureuse pour élever le sujet à sa hauteur naturelle; mais le tableau exigeait un pinceau plus vigoureux et plus hardi; il fallait, pour en faire une œuvre unique, cette sûreté de coup d'œil et cette originalité de conceptions qui distinguent l'auteur de la *Politique* sacrée et du *Discours sur l'histoire universelle.*

Je me suis étendu un peu longuement sur les compositions du P. Senault et de Faure, évêque d'Amiens, en dépit de leur extrême faiblesse, parce que rien n'est plus intéressant que de voir deux talents inférieurs se rencontrer, sur le même sujet, avec un homme de génie. Vous pensez bien que mon dessein n'était pas d'élever un piédestal à l'œuvre de Bossuet, en immolant à sa gloire ses deux concurrents. Au contraire, j'avais abordé leurs discours avec le désir et presque le parti pris d'y trouver un passage ou un trait qui pût, sinon rivaliser, du moins entrer en ligne de compte avec quelque chose d'analogue dans Bossuet. J'ai échoué, par défaut de perspicacité sans doute, peut-être aussi parce que le mérite des orateurs ne venait pas en aide à mes recherches. Mais revenons à Bossuet.

Nous avons vu avec quelle élévation et quelle majesté de langage il avait exprimé, à l'entrée de son discours, la grande idée qui le domine : la souveraineté de Dieu dans le monde et son empire sur les rois et les princes de la terre. Après un tableau plein de poésie et de vigueur, qui embrasse toute cette suite de prospérités et de malheurs dont se compose la vie de la reine d'Angleterre, l'évêque de Condom entre en matière. Il développera les deux leçons que la Providence donne aux princes, en montrant que Henriette de France a usé chrétiennement de la bonne et de la mauvaise fortune. Comme je le disais tout à l'heure, ce plan, indiqué par le sujet même, se retrouve également dans les deux discours dont nous venons de parler.

Pour fournir à l'orateur tous les renseignements qu'il pouvait désirer, la duchesse d'Orléans, fille de la reine défunte, avait chargé madame de Motteville de rédiger à la hâte une vie de sa mère. Ce manuscrit existe aux archives de l'Empire, sous ce titre : *Mémoires que j'ai donnés par ordre de*

*Madame pour faire l'oraison funèbre de la reine d'Angle-
terre.* C'est à cet écrit que Bossuet emprunta quelques particularités, qui allaient trouver place dans son discours, comme
ces actions de grâces que Henriette rendait à Dieu de l'avoir
faite reine malheureuse, ou cette parole qu'elle avait coutume
de dire : « que les princes devaient garder le même silence
que les confesseurs et avoir la même discrétion. » Il n'importe pas, sans doute, de savoir que madame de **Motteville** a
fourni à Bossuet le canevas de son chef-d'œuvre, mais c'est un
détail qui ne laisse pas d'offrir quelque intérêt.

Ayant à retracer les seize années de prospérité, dont la fille
de Henri IV jouit sur le trône d'Angleterre avant la révolution, l'orateur ne pouvait employer ni les fortes couleurs ni le
style tragique qu'il réserve pour cette grande catastrophe.
Des tons plus adoucis, des teintes plus habilement ménagées,
convenaient à la première partie de son discours. Bossuet
est ravissant de grâce et de délicatesse, lorsqu'il peint la
reine d'Angleterre dans l'exercice de son pouvoir. Notre
langue n'a rien de plus parfait que ce style sobre et ferme, qui
laisse à la pensée tout son relief. Suivant le témoignage de **Ledieu**, Bossuet travaillait beaucoup le style de ses oraisons
funèbres; mais la main de l'artiste s'efface complétement
derrière l'idée qu'il exprime. Quel enchaînement admirable,
dans ces phrases qui s'enchâssent l'une dans l'autre, et dont
chacune mériterait d'être relevée : « Elle eut une magnificence royale, et l'on eût dit qu'elle perdait ce qu'elle ne donnait pas... Dans la plus grande fureur des guerres civiles,
jamais on n'a douté de sa parole, ni désespéré de sa clémence.
Quelle autre a mieux pratiqué cet art obligeant, qui fait qu'on
se rabaisse sans se dégrader, et qui accorde si heureusement
la liberté avec le respect? Douce, familière, agréable autant
que ferme et vigoureuse, elle savait persuader et convaincre,

aussi bien que commander, et faire valoir la raison non moins que l'autorité. Vous verrez avec quelle prudence elle traitait les affaires, et une main si habile eût sauvé l'État, si l'État eût pu être sauvé. On ne peut assez louer la magnanimité de cette princesse. La fortune ne pouvait rien sur elle : ni les maux qu'elle a prévus, ni ceux qui l'ont surprise, n'ont abattu son courage... » Franchement, nous avons perdu les traditions de ce style ; cette noble simplicité ne se retrouve plus de nos jours. Nous nous balançons entre le style académique qui affine la pensée jusqu'à la rendre imperceptible, et la phrase étourdissante qui se plaît dans le bruit des sons, dans le choc des antithèses, dans le redoublement des épithètes. Quoi de plus simple que la langue de Bossuet, et quel plus parfait instrument de la pensée ? Mais ne nous engageons pas dans cette étude de style sur l'oraison funèbre de la reine d'Angleterre : nous y passerions l'année sans épuiser la partie. Tournons-nous de suite vers ce qui s'y trouve de plus saillant ; d'autant plus que nous aurons sujet d'adresser un léger reproche à l'orateur.

C'était pour l'Angleterre protestante un sujet de vif mécontentement, que de voir une princesse catholique arriver sur le trône d'Élisabeth. La sœur de Louis XIII ne cachait pas le dessein qu'elle avait de procurer un peu de relâche aux catholiques persécutés. C'était, du reste, la raison que M. de Bérulle avait fait valoir auprès d'Urbain VIII afin d'obtenir les dispenses nécessaires au mariage. Vive, hardie, très-zélée pour le triomphe de la foi, Henriette prit tous les moyens de réussir dans sa noble entreprise. Elle obtint la faculté d'emmener avec elle vingt-huit chapelains, parmi lesquels douze pères de l'Oratoire, et M. de Bérulle lui-même. En apparence, tout semblait promettre le succès des pieux desseins de la reine. Écoutons Bossuet :

« Dieu, qui rapporte tous ses conseils à la conservation de sa sainte Église... avait préparé un charme innocent au roi d'Angleterre, dans les agréments infinis de la reine son épouse. Comme elle possédait son affection (car les nuages qui avaient paru au commencement furent bientôt dissipés), et que son heureuse fécondité redoublait tous les jours les sacrés liens de leur amour mutuel : sans commettre l'autorité du roi son seigneur, elle employait son crédit à procurer un peu de repos aux catholiques accablés. Dès l'âge de quinze ans, elle fut capable de ces soins, et seize années d'une prospérité accomplie, qui coulèrent sans interruption avec l'admiration de toute la terre, furent seize années de douceur pour cette Église affligée..... »

Il est impossible sans doute d'imaginer un tour plus délicat, pour exprimer la mission providentielle de Henriette. Mais est-ce que Bossuet ne s'exagère pas un peu les effets immédiats, qu'eut l'arrivée de la fille de Henri IV pour les catholiques d'Angleterre? Malheureusement l'histoire réduit ces seize années de douceur, dont parle l'orateur, à une ère de persécution ouverte. A peine Henriette eut-elle posé le pied sur le sol de la Grande-Bretagne, que le parlement se hâta de remettre en vigueur les lois draconiennes qu'Élisabeth avait portées contre les catholiques. La jeune princesse elle-même ressentit le contre-coup de ce redoublement de sévérité. Séparée de son mari, pour qui elle devenait un péril, elle se vit reléguée dans une maison du comté de Southampton. En vain, Louis XIII chargea-t-il le marquis de Blainville de représenter à Charles Ier tout ce qu'il y avait d'injuste, dans les rigueurs qu'on exerçait contre les catholiques. Les choses en vinrent au point que l'ambassadeur de France se vit obligé de quitter l'Angleterre. La reine dut se séparer, à son grand regret, des Pères de l'Oratoire, pour se consoler, dans son isolement, par les lettres si admirables de sens chrétien et de bonté que lui adressait son pieux directeur, le cardinal de Bérulle. On ne soupçonnerait guère tant de vexations, en lisant ces phrases magnifiques de Bossuet.

« A l'arrivée de la reine, la rigueur se ralentit et les catholiques respirèrent. Cette chapelle royale, qu'elle fit bâtir avec tant de magnificence dans son palais de Sommerset, rendait à l'Église sa première forme... Les prêtres de l'Oratoire, que le grand Pierre de Bérulle avait conduits avec elle, et après eux, les pères capucins y donnèrent, par leur piété, aux autels leur véritable décoration, et au service divin sa majesté naturelle. Les prêtres et les religieux, zélés et infatigables pasteurs de ce troupeau affligé, qui vivaient en Angleterre pauvres, errants, travestis, desquels le monde n'était pas digne, venaient reprendre avec joie les marques glorieuses de leur profession dans la chapelle de la reine, et l'Église désolée, qui autrefois pouvait à peine gémir librement et pleurer sa gloire passée, faisait retentir hautement les cantiques de Sion dans une terre étrangère. »

Ce n'est qu'avec crainte, Messieurs, qu'on ose se permettre un mot de critique devant cette éloquence tout imprégnée des parfums de la poésie biblique. Mais l'histoire, mais la religion elle-même, tout en bénissant le zèle de Henriette, n'ont-elles pas le droit de lui reprocher de n'y avoir pas toujours associé la prudence nécessaire ? Au milieu de l'effervescence des passions religieuses, la reine d'Angleterre n'aurait-elle pas pu se dévouer aux intérêts des catholiques, sans étaler une pompe, sans déployer un appareil de cérémonies qui excitaient sans cesse les réclamations du parlement et les haines des protestants anglais ? N'était-ce pas vouloir enlever de haute lutte ce qui ne pouvait s'obtenir qu'à la longue, et en accoutumant lentement les esprits à un retour progressif vers le cul e traditionnel ? Henriette ne fit-elle pas un peu comme fera plus tard son fils Jacques II, dont l'ardeur fort louable sans doute, mais intempestive, fut blâmée par les souverains catholiques et par le pape lui-même ? Tout porte à le croire, surtout lorsque l'on considère qu'elle projetait de convertir la cour en un véritable couvent, en essayant d'y établir, pour les femmes, la règle du Carmel. M. Cousin, qui a toujours la main heureuse lorsqu'il s'agit de découvrir des pièces inédites, nous a fait connaître, dans sa *Vie de Madame de Longueville*, deux lettres que la reine d'Angleterre écrivait à une religieuse carmélite. Je n'en citerai qu'une :

A LA MÈRE MAGDELEINE.

Ma mère, j'ay resçu la lettre que vous m'avez escritte, par laquelle je vois le soing que vous avés de prier Dieu pour moy. Je vous en remercye bien fort et vous prie de continuer, car l'on en a grand besoing dans ce pays. J'envie votre bonheur de voir M. de Bérule. Je l'ay laissé aller à mon grand regret, mais ce ne sera que pour un mois tout au plus. Je vous diray que nous faisons un petit couvent qui sera tout comme celui des vrayes Carmélites en petit ; mais j'espère, avec l'aide de Dieu, que quelque jour il y en aura un tout de bon. Priés bien Dieu pour cela, ma chère mère, je vous en prie, car si cela estait, je m'estimerais la plus heureuse personne du monde. Je vous prie de faire mes recommandations à la mère Marie de Jésus. Adieu, ma mère, priés Dieu pour moy.

HENRIETTE-MARIE, R.

Cette lettre fait honneur sans nul doute à la piété de Henriette, mais, si je ne me trompe, elle démontre également que la reine ne se rendait pas suffisamment compte des ménagements que lui ordonnait sa position, à côté d'un époux et au milieu de sujets protestants. J'insiste trop peut-être sur une inexpérience de conduite qui, à tout prendre, était une vertu. Quand vint l'heure de l'adversité, elle trouva cette belle âme toute prête à en soutenir le poids. Henriette prouva au monde que la piété, loin d'amollir les caractères, les retrempe aux sources de la foi. La prospérité n'avait pu enfler son cœur : le malheur en fit une héroïne. L'Angleterre verra cette noble fille de France, bravant tous les périls, traversant les rebelles comme un général à la tête d'une armée, passant et repassant la mer pour faire triompher la bonne cause, ranimant par son courage le roi son époux, l'éclairant de ses conseils, le consolant par ses lettres au fond de la prison, jusqu'à ce qu'un dernier attentat lui enlève toute espérance. Triste, mais éternel exemple des révolutions humaines ! à un siècle et demi de là, une autre jeune princesse, son émule en infortune, quittera le trône de ses ancêtres pour ceindre la couronne sur une terre étrangère : elle aussi se verra enveloppée dans les calamités d'un grand peuple ; elle ne connaîtra du rang suprême que l'amertume qui en découle ; plus malheureuse encore que la reine d'Angleterre, elle mêlera son sang à celui d'un roi martyr ; et quand l'histoire voudra prouver aux siècles futurs que les passions humaines en sont réduites à s'agiter dans un même cercle de crimes et d'ignominie, elle montrera ces deux grandes infortunes, ces deux nobles victimes de nos révolutions, elle associera, dans un même tribut de regrets et d'admiration, la fille de Henri IV et la fille de Marie-Thérèse, Marie-Antoinette de Lorraine et Henriette-Marie de France.

Voyons, à présent, quel jugement Bossuet va porter sur la révolution d'Angleterre, dans ces pages où l'éloquence la plus élevée s'allie à la véritable philosophie de l'histoire.

Cromwell, devenu maître de l'Angleterre après la mort de Charles Iᵉʳ, avait fait frapper une médaille commémorative qui portait cette inscription : *Et nunc, reges, intelligite, erudimini qui judicatis terram.* Ce qui, dans la bouche du régicide, était une menace sacrilége devait servir de texte à Bossuet, pour apprécier aux lumières de la foi cet événement de l'histoire.

C'est qu'en effet la révolution d'Angleterre était une grande leçon pour les rois et pour les peuples. Nous, Messieurs, qui avons vu se produire, à notre époque et dans notre pays, un fait à peu près semblable, bien que sous d'autres formes et dans des conditions différentes, nous avons perdu pour ainsi dire l'habitude et le droit de la surprise à l'égard de ces grandes catastrophes. Mais au dix-septième siècle, où le principe d'autorité semblait avoir conservé toute sa force, du moins dans l'ordre politique, un si grave attentat à la majesté royale a dû causer une impression profonde; je dirai plus : si nous ne savions pas que, même après le règne d'Élisabeth, l'Angleterre, isolée du continent, n'entretenait pas encore avec les autres peuples de l'Europe ces relations multiples et suivies que sa suprématie a su lui créer depuis lors, nous aurions lieu de nous étonner qu'une telle commotion sociale n'eût pas excité à un plus haut degré l'attention, je dirais presque la terreur des nations voisines.

Quoi qu'il en soit, la révolution d'Angleterre est un de ces faits culminants dans l'histoire du genre humain, qui serviront à jamais de thème aux méditations de tout esprit sérieux. Or, lorsqu'on veut étudier de près un événement de cette nature, pour en apprécier la portée religieuse ou sociale, il faut avant tout, comme l'a fait Bossuet, en rechercher les causes et en signaler le caractère.

C'est ce qui constitue en partie la philosophie de l'histoire.

A ce propos, on a tant échafaudé de systèmes qui, élevés la veille, se sont écroulés le lendemain ; on a si souvent abusé du mot et de la chose, qu'on a fini par ne plus y voir qu'un mythe ou une chimère. Les uns ont fait avancer l'humanité en ligne droite, d'autres en spirale, selon le mot de Gœthe ; ceux-ci, par va et par vient ; ceux-là, par haut et par bas. On a épuisé toutes les figures de géométrie et toutes les combinaisons du calcul, pour faire plier les faits à l'esprit de système et les introduire de force dans un cadre tracé à l'avance. Bref, comme il arrive toujours en pareil cas, les illusions qu'a produites cette science ont fait douter de sa réalité. C'est une erreur manifeste. Il y a une philosophie de l'histoire, par la raison toute simple qu'il y a des principes qui s'appliquent aux faits, qui les éclairent et qui les dominent. Mais, vous le comprenez sans peine, pour appliquer des principes, il faut en avoir, et c'est ici que commence la difficulté. La difficulté n'est pas même, si vous le voulez, d'avoir des principes ; car enfin tout le monde en a plus ou moins. Ce qui est moins facile et ce qui pourtant est d'une absolue nécessité, c'est d'avoir un principe supérieur, qui embrasse dans son universalité féconde tous les faits de l'histoire, qui soit comme le foyer central d'où la lumière rayonne sur toute la circonférence. Sans ce principe régulateur, vous pourrez avoir des vues de détail, des vues partielles d'une exactitude ou d'une étendue relative sur tel événement, tel peuple, telle époque en particulier ; vous pourrez imaginer, comme Vico, des cycles ou des formules pour rendre compte de l'élévation et de la décadence des empires ; vous pourrez, comme Montesquieu, constater l'influence des coutumes, des législations, des climats sur le développement des individus et des nations ; en un mot, vous jouer avec plus ou moins de bonheur dans ce labyrinthe de l'histoire ; mais vous n'en sortirez pas à l'aide d'un fil conducteur, vous ne rassemblerez pas en un faisceau lumineux et bien ordonné tous ces rayons épars, vous ne ramènerez pas à l'unité d'un seul et même plan toutes ces lignes divergentes, vous ne ferez pas la philosophie de l'histoire.

D'après ce que je viens de dire, il nous est facile de comprendre pourquoi l'antiquité profane n'a pas pu avoir de philosophie de l'histoire proprement dite. Ce qui lui manquait précisément pour pouvoir tenter un essai de cette nature, c'était un principe d'appréciation large comme le monde. Vous trouverez à coup sûr dans Hérodote comme dans Thucydide, dans Tite-Live comme dans Tacite, des vues sages, des réflexions judicieuses, profondes même, sur les causes de la prospérité commerciale, militaire, politique des nations de l'antiquité ; mais pas une trace d'idée générale sur la marche de l'humanité. Pour eux, l'horizon historique est circonscrit dans les limites d'une république ou d'un empire. Polybe lui-même, qui passe à juste titre pour l'historien le plus pragmatique des temps anciens, ne s'élève guère au-dessus de ce point de vue partial et restreint. A ses yeux, l'empire romain est l'explication et le terme de l'histoire : il ne va pas au delà. Tout se borne, selon lui, à montrer comment et par quels moyens l'univers est tombé sous la domination de Rome : πῶς, καὶ τίνι γένει πολιτείας ἐπικρατηθέντα σχεδὸν ἃ πάντα τὰ κατὰ τὴν οἰκουμένην ὑπὸ μίαν ἀρχὴν ἔπεσε τὴν Ῥωμαίων. Que l'établissement de l'empire romain ait été le terme du mouvement historique d'une partie du vieux monde, rien de plus juste ; mais s'arrêter à ce fait, ce n'est pas même dresser l'ébauche d'une philosophie de l'histoire.

C'est, Messieurs, dans l'Écriture sainte que nous rencontrons le germe et le point de départ de la philosophie de l'histoire. C'est là, et là seulement, que nous trouvons le moyen de suivre, à travers les siècles, le développement régulier et progressif d'une idée universelle qui domine tout le mouvement des faits. Cette idée universelle peut s'énoncer de la sorte : L'humanité réalise librement sur la terre le plan que la Providence lui a tracé.

Voilà le principe générateur de la philosophie de l'histoire : un plan providentiel librement réalisé par l'activité humaine. Ce plan quel est-il? Il ne saurait être autre chose que le développement du règne de Dieu sur la terre, dans et par l'humanité. Supprimez cette idée-mère, et vous rendez impossible toute philosophie de l'histoire, ou vous la réduisez à des chimères et à des hypothèses dont le moindre défaut est d'être arbitraires.

L'idée que je viens d'énoncer est répandue à toutes les pages de nos livres saints, partout où ils montrent la vraie notion de Dieu et de son culte se propageant au sein de l'humanité. Il est un livre, néanmoins, dans lequel ce principe se trouve appliqué d'une manière plus spéciale et plus directe au mouvement de l'histoire : c'est la prophétie de Daniel. Si j'appelle votre attention sur ce livre fameux, c'est que la *Cité de Dieu* de saint Augustin et le *Discours sur l'histoire universelle* de Bossuet, ces deux grands monuments de la philosophie de l'histoire, ne sont que le commentaire détaillé de la prophétie de Daniel. Oui, Messieurs, c'est au fond de la Chaldée, dès le sixième siècle avant l'ère chrétienne, à une époque où rien ne faisait présager encore ni la grandeur future des Grecs, ni l'empire d'Alexandre, où Rome s'agitait péniblement dans les ténèbres de son origine; c'est dans ce moment-là qu'un homme, inspiré par l'esprit de Dieu, jetait son coup d'œil de prophète à travers l'histoire du monde, et, passant en revue l'une après l'autre les grandes monarchies de l'Orient, les voyait s'abîmer et se fondre dans l'empire le plus colossal qui fut jamais, pour aboutir avec lui au règne de Dieu par le Christ, à la société universelle des intelligences unies avec Dieu par la foi, par l'espérance et par la charité. Cette sublime conception qui fait le fond de la prophétie de Daniel, saint Jean l'environnera, dans l'Apocalypse, de ses mystérieuses lumières ; saint Augustin et Bossuet en seront les interprètes éloquents.

J'aime, Messieurs, à vous faire voir comment la philosophie de l'histoire, telle qu'elle a été envisagée dans le christianisme, est sortie de l'Écriture sainte, et que sur ce point, comme sur les autres, tout ce que le génie chrétien semble avoir imaginé de plus hardi et de plus profond n'est que le développement d'une page du grand livre. Et maintenant, pour en revenir au plan providentiel que je viens d'esquisser, vous ne nierez pas qu'il n'y ait dans ces données fécondes, toutes les conditions pour faire une philosophie de l'histoire vaste et complète. Concevez-vous une hypothèse quelconque qui l'égale en largeur et en magnificence ? Dieu apparaissant à l'origine pour tracer au genre humain une ligne de conduite et un point d'arrivée ; l'humanité s'élançant librement à travers les siècles pour accomplir ses fins ; Dieu intervenant d'âge en âge pour éclairer la marche et redresser les voies de ses créatures ; Dieu et l'humanité préparant de concert le règne définitif de la justice et de la vérité ; le Christ s'élevant au milieu des temps comme le centre et le pivot du mouvement historique, comme le point de rencontre et de contact de Dieu et de l'humanité ; le christianisme s'échappant de cette sublime étreinte pour propager et étendre le règne de Dieu par toute la terre, faisant entrer les individus et les peuples l'un après l'autre dans ce concert merveilleux de foi et d'amour, luttant avec toutes les forces du mal pour procurer le triomphe de Dieu dans les âmes, pour inoculer le principe divin à toutes les branches de l'activité humaine, au droit, à la science, à l'art, à l'industrie, à l'État ; et, après avoir relié toute l'humanité dans un vaste et majestueux ensemble, la ramenant vers Dieu pour lui faire trouver dans une transfiguration finale son repos et sa gloire : je défie l'imagination d'un homme de s'élever à une telle hauteur, et de trouver, pour expliquer le mouvement de l'histoire, une solution plus vaste et plus féconde.

C'est, Messieurs, de ce point de vue que le christianisme embrasse et domine les événements de l'histoire. L'établissement du règne de Dieu par le Christ et dans l'Église : tel est, selon lui, le sens et le but suprême de ce travail des siècles qui effraie l'imagination et confond la pensée. Je ne m'arrêterai pas à prouver la vérité d'un pareil principe : elle dépend de la vérité du christianisme lui-même, et tel n'est point l'objet de mon cours. Mais ce que je vous prie de remarquer, car cela va droit à notre dessein, c'est que seul ce principe a su conserver dans l'histoire ce que vous me permettrez d'appeler les deux agents historiques : Dieu et l'homme, la Providence et la liberté. Toutes les philosophies de l'histoire, qui se sont construites en dehors du christianisme, ont sacrifié l'un ou l'autre de ces deux agents : ou bien elles ont chassé la Providence de l'histoire : de là l'école déiste ; ou bien elles en ont banni la liberté de l'homme : de là l'école fataliste.

Or, je dis que l'école déiste du dix-huitième siècle et l'école fataliste du nôtre sont également impuissantes à apprécier les événements de l'histoire. Dans le système déiste, Dieu, après avoir créé l'humanité, on ne sait trop pourquoi, l'aurait livrée à elle-même, sans lui tracer à l'avance ni règle ni plan de conduite. Pour lui, retiré dans le silence de son éternité, spectateur oisif de cette scène mobile, où les acteurs paraissent et disparaissent tour à tour après y avoir joué leur rôle, il se garde bien de toucher à son œuvre; il n'a plus le droit d'intervenir d'aucune façon, pour en assurer le succès : il voit simplement ce que l'on fait, il assiste à tout ce qui se passe, sans plus oser ni parler ni agir. Pendant ce temps, l'humanité, soustraite à toute action divine, flotte au gré du hasard, tiraillée en mille sens divers par les passions qui l'agitent, errant à l'aventure comme un vaisseau qui, livré au caprice des vents, n'a plus ni gouvernail ni pilote. Messieurs, si telle est toute la philosophie de l'histoire, je passe condamnation là-dessus, et je déclare que ce n'est point une science. Fort heureusement que cette théorie est aussi fausse que mesquine; et, pour peu qu'on la presse, il en sort la négation même de Dieu. Si vous bannissez Dieu de l'histoire, si vous le reléguez par delà les mondes dans le silence de son éternité, si vous réduisez son rôle à celui d'un architecte qui, pour avoir créé son œuvre, aurait perdu le droit d'y toucher ; si vous lui refusez le pouvoir d'intervenir dans les choses d'ici-bas comme cause effective et agissante, alors soyez conséquents, allez jusqu'au bout, bannissez-le de la conscience, de la conscience où il parle également et où il agit, où il parle avec la souveraineté de la loi, où il agit comme force personnelle ; faites la nuit dans l'âme aussi bien que dans l'histoire ; mais reconnaissez en même temps que, privés de cette lumière, vous n'avez plus la clef des événements, que vous risquez de prendre au hasard la vertu pour le crime et le crime pour la vertu ; car sans Dieu l'histoire est, comme la conscience, un tribunal sans juge et une nuit sans lumière.

Voulez-vous maintenant, en regard du système déiste, qui, selon le mot de Bossuet, n'est au fond qu'un athéisme déguisé, entendre la science chrétienne proclamant que le premier principe de la philosophie de l'histoire, c'est l'intervention de Dieu dans les événements de ce monde ? Écoutez cette belle page de saint Augustin, que j'emprunte au onzième chapitre du cinquième livre de la *Cité de Dieu* :

« Il n'y a point d'apparence que le Dieu souverain et véritable, qui, avec son Verbe et son Saint-Esprit ne formant avec lui qu'une même chose, est un seul Dieu tout-puissant, l'auteur et le créateur de toutes les âmes et de tous les corps, qui est la source de la félicité de tous ceux qui possèdent le véritable et solide bonheur, qui a fait l'homme un animal raisonnable, composé d'un corps et d'une âme, qui après le péché ne l'a pas laissé sans châtiment et sans miséricorde, qui a donné aux bons et aux méchants l'être avec les pierres, la vie végétative avec les plantes, la vie sensitive avec les bêtes et la vie intellectuelle avec les anges ; qui est le principe de tout ce qu'il y a de beau, de réglé, de bien ordonné, de tout ce qui est fait avec poids, nombre et mesure ; qui est l'auteur de tous les ouvrages de la nature, de quelque genre et de quelque prix qu'ils soient ; de qui viennent les semences des formes, les formes des semences et les mouvements des semences et des formes ; qui a créé la chair et lui a donné sa beauté, sa vigueur et sa fécondité, la souplesse de ses membres, avec ce rapport et cette concorde qui est entre eux pour leur mutuelle conservation ; qui a doué l'âme même des bêtes de mémoire, de sens, de désirs, et ajouté à l'âme raisonnable l'esprit, l'entendement et la volonté ; il n'y a point, dis-je, d'apparence que lui, qui a fait tant de choses excellentes, et qui n'a laissé, je ne dirai pas le ciel et la terre, les anges ou les hommes, mais les

entrailles du plus petit et du plus vil des animaux, la plume
d'un oiseau, la fleur de la moindre herbe, la feuille d'un
arbre, sans la convenance et l'accord des parties, ait laissé
les royaumes et les empires de la terre hors des lois de sa
providence. »

A moins de nier l'existence de Dieu, ou de la réduire à
celle d'une loi abstraite et impersonnelle, sans vie ni activité,
ce qui est tout un, on ne saurait rejeter le principe posé par
saint Augustin comme le fondement de la philosophie de
l'histoire. Ce même principe, Bossuet l'a développé, avec la
magnificence que vous savez, dans le dernier chapitre du
Discours sur l'histoire universelle. Nous le retrouvons également, au début de son appréciation de la révolution
d'Angleterre, dans l'oraison funèbre qui nous occupe :

« Ce n'est pas un ouvrage humain que je médite. Je ne suis
pas ici un historien qui doit vous développer le secret des
cabinets, ni l'ordre des batailles, ni les intérêts des partis ; il
faut que je m'élève au-dessus de l'homme, pour faire trembler
toute créature sous les jugements de Dieu. J'entre ici avec
David dans les puissances du Seigneur ; et j'ai à vous faire
voir les merveilles de sa main et de ses conseils, conseils de
juste vengeance sur l'Angleterre, conseils de miséricorde
pour le salut de la reine, mais conseils marqués par le doigt
de Dieu, dont l'empreinte est si vive et si manifeste dans les
événements que j'ai à traiter, qu'on ne peut résister à leur
lumière. »

Mais, Messieurs, si vive que soit l'empreinte du doigt de
Dieu dans les événements de l'histoire, il n'en faut pas moins,
à côté de l'action providentielle, tenir compte de la liberté
humaine ; et c'est contre ce deuxième principe de la philosophie de l'histoire, dont nous trouverons tout à l'heure l'é-
noncé dans Bossuet, que vient échouer l'école fataliste.

A la différence de l'école déiste qui bannit la Providence de l'histoire, l'école fataliste n'y laisse aucune place pour la liberté de l'homme. Non pas, Messieurs, que tous les historiens philosophes que j'ai en vue aient voulu, de propos délibéré, nier la liberté humaine, mais c'est la conséquence logique de leur système. Et voilà pourquoi il faut toujours distinguer avec soin les hommes de leurs doctrines. La Rochefoucault a écrit quelque part, dans ses *Maximes*, et avec beaucoup de sens : Il n'y a guère d'homme assez habile pour connaître tout le mal qu'il a fait. En retournant sa proposition, je dirai : Il n'y a guère d'homme assez habile pour voir toutes les conséquences de ses erreurs. Nous avons néanmoins le devoir de les signaler, et dans le cas présent elles sont évidentes. Prenez, l'une après l'autre, toutes les formules qui ont été imaginées par cette école pour expliquer le mouvement de l'histoire, depuis Herder jusqu'à Hégel et depuis Condorcet jusqu'à Henri de Saint-Simon, et montrez-moi si elles n'emprisonnent pas la liberté humaine dans un cercle de lois fatales ? Trouvez-vous une place quelconque pour le jeu de la liberté dans une philosophie de l'histoire, dont la loi fondamentale se formule ainsi selon Herder : « L'humanité n'est et ne fut partout, conformément aux circonstances du temps et du lieu, que ce qu'elle pouvait être et rien que ce qu'elle pouvait être ; » ce que l'auteur reproduit ailleurs *(Idée sur la philosophie de l'histoire*, l. xv, ch. 5) avec une énergique concision : « Ce qui peut arriver arrive, et ce qui peut agir quelque part agit. » Il est impossible de formuler d'une manière plus rigoureuse le fatalisme historique : car si tout ce qui peut arriver arrive, il s'ensuit que ce qui n'arrive pas ne pouvait pas arriver ; et partant tout ce qui arrive, arrive fatalement. Il en est de même de toutes les théories inventées par cette école, dont Herder a été le coryphée. Sous la variété apparente de leurs

formes, elles cachent toutes la négation de la liberté. L'histoire
y apparait comme une géométrie inflexible, et les nations n'y
sont pas autre chose que des machines à répétition. Sans parler
en effet de ces évolutions fatales de l'idée, de cette progression
de Dieu à travers le genre humain, qui forment dans Hégel
l'expression la plus complète de la philosophie panthéiste de
l'histoire, n'avons nous pas vu il y a quelques années, en
France, des tentatives semblables? L'éclectisme contemporain
n'a-t-il pas essayé de transporter dans l'histoire les lois de la
psychologie, en y déterminant *a priori* la succession fatale
de trois époques, qui s'engendrent l'une l'autre : l'époque
de l'infini, celle du fini, et celle du rapport de l'infini avec le
fini ? N'a-t-on pas cherché à appliquer cette formule métaphysique à la géographie, à l'ethnographie et à la biographie,
c'est-à-dire aux lieux, aux peuples et aux grands hommes?
N'est-on pas venu dire, avec l'assurance qu'on eût mise à
développer un théorème d'Euclide : Donnez-moi la géographie
physique d'un pays, et je me charge *a priori* de vous pro-
phétiser quel sera l'homme de ce pays et quel rôle jouera ce
pays, non pas accidentellement, mais nécessairement, non pas
à telle époque, mais dans toutes ? Eh bien, je vous le demande,
la liberté humaine est-elle compatible avec des théories, qui
enchaînent les hommes et leurs actions aux temps et aux
lieux par le lien d'une nécessité mathématique? N'est-ce pas
étendre les peuples sur un lit de Procuste, sans laisser nul
mouvement à leurs membres mutilés ? N'est-ce pas, en un mot,
l'empire de la fatalité, substitué au règne de la Providence
dirigeant l'activité humaine vers un but librement atteint ?

Aussi, Messieurs, je ne crains pas de dire que l'école fataliste, pas plus que l'école déiste, n'est capable d'apprécier les
événements de l'histoire, du moins si elle agit en conséquence
de ses principes. La raison est toute simple. Vous tracez aux

peuples et aux individus une marche fatale, vous les enchaînez dans un autre cercle de Popilius ; vous leur faites parcourir des cycles déterminés à l'avance suivant des lois mathématiques, comme vous feriez d'une planète qui roule dans son orbite ; vous dites qu'étant donnés tel lieu, tel temps, telle circonstance, il se produira nécessairement tel ou tel événement. Fort bien, mettons qu'il en soit ainsi. Mais dans ce cas-là, au milieu d'une trame historique qui se déploie avec toute la rigueur d'un théorème de géométrie, comment ferez-vous la part de la liberté, de la responsabilité morale ? A qui dispenserez-vous l'éloge ou le blâme ? où sera le droit ? où sera l'injustice ? Comme tout ce qui arrive doit arriver en vertu d'une nécessité fatale, l'éloge et le droit seront pour vous du côté des vainqueurs, le blâme et l'injustice du côté des vaincus ; en un mot, vous aboutirez logiquement à la théorie du succès. Eh ! Messieurs, je ne dis là, vous le savez bien, que ce qui s'est vu et ce qui s'est fait. Nous l'avons vue se produire sous nos yeux, cette fameuse théorie du succès qui glorifie toutes les causes victorieuses, qui n'a de blâme dans le passé que pour les causes vaincues, qui transforme la force en droit et l'audace en vertu. Je ne m'arrêterai pas à la combattre : le bon sens et la conscience publique en ont fait justice. Mais ce que je vous prie de remarquer, c'est qu'elle est sortie, par voie de conséquence, du fatalisme historique. Les mêmes hommes qui ont dit : L'histoire est une géométrie, devaient ajouter : Le succès c'est le droit, le succès c'est la vertu : et si tous ne l'ont pas avoué avec la même impudence, c'est qu'à défaut de la vérité, la conscience retient l'homme sur la pente où l'entraîne la logique de l'erreur.

Eh bien, Messieurs, c'est encore ici qu'éclate la supériorité de la philosophie chrétienne de l'histoire. De même qu'elle proclame contre l'école déiste l'action providentielle dans l'histoire, elle maintient contre l'école fataliste le jeu de la liberté humaine. A ses yeux, le mouvement historique résulte de l'action combinée de ces deux forces qui concourent, l'une comme force motrice et dirigeante, l'autre comme force agissante et libre, à la réalisation d'un même plan. Et voilà ce qu'il y a d'admirable dans Bossuet. Jamais historien philosophe n'a mieux marqué l'empreinte du doigt de la Providence dans les événements de ce monde, ni laissé à la personnalité humaine une plus large part. Écoutez cette phrase, qui ouvre la troisième partie de son *Discours sur l'histoire universelle :*

« Dans ce jeu sanglant où les peuples ont disputé de l'empire et de la puissance, qui a prévu de plus loin, qui s'est le plus appliqué, qui a duré le plus longtemps dans les grands travaux, et enfin, qui a su le mieux se pousser, ou se ménager suivant la rencontre, à la fin a eu l'avantage, et a fait servir la fortune même à ses desseins. »

Si j'insiste sur ces rapports entre le *Discours sur l'histoire universelle* et l'*Oraison funèbre de la reine d'Angleterre,* c'est que nous retrouvons dans celle-ci une application particulière des principes développés dans celui-là. Même largeur de vues, de part et d'autre, même sagacité pour démêler les causes qui font et défont les empires. C'est ainsi qu'en remontant aux origines de la révolution d'Angleterre, il part d'une loi générale qui trouve sa justification à toutes les pages de l'histoire du monde :

« Quelque haut qu'on puisse remonter pour rechercher, dans les histoires, les exemples des grandes mutations, on trouve que jusqu'ici elles ont été causées ou par la mollesse ou par la violence des princes. »

Il faut avouer, Messieurs, qu'il fallait une grande fermeté de jugement et une noble indépendance d'esprit, pour oser dire de telles paroles sous le règne d'un prince absolu, pour attribuer de la sorte aux pouvoirs eux-mêmes, à leurs vices et à leurs excès, l'origine des révolutions. C'est une preuve nouvelle que l'attachement profond de Bossuet pour l'autorité royale n'ôtait rien à la sûreté de son coup d'œil. Je continue :

« En effet, quand les princes, négligeant de connaitre leurs armées et leurs affaires, ne travaillent qu'à la chasse, comme disait cet historien, n'ont de gloire, de goût, que pour le luxe, ni d'esprit que pour inventer des plaisirs ; ou quand, emportés par leur humeur violente, ils ne gardent plus ni lois ni mesures, et qu'ils ôtent les égards et la crainte aux hommes, en faisant que les maux qu'ils souffrent leur paraissent plus insupportables que ceux qu'ils prévoient : alors ou la licence excessive, ou la patience poussée à l'extrémité, menacent terriblement les maisons régnantes. »

Vous le voyez, Bossuet est bien éloigné de ces théories fatalistes qui voudraient nous persuader que les révolutions s'accomplissent toujours par la force des choses, sans qu'il soit possible d'en arrêter la marche ou d'en maitriser le cours. A ses yeux, cette prétendue force des choses est tout simplement la faiblesse des hommes ou la violence de leurs actes. Cela posé, il examine si la conduite de Charles Iᵉʳ a pu fournir quelque prétexte à la rébellion, et, ne trouvant dans les actes de ce prince ni faiblesse ni violence, il se rejette vers une cause plus éloignée et plus profonde : la révolte religieuse du seizième siècle, d'où est sorti le libertinage d'esprit, la fureur de disputer des choses divines, sans fin, sans règle, sans soumission. Telle est la thèse qu'il développe avec une vigueur de logique et une puissance d'analyse qui rappellent tout à la fois le livre des *Variations* et le *Discours sur l'Histoire universelle*. Eh bien, sa thèse est-elle vraie ? est-elle complète ? rend-elle suffisamment compte du caractère et des causes de la révolution d'Angleterre ? Telle est la question qu'il faut examiner, pour pouvoir juger du mérite de cette partie de l'oraison funèbre.

Et d'abord, que la révolte religieuse du seizième siècle soit la principale cause de la révolution d'Angleterre, qu'elle lui imprime un caractère tout particulier, il ne saurait y avoir le moindre doute à cet égard. Ce qui a trompé sous ce rapport plus d'un écrivain moderne, c'est que nous avons peine à croire, au milieu de l'indifférence religieuse de nos jours, qu'une révolution politique ait pu surgir d'une lutte théologique. Il n'en était pas de même au dix-septième siècle, en Angleterre. Voyez les trois grands partis qui s'y combattent, leurs noms, leurs principes, leur but : ce sont trois partis religieux, avant même d'être des partis politiques. Transportez-vous au sein du parlement, écoutez les discours qui s'y prononcent : c'est une arène théologique. Lisez les écrits qui s'y croisent dans tous les sens : ce sont des pamphlets religieux. Les épiscopaux, fidèles en cela au caractère oppressif que Henri VIII et Élisabeth avaient imprimé à leur secte, tendaient à aggraver de plus en plus la tyrannie de l'Église établie. Les presbytériens, trouvant que la réforme n'avait pas été assez radicale, cherchaient à secouer le joug de la hiérarchie officielle. Enfin les indépendants, poussant le libre examen à ses conséquences logiques, voulaient faire triompher dans l'Église le principe de la démocratie absolue. Voilà ce qui divisait les esprits, et ce qui les soulevait les uns contre les autres bien plus que la différence des opinions politiques. L'intolérance tyrannique de Laud, archevêque de Cantorbéry, à l'égard des presbytériens, et le *covenant* d'Écosse ont plus fait pour accélérer la catastrophe que les discussions de Charles Ier et du parlement sur le tonnage ou la taxe des vaisseaux. Ce ne serait donc pas, selon moi, faire aux idées et aux passions religieuses une assez large part que de prétendre, comme l'a fait M. Guizot dans son *Histoire de la civilisation en Europe*, qu'elles ne servaient que d'instrument aux divers partis, et que, par suite, la révolution d'Angleterre a été essentiellement politique. Nul doute, comme nous le verrons tout à l'heure, qu'il n'y eût entre les trois grands partis de la révolution des divergences politiques très sensibles, profondes même. Mais ne confondons pas le caractère de notre époque, où l'intérêt politique est prédominant, avec celui d'une société où l'intérêt religieux primait tout le reste. Il s'agissait bien, avant tout, pour les presbytériens, pour les indépendants et ces mille sectes qui tourbillonnaient autour d'eux, de pousser la réforme à ses conséquences extrêmes, en détruisant dans la hiérarchie épiscopale un dernier reste d'autorité. Bossuet, tout en glissant trop légèrement sur la question politique, a beaucoup mieux saisi que nos historiens modernes cette filiation logique des partis et des événements :

« Lorsque le roi Henri VIII, prince en tout le reste accompli, s'égara dans les passions qui ont perdu Salomon et tant d'autres rois, et commença d'ébranler l'autorité de l'Église, les sages lui démontrèrent qu'en remuant un seul point, il mettait tout en péril, et qu'il donnait, contre son dessein, une licence effrénée aux âges suivants. Les sages le prévirent ; mais les sages sont-ils crus en ces temps d'emportement, et ne se rit-on pas de leurs prophéties ? » Voilà l'origine et le point de départ du mouvement révolutionnaire. En voici le développement : « Ce qu'une judicieuse prévoyance n'a pu mettre dans l'esprit des hommes, une maîtresse plus impérieuse, je veux dire l'expérience, les a forcés de le croire. Tout ce que la religion a de plus saint a été en proie. L'Angleterre

a tant changé qu'elle ne sait plus elle-même à quoi s'en
tenir ; et, plus agitée en sa terre et dans ses ports mêmes que
l'Océan qui l'environne (1), elle se voit inondée par l'effroyable
débordement de mille sectes bizarres. » Plus loin l'orateur explique comment ces sectes, issues de la réforme, ont
développé graduellement le principe d'insurrection qu'elle
portait dans ses flancs : « Donc la source de tout le mal est
que ceux qui n'ont pas craint de tenter la réformation par le
schisme, ne trouvant point de plus fort rempart contre toutes
leurs nouveautés que la sainte autorité de l'Église, ils ont été
obligés de la renverser.... Chacun s'est fait à soi-même un
tribunal, où il s'est rendu l'arbitre de sa croyance.... Dès lors
on a bien prévu que, la licence n'ayant plus de frein, les
sectes se multiplieraient jusqu'à l'infini.... Ainsi les calvinistes, plus hardis que les luthériens, ont servi à établir les
sociniens qui ont été plus loin qu'eux, et dont ils grossissent
tous les jours le parti. Les sectes infinies des anabaptistes
sont sorties de cette même source ; et leurs opinions, mêlées
au calvinisme, ont fait naître les indépendants qui n'ont
point eu de bornes, parmi lesquels on voit les trembleurs,
gens fanatiques, qui croient que toutes leurs rêveries leur
sont inspirées ; et ceux qu'on nomme chercheurs, à cause
que, dix-sept cents ans après Jésus-Christ, ils cherchent encore
la religion et n'en ont point d'arrêtée. C'est, Messieurs, en cette
sorte que les esprits une fois émus, tombant de ruines en
ruines, se sont divisés en tant de sectes. » Nous venons d'entendre la généalogie des sectes, écoutons la conclusion : « Il
ne faut point s'étonner s'ils perdirent le respect de la majesté

(1) Imitation d'Eschine dans son procès de la couronne : « Callias
plus variable dans ses tours et retours que l'Euripe dont il habite les
bords. » Massillon s'est servi de la même image lorsqu'il dit de l'Angleterre, dans l'oraison funèbre de Louis XIV : « Une nation vaillante,
mais aussi orageuse que la mer qui l'environne. »

et des lois, ni s'ils devinrent factieux, rebelles et opiniâtres. On énerve la religion quand on la change, et on lui ôte un certain poids qui seul est capable de tenir les peuples. Ils ont dans le fond du cœur je ne sais quoi d'inquiet qui s'échappe, si on leur ôte ce frein nécessaire; et on ne leur laisse plus rien à ménager, quand on leur permet de se rendre maitres de leur religion. C'est de là que nous est né ce prétendu règne du Christ, inconnu jusqu'alors au christianisme, qui devait anéantir toute la royauté et agiter tous les hommes; songe séditieux des indépendants et leur chimère sacrilège. Tant il est vrai que tout se tourne en révoltes et en pensées séditieuses, quand l'autorité de la religion est anéantie! »

Telle fut, Messieurs, à n'en pouvoir douter, la cause première de la révolution anglaise : le principe d'indépendance proclamé par la révolte religieuse du seizième siècle, et poussé à ses dernières limites par la logique du fanatisme. Cromwell et les siens n'ont fait que tourner contre la royauté l'arme qu'elle-même leur avait mise entre les mains. Sans doute, comme Bossuet l'a fort bien observé, les rois d'Angleterre, alors qu'ils s'insurgeaient contre l'autorité de l'Église, avaient cru pouvoir retenir les esprits sur cette pente dangereuse en conservant l'épiscopat. Révolutionnaires en face de l'Église, ils s'étaient faits conservateurs et même despotes envers leurs propres sujets. Ils comptaient sans cette loi éternelle de l'histoire, qui condamne les auteurs des révolutions à se voir dépassés par des hommes plus hardis et plus conséquents. Victimes du mouvement dont ils avaient donné le signal et qu'ils ne pouvaient plus maitriser dans son cours, ils subirent les conséquences d'un principe dont ils avaient méconnu le danger. Il vint un moment où, s'élevant avec fureur contre ce timide juste milieu, presbytériens et puritains enveloppèrent dans une haine commune la royauté et l'épiscopat, qui s'étaient identifiés dans un seul et même despotisme. C'est ici que la question religieuse venait se compliquer de tous les embarras et de tous les périls d'une question politique.

S'il est dans l'histoire des temps modernes un fait surprenant, c'est que la révolte religieuse du seizième siècle, qui semblait devoir appliquer à l'ordre politique le principe de liberté qu'elle proclamait en religion, facilita partout le triomphe du pouvoir absolu. Non pas, Messieurs, car ce serait faire violence aux faits, que la réaction monarchique contre les formes représentatives du moyen âge date de l'établissement de la Réforme. La décadence du régime féodal avait préparé depuis quelque temps cette concentration des pouvoirs autour des trônes. Mais ce qui n'est pas moins certain, c'est que partout où la Réforme s'introduisit, en Angleterre, en Danemarck, en Suède, elle tourna au profit du pouvoir absolu, et devint entre les mains des princes un instrument de despotisme. La raison est évidente. En réunissant sur leur tête l'autorité spirituelle et l'autorité temporelle, elle les arma d'un pouvoir exorbitant. Les suites ne se firent pas attendre. Par là, dit M. Villemain dans sa préface de l'*Histoire de Cromwell*, la Réforme amena un excès de tyrannie morale et une usurpation des droits de la conscience dont l'histoire n'offre aucun exemple. C'est ce qui s'est vu particulièrement en Angleterre. On reste confondu lorsqu'on observe, ainsi que s'exprime Bossuet, « la facilité incroyable avec laquelle la religion a été renversée ou rétablie par Henri, par Édouard, par Marie, par Élisabeth » ; comme s'il se fût agi d'un simple changement de mode ou de costume. Je ne crois pas que jamais pouvoir se soit joué, avec une effronterie plus sauvage, de la dignité d'un peuple chrétien. Hume comparait le gouvernement d'Élisabeth à celui des Turcs; et il ne disait pas trop. Vous concevez d'après cela qu'un pouvoir, qui se moquait pareillement des droits de la conscience, ne devait pas respecter davantage les libertés publiques. Un parlement était chose gênante pour une monarchie qui, par la *haute cour de commission* et la *chambre étoilée*, disposait de la religion et de la vie de ses sujets. De là, ces tentatives continuelles des Tudors et des Stuarts, pour substituer le pouvoir absolu à la constitution libérale de l'Angleterre. J'entends dire tous les jours que ces libertés publiques dont l'Angleterre est si fière datent de la Réforme. C'est une erreur manifeste. Elles remontent bien au delà, au moyen âge catholique Certes les barons qui, en 1215, arrachèrent la grande charte au roi Jean, et les souverains qui, du treizième au quatorzième siècle, la confirmèrent plus de trente fois, n'étaient rien moins que protestants. Les premiers qui aient osé attenter à cet ordre de choses, ce furent précisément Henri VIII et ses successeurs. Les Tudors firent des parlements un instrument servile de leurs caprices ; les Stuarts les subirent et cherchèrent à s'en passer. Cromwell les brisa ; et ce ne fut qu'après s'être débattue, tout un siècle durant, entre le despotisme et l'anarchie issus l'un et l'autre de la Réforme, que l'Angleterre revint enfin à cette constitution libérale que le moyen âge catholique lui avait léguée. Voilà le véritable sens des faits. D'où il suit que la cause politique de la révolution d'Angleterre, ce sont les tendances absolutistes de ses premiers rois protestants, et la réaction inévitable que dut provoquer cet attentat aux libertés publiques. C'est ici que je trouve une lacune dans Bossuet.

Sans doute il signale avec autant de force que de vérité le despotisme religieux de Henri VIII et de ses successeurs : « Les rois, dit-il, ont souffert de cet esprit d'indocilité, mais aussi les rois en ont été cause. Ils ont trop fait sentir aux peuples que l'ancienne religion se pouvait changer. Ces terres trop remuées, et devenues incapables de consistance, sont tombées de toutes parts et n'ont fait voir que d'effroyables précipices. » Il ne relève pas avec moins de sagacité le danger de cette confusion des deux pouvoirs sur une même tête : « Ces deux puissances d'un ordre si différent ne s'unissent pas, mais s'embarrassent mutuellement, quand on les confond ensemble ; et la majesté des rois d'Angleterre serait demeurée plus inviolable, si, contente de ses droits sacrés, elle n'avait point voulu attirer à soi les droits et l'autorité de l'Église. » Mais, cela posé, l'orateur ne suit pas dans l'ordre politique le contre-coup du despotisme religieux. Trop préoccupé lui-même de l'idée du pouvoir absolu qu'il admirait dans Louis XIV, il oublie qu'une forme de gouvernement, que la France acceptait sans trop de répugnance, comme assez conforme aux tendances générales de son histoire, ne pouvait convenir à l'Angleterre. Il va même jusqu'à dire que Charles Ier n'avait point donné d'ouverture ni de prétexte à la révolution, ce qui n'est pas tout à fait exact. Je suis loin certainement d'imputer à Charles Ier les fautes de ses prédécesseurs. Je crois même que ni M. Guizot, ni le docteur Lingard ou son continuateur n'ont pleinement rendu justice à la mémoire de ce prince qui, s'il ne fut pas un grand homme, pouvait être appelé, comme plus tard Louis XVI, le plus honnête homme de son royaume. En louant, après Bossuet, les belles qualités de l'homme privé et du monarque, Hume me paraît s'être rapproché davantage de la vérité historique. Mais il n'est pas moins vrai de dire que, malgré sa justice et la modération de son esprit, le fils de Jacques Ier avait hérité de ses prédécesseurs cette propension fatale à confisquer, au profit de la couronne, les libertés séculaires de la nation. Toute sa conduite à l'égard des parlements en fait foi. Ici encore, Messieurs, nous rencontrons une de ces lois éternelles de l'histoire, dont la raison humaine est impuissante à sonder les mystérieuses profondeurs. Lorsqu'une longue suite de fautes ou de crimes s'est accumulée sur une race ou sur une dynastie, la Providence instruit les rois et les peuples par l'éclatante leçon d'un châtiment final. Elle dédaigne le plus souvent, comme indigne de sa justice, la tête d'un grand coupable. Ce qu'il lui faut, pour égaler l'expiation au crime, c'est le sacrifice d'un sang vertueux. Alors paraît un homme qui, par la modération de son esprit et l'honnêteté de son caractère, semble prédestiné au rôle de victime. Si Dieu lui refuse le génie qui triomphe des révolutions, il lui donne en retour ce courage passif, cette longue patience de la vertu qui fait les martyrs. Héritier d'un passé dont il porte la faute, il fléchit tôt ou tard sous le poids de l'infortune ; et son sang expiateur prouve aux générations futures qu'après de grands crimes il faut de grandes réparations, et que l'histoire du genre humain est dominée, depuis la première page jusqu'à la dernière, par les lois mystérieuses de la solidarité.

En face de cette noble et touchante figure du roi martyr, dont Bossuet a si bien dessiné les lignes principales, apparaissait un autre personnage, à traits bien différents. L'homme, dont le nom est devenu inséparable de cette grande catastrophe, s'offre à qui veut le peindre comme un des caractères les plus complexes et les plus bizarrement mélangés qui aient paru dans l'histoire. Voilà deux siècles qu'il pose devant tous les peintres, qu'il a exercé la plume des biographes et fatigué le burin des artistes, et nul n'a su accorder entre elles les lignes grimaçantes d'une si étrange physionomie. Dans cet homme qui après chaque victoire fait des actes d'humilité ; qui, dans son verbiage mystique, rapporte à Dieu tout le succès de ses armes et la gloire de ses crimes ; qui, après avoir

signé la mort de son roi, barbouille d'encre le visage d'un de
ses collègues, et conduit la main d'un autre au milieu de
grands éclats de rire ; qui enfin sur son lit de mort oublie
tout son passé, parce que son chapelain Goodwin lui dit qu'il
n'est pas possible de déchoir de l'état de grâce, lorsqu'on s'y
est trouvé une seule fois durant le cours de la vie ; dans cet
homme, dis-je, faut-il voir un grand bouffon ou un grand hypocrite, un grand fourbe ou un grand fanatique ? Je crois, Messieurs, qu'avec le génie en plus, il y a de tout cela dans Cromwell, et que rien n'est moins facile que de ramener à l'unité et
d'harmoniser entre elles les nuances multiples de son caractère. Écoutons Bossuet :

« Un homme s'est rencontré d'une profondeur d'esprit
incroyable, hypocrite raffiné autant qu'habile politique,
capable de tout entreprendre et de tout cacher, également
actif et infatigable dans la paix et dans la guerre, qui ne laissait rien à la fortune de ce qu'il pouvait lui ôter par conseil
et par prévoyance ; mais au reste si vigilant et si prêt à tout
qu'il n'a jamais manqué les occasions qu'elle lui a pré-
sentées ; enfin un de ces esprits remuants et audacieux qui
semblent être nés pour changer le monde. Que le sort de tels
esprits est hasardeux, et qu'il en paraît dans l'histoire à qui
leur audace a été funeste ! Mais aussi que ne font-ils pas,
quand il plaît à Dieu de s'en servir ! Il fut donné à celui-ci
de tromper les peuples et de prévaloir contre les rois. Car,
comme il eut aperçu que dans ce mélange infini de sectes,
qui n'avaient plus de règles certaines, le plaisir de dogma-
tiser, sans être repris par aucune autorité ecclésiastique ni
séculière, était le charme qui possédait les esprits, il sut si
bien les concilier par là, qu'il fit un corps redoutable de cet
assemblage monstrueux. Quand une fois on a trouvé le
moyen de prendre la multitude par l'appât de la liberté,

elle suit en aveugle, pourvu qu'elle en entende seulement le nom. Ceux-ci, occupés du premier objet qui les avait transportés, allaient toujours, sans regarder qu'ils allaient à la servitude; et leur subtil conducteur, qui en combattant, en dogmatisant, en mêlant mille personnage divers, en faisant le docteur et le prophète, aussi bien que le soldat et le capitaine, vit qu'il avait tellement enchanté le monde, qu'il était regardé de toute l'armée comme un chef envoyé de Dieu pour la protection de l'indépendance, commença à s'apercevoir qu'il pouvait encore les pousser plus loin. Je ne vous raconterai pas la suite trop fortunée de ses entreprises, ni ces fameuses victoires dont la vertu était indignée, ni cette longue tranquillité qui a étonné l'univers... »

Tel est, Messieurs, le jugement que Bossuet portait sur Cromwell, onze ans après la mort du protecteur. Au point de vue de l'art et du style, tout est dit sur cette page célèbre : elle restera à jamais le chef-d'œuvre du portrait historique. Mais ce qui ne me parait pas moins admirable de la part d'un contemporain, c'est la parfaite ressemblance de traits. Depuis 1669, qui est-ce qui ne s'est pas essayé sur Cromwell, en France comme en Angleterre ? Eh bien, je ne crains pas de dire que depuis Voltaire jusqu'à M. Guizot, depuis Hume jusqu'à M. Carlisle, nul n'a mieux saisi ni exprimé avec plus de justesse ce mélange d'hypocrisie et d'habileté, de ruse et d'audace, de mensonge et de fanatisme, qui fait le fond du caractère de Cromwell. Vous ne me saurez pas mauvais gré de rapprocher de cette page de Bossuet la phrase de notre époque la plus sobre et la plus ferme, celle de M. Guizot. Le portrait qu'il a tracé de Cromwell justifie en tout point celui de Bossuet.

« Dès que la haute politique et la guerre se furent ouvertes devant Cromwell, il s'y précipita avec passion comme dans

les seules voies où il pût se déployer et se satisfaire tout
entier : le plus fougueux des sectaires, le plus actif des révolutionnaires, le plus habile des soldats : également prêt et
ardent à parler, à prier, à conspirer, à combattre ; expansif
avec un abandon plein de puissance, et menteur au besoin
avec une hardiesse intarissable, qui frappait ses ennemis
mêmes de surprise et d'embarras ; passionné et grossier,
hasardeux et sensé, mystique et pratique, sans limites dans
les perspectives de l'imagination, sans scrupules dans les
nécessités de l'action ; voulant à tout prix le succès, plus
prompt que personne à en discerner et à en saisir les
moyens, et donnant à tous, amis ou ennemis, la conviction
que nul ne réussirait si bien et n'irait si loin que lui. »
(*Discours sur l'histoire de la révolution d'Angleterre.*)

Il y a certainement un grand mérite de vigueur et de précision dans ce tableau, qui reproduit à peu près la pensée de
Bossuet. J'ignore donc pourquoi M. Guizot s'est cru obligé,
dans son *Histoire de la civilisation en Europe*, de s'attaquer au grand orateur, en relevant ce trait : *qui ne laissait
rien à la fortune de ce qu'il pouvait lui ôter par conseil et
par prévoyance* ; « expression, dit-il, pleine d'erreur et que
dément toute l'histoire. » J'en demande pardon à l'éminent
historien ; mais cette expression me paraît pleine de vérité,
quand on lui laisse son sens propre, et toute l'histoire la
confirme. Que Cromwell, à la veille d'émigrer pour l'Amé-
rique avec Hampden et Prynn, ou membre obscur du parlement, n'ait pas songé au protectorat de l'Angleterre, rien
n'est moins difficile à croire. Mais qu'une fois engagé dans la
lutte, cet homme « hasardeux et sensé, sans limites dans les
perspectives de l'imagination, voulant à tout prix le succès, » n'ait eu aucune espèce de plan de conduite, au point
de marcher « témérairement, sans dessein, sans but ; » qu'il

n'ait, d'aucune façon, conçu à l'avance le projet d'élever le parti des indépendants sur la ruine commune des épiscopaux et des presbytériens ; qu'à cette fin il n'ait pas cherché avec autant de persévérance que d'habileté à s'assurer peu à peu de l'appui de l'armée, pour arriver par elle à la dictature militaire ; que parvenu au terme de son ambition, il n'ait pas déployé toute la prévoyance possible, pour se précautionner contre les surprises de la fortune, jusqu'à s'allier avec la France, son ennemie naturelle, afin d'enlever de ce côté tout appui et tout espoir à la dynastie des Stuarts : toute l'histoire de Cromwell est là pour témoigner du contraire. Ludlow, un de ses familiers, nous apprend dans ses Mémoires que, dès 1646, sept ans avant le protectorat, Cromwell méditait la tyrannie et cherchait dans ce but *à lui tâter le pouls*. Ce qui ne veut pas dire, à coup sûr, que le fougueux sectaire ait voulu maîtriser les événements, sans jamais se laisser conduire par eux. Ce n'est point ainsi qu'agissent les esprits de cette trempe. Tout en ne laissant « rien à la fortune de ce qu'ils peuvent lui ôter par conseil et par prévoyance, » ils font une large part à l'imprévu, ils se réservent, comme le remarque fort bien Bossuet, de ne manquer aucune des occasions que la fortune pourra leur présenter. Le cardinal de Retz dit quelque part, dans ses Mémoires: « On ne monte jamais si haut, que lorsqu'on ne sait où l'on va. » A ce compte-là, bien des personnes monteraient très haut. Si jamais homme a donné un éclatant démenti à ses propres paroles, c'est le cardinal de Retz : ce qui a toujours empêché ce conspirateur émérite de monter bien haut, c'est que précisément il n'a jamais su où il allait. Non, ce qui a fait les grands succès de l'histoire, et ce qui les fera toujours, c'est de savoir dans quel sens on va, en réservant aux événements le soin de décider jusqu'où l'on pourra aller.

C'est ce que Bossuet a parfaitement saisi dans le caractère de Cromwell.

Si j'insiste sur le développement du caractère de Cromwell, tel qu'il apparaît dans l'oraison funèbre de la reine d'Angleterre et dans les historiens qui ont traité le même sujet, ce n'est pas, croyez-le bien, que cet homme soit de mon goût. Bien s'en faut. Si j'osais à mon tour adresser quelque reproche à Bossuet, ce serait presque de l'avoir montré trop grand, d'avoir fait rejaillir malgré lui quelque chose de son magnifique langage sur cette odieuse figure, d'avoir trop voilé, sous la majesté de sa parole, ce tissu de bouffonnerie et de platitude qui repousse dans Cromwell. Certes, il ne faut pas méconnaître son génie, bien que sa politique intérieure et extérieure, marquée au coin de l'égoïsme personnel plus encore qu'à celui de l'intérêt national, ait soulevé d'amères critiques en Angleterre : mais la vigueur de ses résolutions, et son habileté à mettre en jeu les mauvais ressorts de la nature humaine ne doivent pas nous faire oublier ce qu'il y a de profondément vil dans le caractère de cet homme, dont l'ambassadeur de Venise pouvait dire en écrivant à sa république : « Il ment pour toute l'Angleterre ; » qui venait déclarer au parlement sur un ton d'hypocrisie béate : « qu'au moment où il se disposait à présenter une demande pour le rétablissement du roi, il avait senti sa langue se coller à sa bouche, et qu'il avait cru voir, dans cette impression surnaturelle, une preuve que le ciel avait rejeté Charles Ier. » J'appuie sur ce point, parce que nous avons de nos jours une propension fatale à fléchir devant le génie, pour pallier ou pour atténuer ses fautes. Je ne parle pas de ces apothéoses scandaleuses, comme nous en avons vu dans certains livres, et qui soulèvent toute conscience honnête. Non, mais il peut arriver même à un esprit droit ce qui est arrivé tout récemment à un écrivain de grand talent. M. Carlisle, qui, dans son livre *des Héros, du culte des Héros et de l'héroïque dans l'histoire,* vient d'offrir Cromwell à l'admiration du peuple anglais comme le type de ses héros. C'est qu'à la longue, l'indignation finit par se calmer, le souvenir des crimes s'efface et le génie reste. Eh bien, je dis que rien n'est plus propre à détruire la moralité de l'histoire, en faisant d'elle une conspiration contre la vérité, que cette faiblesse devant les crimes heureux. Laissons les grands coupables sur le piédestal que leur ont dressé le génie et le succès ; mais, pour l'honneur de l'humanité dont ils ont foulé aux pieds tous les droits, n'environnons pas leurs noms de cette auréole du respect qui est le privilège et la récompense de la vertu.

Messieurs, l'oraison funèbre de la reine d'Angleterre montre à quel point Bossuet était préoccupé de la situation religieuse de cette grande nation. Ses lettres intimes, et en particulier sa correspondance avec mylord Perth, le prouvent encore mieux. Il aurait voulu pouvoir traverser la mer, pour travailler à la conversion de la Grande-Bretagne. C'est qu'il sentait vivement de quelle importance était, pour l'unité catholique, la perte ou la conservation de cette contrée, autrefois l'île des saints. Qu'eût-il dit si, revoyant l'Angleterre dans la splendeur de sa prospérité, il avait pu juger comme nous de quel puissant secours serait aujourd'hui, pour le triomphe de la vérité, cette race fameuse, avec son sens pratique, son activité infatigable, son indomptable énergie, l'extension illimitée de son commerce, ses flottes, et les trésors qu'elle prodigue à la propagation d'un christianisme mutilé et sans force ? Aussi, depuis Bossuet jusqu'à M. de Maistre, tous les grands écrivains catholiques ont-ils gémi amèrement sur une rupture violente, dont les conséquences ont été si fatales à la civilisation chrétienne.

Sans doute, il ne faut pas mesurer la marche des événements à l'ardeur de nos désirs. Selon le mot de Bossuet, Dieu détermine dans sa sagesse profonde les limites qu'il veut donner aux progrès de l'erreur. Je ne crois pas pour ma part, comme l'a dit M. de Maistre, qu'avant la fin de ce siècle on célèbre la messe à Saint-Paul de Londres : les préjugés sont trop invétérés, les haines trop vivaces : l'erreur n'a pas atteint l'extrémité de son cours. Mais, il y a trente ans, l'Angleterre a déposé dans son sein le germe d'un avenir dont le secret nous échappe. Un homme, dont la grandeur d'âme n'avait d'égale que l'éloquence de sa parole, est parvenu à briser le joug séculaire sous lequel un fanatisme intolérant retenait les consciences. A la voix d'O'Connell, une nouvelle ère s'est ouverte pour ce grand pays, et ce qu'il y a de plus glorieux pour la foi catholique, c'est que le mouvement est parti du foyer même de la science et de l'érudition, du sein des universités. C'est, Messieurs, qu'il suffit à la vérité d'être rendue à sa liberté naturelle, pour faire sentir à l'erreur son invincible ascendant ; comme il suffit au soleil d'être dégagé des nuages qui le voilent, pour verser sur le monde des flots de lumière et de vie.

TRENTE-ET-UNIÈME LEÇON

L'ORAISON FUNÈBRE DE MADAME

Pourquoi les Mémoires du temps parlent si volontiers de Madame Henriette d'Angleterre. — Qualités de cœur et d'esprit qui distinguaient cette princesse, plus admirée de la cour que chère au duc d'Orléans. — La consternation générale que produisit sa mort explique certaines paroles de l'évêque de Condom. — Bossuet auprès du lit d'agonie de la duchesse d'Orléans. — Dans l'oraison funèbre de Henriette de France, il retrace en traits énergiques une des plus grandes catastrophes de l'histoire ; dans celle de Henriette d'Angleterre, il pleure tendrement sa fille spirituelle. — *Suaviter et fortiter :* comment il se fait que les natures les plus puissantes sont souvent les plus sensibles et les plus délicates. Le genre gracieux dans l'*Aigle de Meaux.* — Le discours de Bossuet, comme les *Pensées* de Pascal, découvre à la fois les misères et les grandeurs de l'homme. — Une page sublime de Tertullien sur la dignité de la chair et la résurrection des corps. — Isaïe et le prêtre de Carthage prêtent à Bossuet leur sombre pinceau. — Les caveaux de Saint-Denis, où les grands morts du royaume ont peine à se faire une petite place. — Bossuet décrit plus simplement et plus noblement que les Pères la fragilité de la vie. — Les derniers moments de Madame. — Mascaron comparé à Bossuet. — Admirable portrait de Henriette d'Angleterre.

Messieurs,

C'est par l'oraison funèbre de Madame, que nous allons reprendre le fil de nos entretiens interrompus depuis quelques semaines.

Pour nous rendre compte de l'intérêt touchant et vraiment dramatique qui s'attachait, et qui s'attache encore, à cette pièce d'éloquence, il faut que nous sachions d'abord ce qu'était la jeune princesse dont Bossuet prononça l'oraison funèbre, et quel rang elle occupait, au dix-septième siècle, à la cour de Louis XIV.

Messieurs, on l'a dit bien des fois et rien n'est plus juste, l'histoire, la véritable histoire du règne de Louis XIV se trouve dans les mémoires du temps. C'est là, dans les documents intimes, qu'il faut chercher les hommes et les événements, le jeu des caractères, le mouvement des passions, le nœud des intrigues, en un mot, ce qui donne à cette scène, si mobile et si variée, son aspect vivant ou sa physionomie.

Sans doute, ce n'est pas sans réserve ni sans précaution qu'il faut aborder des écrits de cette nature. Il en est des mémoires du dix-septième siècle comme de ceux qui surgissent en foule de nos jours, où l'auteur le plus souvent se montre juge et partie. Il s'agit, par suite, de tenir compte avant tout de l'esprit de parti, des amours-propres froissés, des ambitions déçues, de mille motifs qui font prendre la plume ou qui la dirigent. Quand le cardinal de Retz, par exemple, retrace l'histoire de la Fronde, on ne peut oublier qu'il en a été l'âme ou, du moins, un des principaux moteurs. Dans les attaques de Saint-Simon contre Louis XIV et son gouvernement, il faut savoir distinguer le témoin véridique du détracteur passionné. Mais ce principe une fois admis, il restera toujours vrai de dire qu'on chercherait vainement hors de là l'histoire intime, partant le tableau fidèle de la société française au dix-septième siècle.

Or, si pendant les dix années qui suivirent la mort du cardinal Mazarin, il est un nom qui revienne souvent dans les mémoires de l'époque, et toujours avec un intérêt croissant, c'est celui de Madame, fille de la reine d'Angleterre et duchesse d'Orléans. Sauf le roi lui-même, il n'est pas un seul personnage de la cour qui, durant cet intervalle, ait été plus en vue, et dont la vie comme la mort ait occupé davantage

le cercle assez restreint, qui formait alors le public français.
De là, les nombreux détails que nous trouvons sur cette princesse dans madame de Motteville, dans mademoiselle de
Montpensier, qui pourtant, comme l'a dit Voltaire, ne s'occupe guère que d'elle-même, et enfin dans madame de La
Fayette, qui a fait de la vie de Madame Henriette d'Angleterre le sujet d'une histoire particulière.

D'où venait donc l'ascendant que cette princesse exerçait
autour d'elle ? Sa personne et sa vie l'expliquent suffisamment. Il n'y a pas jusqu'à sa naissance, qui tout d'abord n'ait
environné son nom de l'auréole du malheur. Fille de l'infortuné Charles Ier et de cette Henriette de France dont nous
avons entendu Bossuet célébrer la constance héroïque, elle
était née à Exeter, au plus fort de la guerre civile; et douze
jours après, sa mère se voyait contrainte de prendre la
fuite pour chercher un asile en France. C'est ce que Bossuet lui
rappelait en chaire, un an avant qu'elle succombât, lorsqu'il
s'écriait dans l'oraison funèbre de la Reine d'Angleterre : « Princesse, dont la destinée est si grande et si glorieuse, faut-il que
« vous naissiez en la puissance des ennemis de votre maison?
« Éternel, veillez sur elle. Anges saints, rangez à l'entour
« vos escadrons invisibles, et faites la garde autour du ber-
« ceau d'une princesse si grande et si délaissée!... » En effet,
comme dit l'orateur, « le sceau de Dieu était sur elle. » Après
être restée pendant deux années au pouvoir des rebelles,
elle fut délivrée de leurs mains par sa gouvernante, qui la
rendit à la tendresse de sa mère. Par là, elle échappa au sort
d'Élisabeth, sa sœur, et de son frère, le duc de Glocester,
auxquels Cromwel et ses puritains voulaient faire apprendre
un métier. « Dieu, la prenant sur ses ailes, comme l'aigle
« prend ses petits (car vous me pardonnerez de préférer un
« moment le style de Bossuet à celui de madame de La

« Fayette). la porta lui-même dans le royaume de France ;
« lui-même la posa dans le sein de la Reine, sa mère, ou
« plutôt dans le sein de l'Église catholique. » La veuve de
Charles Ier ne négligea rien en effet pour l'éducation de la
jeune princesse qui, au milieu de ses malheurs, faisait toute
sa consolation. Henriette répondit pleinement à ces soins, et,
à peine sortie de l'enfance, elle attira sur elle l'attention de
toute la cour par l'amabilité de son caractère et un esprit
vraiment extraordinaire. Bossuet pourra dire d'elle, sans
crainte d'abuser de la louange : « Je pourrais vous faire
« remarquer qu'elle connaissait si bien la beauté des
« ouvrages de l'esprit, que l'on croyait avoir atteint la per-
« fection quand on avait su plaire à Madame. » Ce sont les
paroles mêmes dont Racine se servira, en lui faisant la dédi-
cace d'*Andromaque* : « La règle souveraine est de vous
plaire. » C'est elle qui mit aux prises la jeunesse de Racine
et la vieillesse de Corneille, en les chargeant, l'un à l'insu de
l'autre, de traiter le sujet de *Bérénice*. Fontenelle raconte
qu'au moment où Boileau venait de publier son *Lutrin*,
Henriette l'ayant aperçu dans la foule des courtisans, le
regarda finement avec un léger sourire, lui fit signe du doigt
d'approcher, se pencha vers lui à la hâte et dit tout bas à
l'oreille du poète :

> Soupire, étend les bras, ferme l'œil et s'endort.

Tant de distinction dans l'esprit, un goût si vif et si exercé,
faisaient de la jeune princesse l'idole de la cour. Anne d'Autriche, qui l'affectionnait vivement, eût souhaité que
Louis XIV la prît pour épouse ; mais le roi, la trouvant trop
jeune, ou guidé par tout autre motif, ne se rendit pas au
désir de la reine sa mère. Celle-ci voulut du moins que Philippe d'Orléans, son second fils, s'unit à la princesse d'An-

gleterre ; et, bien que Henriette se vit recherchée par trois
souverains de l'Europe, comme Lafontaine le rappelait avec
tant de délicatesse dans une ode à Madame, composée en 1661.
elle n'hésita pas à préférer la deuxième place en France à la
première dans un autre pays.

Cette union mal assortie fut, pour la fille de Charles Ier,
une source de chagrins domestiques. C'est un fait singulier
dans l'histoire de France que cette succession des princes
d'Orléans qui, depuis le règne de Louis XIII, apparaissent au
second rang, toujours prêts à saisir le premier, et à tourner
contre leurs aînés les fautes du pouvoir et les mécontente-
ments du public. Nous avons pu voir, de nos jours, à quel triste
résultat est venue aboutir cette malheureuse tactique. Bien
que l'incapacité notoire du frère de Louis XIV ne lui permit
pas de songer à un tel rôle, le fond de son caractère était la
jalousie. Ce prince, dont on a pu dire avec raison qu'il n'avait
jamais aimé que lui-même, négligea sa jeune épouse. Madame
se voyant l'idole de la cour, chercha dans les plaisirs et dans
les divertissements de quoi se consoler de l'aversion de son
mari. Ce fut son tort. De graves imprudences, qui n'allèrent
cependant pas, comme dit le marquis de La Fare dans ses
Mémoires, jusqu'au sacrifice de sa vertu, changèrent les froi-
deurs de Monsieur en colère parfois brutale. Une seule fois,
mais ce fut un peu tard, devant le lit de mort de sa femme,
ce prince parut revenir à d'autres sentiments, lorsqu'elle lui
dit au milieu des larmes des assistants : « Hélas ! monsieur,
« il y a longtemps que vous ne m'aimez plus, mais cela est
« injuste, je ne vous ai jamais manqué. » Ce qui avait achevé
d'exaspérer ce caractère plus faible que méchant, c'est qu'à
son insu Madame avait, par des négociations qui eussent fait
honneur au plus fin diplomate, détaché son frère Charles II,
roi d'Angleterre, de la triple alliance conclue contre Louis XIV,

pour l'unir à ce prince. La gloire qui de là avait rejailli sur sa jeune femme, aux yeux de la France entière, eut le privilège de mettre le comble à sa jalousie. Bref, la mésintelligence était complète et menaçait d'éclater en véritable scandale, quand la mort surprit Madame à l'âge de vingt-six ans, au faîte de la gloire et des honneurs.

J'avoue, Messieurs, que j'ai été parfois tenté de voir un effet de l'exagération oratoire dans ce mouvement, presque théâtral, de Bossuet : « O nuit désastreuse! ô nuit effroyable! où retentit tout à coup comme un éclat de tonnerre, cette étonnante nouvelle : Madame se meurt! Madame est morte! » Mais en lisant les mémoires du temps, on reste convaincu que l'orateur n'a pas été au-dessus de l'impression générale, et que la mort subite de Madame fut, en effet, un coup de tonnerre qui retentit de Saint-Cloud à Paris et à Versailles. Sauf les grands événements du siècle, il n'est pas un fait qui ait causé plus d'émoi à la cour et à la ville, que ce fatal verre d'eau de chicorée, qui occasionna la mort de la duchesse d'Orléans. « Cette mort, écrivait mademoiselle de Scudéry quatre jours après, fait un sermon terrible. » « Ce n'est pas une nouvelle que la mort de Madame, écrivait le comte de Choiseul, c'est une affliction générale. » « Corbinelli, mandait la marquise de Sévigné, vous dira la mort de Madame, et avec elle, celle de toute la joie, tout l'agrément, tous les plaisirs de la cour. » A un an de là, cette femme célèbre rappelait encore à sa fille l'impression douloureuse, que lui avait causée la mort de Madame : « Souvenez-vous combien votre esprit alors en était tout hors de place.» « Il est certain, dit le marquis de La Fare dans ses Mémoires, qu'en perdant cette princesse, la cour perdit la seule personne de son rang qui était capable d'aimer et de distinguer le mérite; et ce n'a été depuis sa mort que jeu, confusion et impolitesse. » Enfin, madame de La Fayette écrivait en tête de l'histoire de la duchesse d'Orléans : « Cette perte est de celles dont on ne se console jamais, et qui laissent de l'amertume répandue dans tout le reste de la vie. » Je cite beaucoup de témoignages, parce qu'en nous montrant que la mort de Madame fut en réalité un événement et un deuil public, ils nous expliquent le ton général de son oraison funèbre, et cette teinte de tristesse qui s'y trouve répandue.

Bossuet avait du reste des motifs particuliers, pour sentir plus vivement que personne un accident si tragique. Depuis qu'il avait prononcé devant la duchesse d'Orléans l'oraison funèbre de la reine d'Angleterre, la jeune princesse, désabusée des vanités du monde, s'était mise sous la direction de l'illustre évêque. « Il n'y avait point de jour dans la semaine depuis longtemps, dit Mascaron, au cours de l'oraison funèbre de Madame, qu'un grand prélat, dans la bouche duquel la vérité est aussi belle que puissante, ne l'entretint des devoirs de la piété chrétienne, du mépris des choses du monde et de l'amour de l'éternité. Les audiences de cérémonies et d'affaires sont établies depuis longtemps à la cour; l'illustre Henriette est la première qui y a établi des audiences réglées de piété. » C'est à Bossuet enfin que revint la tâche pénible et consolante de l'assister à ses derniers instants. Nous avons plusieurs relations détaillées de la mort de Madame, entre autres celles de deux témoins oculaires : la comtesse de La Fayette et le chanoine Feuillet, qui avait reçu la confession de la princesse avant l'arrivée de l'évêque de Condom. On voit, par ces touchants récits, avec quelle bonté d'âme et quel tact suprême, le prélat sut ranimer la confiance dans le cœur de cette jeune femme, qu'avaient découragée les manières un peu trop rudes de Feuillet, dont la sévérité proverbiale a retenti jusque dans les satires de Boileau :

Et laissez à Feuillet réformer l'univers! (x satire.)

Bossuet lui-même, dans une lettre adressée à un habitant de Dijon, et publiée pour la première fois en 1844 par M. Floquet, racontait quelques particularités de la scène de Saint-Cloud : je n'en lirai qu'un fragment :

« Je crois que vous aurez su que je fus éveillé la nuit du dimanche au lundi, par ordre de Monsieur, pour aller assister Madame qui était à l'extrémité à Saint-Cloud, et qui me demandait avec empressement. Je la trouvai avec une pleine connaissance, parlant et faisant toutes choses sans trouble, sans ostentation, sans efforts et sans violence, mais si bien et si à propos, avec tant de courage et de piété, que j'en suis encore hors de moi..... Je fus une heure auprès d'elle, et lui vis rendre les derniers soupirs en baisant le crucifix, qu'elle tint à la main, attaché à sa bouche, tant qu'il lui resta de force. Elle ne fut qu'un moment sans connaissance. Tout ce qu'elle a dit au Roi, à Monsieur et à tous ceux qui l'environnaient, était court, précis et d'un sens admirable. Jamais princesse n'a été plus regrettée, ni plus admirée, et ce qui est plus merveilleux, c'est que se sentant frappée, d'abord elle ne parla que de Dieu, sans témoigner le moindre regret..... Elle s'aida autant qu'elle put, en prenant tous les remèdes avec cœur; mais elle n'a jamais dit un mot de plainte de ce qu'ils n'opéraient pas, disant seulement qu'il fallait mourir dans les formes..... L'on m'a apporté l'ordre de sa Majesté pour l'oraison funèbre à Saint-Denis dans trois semaines. »

Le choix de Louis XIV ne pouvait, en effet, se porter que sur Bossuet. Mais un incident fâcheux retarda de quelques semaines la cérémonie funèbre. Le fatal verre d'eau de chicorée avait failli amener entre l'Angleterre et la France une rupture complète. A la première atteinte *d'un mal si*

puissances bien autrement redoutables, pour la cause catholique, que n'eût été le plus ou moins de force de la maison d'Autriche? Il me semble donc difficile d'étayer une pareille opinion sur des fondements solides. Mais l'avenir éclaircira cette question, dont les éléments de solution ne sont pas tous entre nos mains.

C'est dans cette partie de l'oraison funèbre de Marie-Thérèse, que Fléchier suit Bossuet pas à pas. Après avoir touché comme lui à la mission providentielle des dynasties préposées au gouvernement des peuples, il caractérise à peu près dans les mêmes termes la maison d'Autriche : « Marie-Thérèse était fille de ces rois qui, par la force des armes, par la prudence des conseils, ou par le droit des successions, ont réuni plusieurs couronnes en une seule ; qui portent leur domination au delà des mers, qui se font obéir dans l'Ancien et dans le Nouveau Monde, et dont la puissance s'étend si loin qu'ils gémissent pour ainsi dire sous le faix de tant de provinces et de royaumes, et que leur grandeur même leur est à charge. » Lorsqu'on a égard aux habitudes de Fléchier, il est difficile de ne pas voir dans cette phrase une imitation de celle de Bossuet : « On y trouve une si grande affluence de maisons royales, avec tant d'États et de royaumes, qu'on a prévu, il y a longtemps, qu'elle en serait surchargée. » En tout cas, l'un et l'autre disaient vrai et touchaient juste.

Le rapprochement entre les deux orateurs devient encore plus frappant lorsqu'ils passent de la naissance de Marie-Thérèse à son mariage avec Louis XIV : « Cessez, princes et potentats, s'écrie Bossuet, de troubler par vos prétentions le projet de ce mariage. Que l'amour, qui semble aussi le vouloir troubler, cède lui-même... » Dans ce passage tout est allusion. Les prétentions de l'Autriche, qui avait demandé la main de l'infante pour l'archiduc Léopold, faillirent en effet traverser l'alliance projetée, et le vif attachement que le jeune roi avait conçu pour Marie de Mancini, nièce du cardinal Mazarin, ajoutait une nouvelle difficulté. Mais, au grand étonnement de Louis XIV, ce fut le cardinal qui s'opposa le plus fortement à l'élévation de sa nièce. « J'ai, écrivait-il au roi, dans une lettre datée des frontières de l'Espagne, j'ai l'ambition que doit avoir un honnête homme, et peut-être que j'en passe les bornes en certaines choses. J'aime d'ailleurs fort ma nièce, mais sans exagération ; je vous aime encore davantage, et je m'intéresse plus en votre gloire et en la conservation de votre État qu'en toutes les choses du monde. » On a voulu enlever à Mazarin le bénéfice de cette générosité ; et, par le fait, il y avait lieu de s'en étonner, de la part d'un homme qui n'avait pas coutume de négliger les intérêts de sa famille, encore moins les siens propres. Selon madame de La Fayette, les faiseurs d'horoscopes l'en avaient dissuadé ; d'autres attribuent son opposition à la répugnance que la reine-mère éprouvait pour ce mariage. Je ne vois dans tout cela aucun motif sérieux, pour refuser à Mazarin le mérite d'avoir été désintéressé une fois dans sa vie ; et je trouve bien plus judicieuse la remarque d'un autre contemporain, Larrey, dans son *Histoire de France sous Louis XIV* : « Le cardinal était assez habile pour faire réussir le mariage de sa nièce, s'il eût voulu, et assez puissant pour se maintenir et pour surmonter tous les obstacles qu'on aurait pu lui opposer. » Mazarin était en effet guidé, dans cette circonstance, par un motif plus élevé : il voulait couronner sa politique par un chef-d'œuvre, et le traité des Pyrénées eût été impossible sans le mariage du roi avec l'infante d'Espagne.

Bossuet ne pouvait se dispenser de toucher à un si grave événement, en prononçant l'oraison funèbre de Marie-Thérèse. C'est avec enthousiasme qu'il le célèbre, dans ce mouvement lyrique qui rappelait à l'auditoire un des moments les plus glorieux du grand règne :

« Ile pacifique, où se doivent terminer les différends de deux grands empires à qui tu sers de limites; ile éternellement mémorable par les conférences de deux grands ministres, où l'on vit développer toutes les adresses et tous les secrets d'une politique si différente : où l'un se donnait du poids par sa lenteur, et l'autre prenait l'ascendant par sa pénétration ; auguste journée où deux fières nations, longtemps ennemies, et alors réconciliées par Marie-Thérèse, s'avancent sur leurs confins, leurs rois à la tête, non plus pour se combattre, mais pour s'embrasser : où ces deux rois avec leurs cours, d'une grandeur, d'une politesse et d'une magnificence aussi bien que d'une conduite si différentes, furent l'un à l'autre et à tout l'univers un si grand spectacle : fêtes sacrées, mariage fortuné, voile nuptial, bénédiction, sacrifice. puis-je mêler aujourd'hui vos cérémonies et vos pompes avec ces pompes funèbres, et le comble des grandeurs avec vos ruines ? »

C'est le propre de Bossuet de savoir caractériser par quelques traits vifs et rapides un homme ou un événement. Deux mots lui suffisent, pour retracer la grande scène diplomatique de l'ile des Faisans, pour peindre le génie de deux négociateurs, le cardinal Mazarin et dom Louis de Haro: l'un, pénétrant les desseins cachés de son rival, accueillant avec froideur des propositions dont il triomphait en secret, chicanant sur les détails pour donner le change sur les points principaux, se ménageant une retraite par des détours subtils ou d'adroits subterfuges; l'autre, n'avançant qu'avec lenteur, ne cédant le terrain que pied à pied, pour revenir à la charge avec une ténacité plus grande. C'est surtout dans l'article concernant le prince de Condé, que le rusé cardinal triompha, par sa pénétration, de la lenteur de son adversaire, lorsqu'après bien des pourparlers, il finit par lui arracher deux villes, Avesnes et Juliers, en retour d'une réconciliation qu'il avait mission de céder pour rien. Voyons à présent de quelle manière Fléchier a su décrire la même scène :

« Représentez-vous cette île fameuse ou deux hommes, chargés des intérêts et du destin des deux nations, faisaient valoir leur habileté à disputer les droits des couronnes ; et tantôt se soutenant avec grandeur, tantôt se relâchant avec prudence, joignant l'adresse et la persuasion à la justice ou à la conjoncture des affaires, après avoir déployé tous les secrets de leur politique, conclurent enfin cette bienheureuse alliance, alliance qui fut pourtant l'ouvrage de la providence de Dieu, et non pas le fruit des travaux et de la sagesse de ces grands hommes. Quel fut ce jour heureux qu'on vit sortir la reine, comme la colombe de l'arche, de ce petit espace de terre que les flots respecteront éternellement, pour annoncer aux provinces leur félicité et porter partout où elle passait la paix et la joie dans les cœurs des peuples ! Quel fut ce triomphe, lorsque, environnée de la gloire de son époux et de la sienne propre, elle nous parut, par sa modestie, comme un ange de Dieu parmi les acclamations et les fêtes de cette ville royale ! »

Ces dernières images sont fort gracieuses, et le morceau tout entier est écrit avec beaucoup de finesse et d'élégance ; mais en place du portrait des deux plénipotentiaires, tracé par Bossuet en deux coups de pinceau, nous n'avons plus qu'une peinture brillante et vague des conférences de la Bidassoa. Fléchier n'a pas cet art de serrer le style, pour exprimer en quelques traits une grande physionomie.

J'arrive maintenant à ce que je puis appeler la partie la plus saillante de l'oraison funèbre de Marie-Thérèse, le magnifique tableau du règne de Louis XIV. C'est l'enthousiasme de l'ode, joint à la majesté imposante et à l'ampleur du style épique.

Ce tableau, dans lequel Bossuet a su rassembler toutes les merveilles du grand règne, a soulevé de nombreuses critiques. On a reproché à l'évêque de Meaux d'y avoir dépeint, sous des couleurs trop brillantes, Louis XIV et son gouvernement. Mais rappelons-nous d'abord à quelle époque il prononça ce discours. C'était en 1683, après le traité de Nimègue, qui venait d'élever la France au plus haut période de sa gloire. Jusqu'alors tout avait prospéré au grand roi ; aucun désastre n'était venu arrêter le cours de ses victoires. Amis et ennemis, tous d'une commune voix lui décernaient le titre de Grand, et il le méritait. « A l'intérieur, comme l'a fort bien dit M. Guizot, c'était le premier gouvernement qui se fût présenté aux regards de l'Europe comme un pouvoir sûr de son fait, qui n'eût pas à disputer son existence à des ennemis intérieurs, tranquille sur son territoire avec son peuple et s'inquiétant uniquement de gouverner. Parcourez, dit le même historien que j'aime à citer parce qu'il est très impartial dans la question, parcourez les services publics de tout genre, les impôts, les routes, l'industrie, l'administration militaire, tous les établissements qui appartiennent à une branche d'administration quelconque : il n'y en a presque aucun dont vous ne trouviez soit l'origine, soit le développement, soit la grande amélioration sous le règne de Louis XIV. » Au point de vue législatif, mêmes réformes, même activité prodigieuse. D'autres que moi ont établi la filiation de nos Codes actuels des grandes ordonnances de Louis XIV, de son ordonnance criminelle, des ordonnances de procédure, du commerce, de la marine, des eaux et forêts. Je ne parle pas de l'impulsion, peut-être unique dans l'histoire, donnée par Louis XIV et son

gouvernement aux lettres, aux sciences, aux arts, en un mot
à la civilisation, à tel point que l'écrivain dont je parle a pu
écrire cette phrase que je n'oserais pas répéter, s'il ne l'avait
dite avant moi : « Qu'il n'y a jamais eu peut-être de pouvoir
absolu plus complètement avoué de son siècle et de son pays,
ni qui ait rendu de plus réels services à la civilisation de son
pays et de l'Europe en général. » A l'extérieur, et à l'époque
où Bossuet prononçait ce discours, le roi, en incorporant à
la France trois magnifiques provinces, la Flandre, la Franche-
Comté et l'Alsace, avait arrondi et consolidé le territoire, de
telle sorte qu'on peut dire que la France d'aujourd'hui est
encore, à beaucoup d'égards, telle que les guerres de Louis XIV
l'ont faite. Sans doute, si l'orateur eût parlé après la fatale
affaire de la succession d'Espagne, cause principale des revers du grand règne, et que nul ne pouvait prévoir en 1683,
il est à croire qu'il aurait mis plus de réserve dans ses éloges.
Il eût fait comme Massillon, qui, après avoir été témoin des
désastres de la fin du règne, n'en oublia pas l'émouvante
peinture dans l'oraison funèbre de Louis XIV, qu'on pourrait
appeler un inventaire brillant et complet de cette grande
époque. Mais, je le répète, entre les traités de Nimègue et de
Ryswick, tout Français, regardant son roi et son pays, avait
le droit de s'en glorifier avec un légitime orgueil, et je ne
m'étonne pas que l'âme si française de Bossuet ait tressailli
d'allégresse devant cette série de merveilles, qui se déroulait
à ses yeux et qu'il nous est encore permis d'admirer aujour-
d'hui.

Oui, Messieurs, nous pouvons encore admirer aujourd'hui
le siècle de Louis XIV et la monarchie des Bourbons. Ce
serait, à mon avis, le signe d'une décadence infaillible dans
les esprits et dans les caractères que cette singulière manie de
dénigrer tout le passé de la France, si elle pouvait devenir

générale. Ce serait déposer, je ne dis pas même tout sentiment de justice, mais tout sentiment national, de ne trouver rien de bon ni de grand parmi nous, qu'à partir d'une certaine date ; et, parce qu'un autre courant de faits et d'idées à traversé notre histoire depuis soixante ans, de ne remonter la série des siècles que le mépris sur les lèvres et la haine dans le cœur. La France a un passé dont elle n'a pas à rougir, et qui lui laisse le droit de ne rien envier à aucune autre nation. Et ce serait assurément une malheureuse tactique de faire litière de tout ce passé, pour rendre au présent un hommage dont il n'a pas besoin. Quand on a derrière soi deux siècles comme le treizième et le dix-septième, on peut attendre patiemment la critique. Et même, Messieurs, ce que je vais dire n'est pas de la politique, c'est de l'histoire, et si je n'avais pas assez de l'impartialité du professeur, j'appellerais à mon secours la neutralité obligée de mon caractère : cette ancienne maison de France, dont Bossuet a fait un magnifique éloge dans l'oraison funèbre qui nous occupe, cette maison dont la fortune a été liée pendant sept siècles aux destinées de notre pays, n'a pas obtenu parmi nous toute la justice qu'elle méritait ; et lorsqu'on aura fait le relevé exact de ses fautes et de ses faiblesses, il faudra se souvenir toujours que la France lui est redevable, en grande partie, de sa suprématie militaire et intellectuelle, de l'étendue et de l'unité de son territoire, et ne pas oublier, enfin, qu'elle n'est tombée deux fois au milieu de nous, que pour avoir préféré, à une vigueur qui lui semblait de la violence, une bonté qu'on peut taxer de faiblesse.

Approchons-nous maintenant du tableau de Bossuet, et n'oublions pas la date où il le traçait : « Sous lui la France a appris à se connaître. Elle se trouve des forces que les siècles précédents ne savaient pas. L'ordre et la discipline militaire s'augmentent avec les armées. Si les Français peuvent tout, c'est que leur roi est partout leur capitaine; et. aprèsqu'il a choisi l'endroit principal qu'il doit animer par sa valeur, il agit de tous côtés par l'impression de sa vertu.

« Jamais on n'a fait la guerre avec une force plus véritable, puisqu'en méprisant les saisons, il a ôté jusqu'à la défense de ses ennemis. Les soldats, ménagés et exposés quand il faut, marchent avec confiance sous ses étendards : nul fleuve ne les arrête, nulle forteresse ne les effraye. On sait que Louis foudroie les villes plutôt qu'il ne les assiège. et tout est ouvert à sa puissance.

« Les politiques ne se mêlent plus de deviner ses desseins. Quand il marche, tout se croit également menacé : un voyage tranquille devient tout à coup une expédition redoutable à ses ennemis. Gand tombe, avant qu'on pense à le munir : Louis y vient par de longs détours; et la reine, qui l'accompagne au cœur de l'hiver, joint au plaisir de le suivre celui de servir secrètement à ses desseins.

« Par les soins d'un si grand roi, la France entière n'est plus, pour ainsi parler, qu'une seule forteresse qui montre de tous côtés un front redoutable. Couverte de toutes parts, elle est capable de tenir la paix avec sûreté dans son sein ; mais aussi de porter la guerre partout où il faut, et de frapper de près et de loin avec une égale force. Nos ennemis le savent bien dire; et nos alliés ont ressenti, dans le plus grand éloignement, combien la main de Louis était secourable. »

Je veux bien, Messieurs, que le style éminemment oratoire de cette éloquente tirade donne une légère teinte d'exagération à un jugement vrai en lui-même. Mais vous, qui êtes familiers avec notre littérature nationale, vous n'ignorez pas que Bossuet ne répète, en cet endroit, que ce que le dix-septième siècle tout entier proclamait à l'envi par la bouche de ses poètes, de ses historiens, de ses orateurs. Un homme, cependant, a fait exception dans ce concert de louanges, c'est le duc de Saint-Simon. Car je ne parle pas de Fénelon, qui, avant sa disgrâce, a donné plus d'éloges à Louis XIV que Bossuet lui-même. Ce qui n'a pas empêché M. l'abbé Rohrbacher d'affirmer, dans son *Histoire universelle de l'Église catholique*, avec une légèreté dont il n'a pas su se défendre assez, que, contrairement à Bossuet, « Fénelon ne s'est jamais laissé éblouir de la gloire de Louis XIV. » Avant d'établir ces sortes de contrastes, il faudrait, ce me semble, lire au préalable les écrivains qu'on veut opposer l'un à l'autre. Voyons ce que disait Fénelon parlant devant l'Académie française, non pas en 1683, mais dix ans après, au fort de la ligue d'Augsbourg, dans un moment où les premiers revers essuyés par les armes du grand roi pouvaient inspirer plus de défiance. J'aime à rapprocher ces deux morceaux également éloquents, car la ressemblance est telle, qu'on dirait presque une imitation :

« Louis étouffe la rage du duel altéré du plus noble sang des Français ; il relève son autorité abattue, règle ses finances, discipline ses troupes. Tandis que d'une main il fait tomber à ses pieds les murs de tant de villes fortes, aux yeux de tous ses ennemis consternés, de l'autre, il fait fleurir par ses bienfaits les sciences et les beaux-arts dans le sein tranquille de la France.

« Mais que vois-je, Messieurs ? Une nouvelle conjuration de cent peuples qui frémissent autour de nous pour assiéger, disent-ils, ce grand royaume comme une seule place. C'est l'hérésie, presque déracinée par le zèle de Louis, qui se ranime et qui rassemble tant de puissances. Un prince ambitieux ose, dans son usurpation, prendre le nom de libérateur : il réunit les protestants et divise les catholiques.

« Louis seul, pendant cinq années, remporte des victoires et fait des conquêtes, de tous côtés, sur cette ligue qui se vantait de l'accabler sans peine et de ravager nos provinces ; Louis seul soutient, avec toutes les marques les plus naturelles d'un cœur noble et tendre, la majesté de tous les rois en la personne d'un roi indignement renversé du trône. Qui racontera toutes ces merveilles, Messieurs ?

» Mais qui osera dépeindre Louis dans cette dernière campagne, encore plus grand par sa patience que par sa conquête ? Il choisit la plus inaccessible place des Pays-Bas ; il trouve un rocher escarpé, deux profondes rivières qui l'environnent, plusieurs places fortifiées dans une seule... la saison se dérègle, on voit une espèce de déluge au milieu de l'été : toute la nature semble s'opposer à Louis.

« En même temps il apprend qu'une partie de sa flotte, invincible par son courage, mais accablée par le nombre des ennemis, a été brûlée, et il supporte l'adversité comme si elle lui était ordinaire. Il paraît donc tranquille dans les difficultés, plein de ressources dans les accidents imprévus, humain envers les assiégés, jusqu'à prolonger un siège si périlleux, pour épargner une ville qui résiste et qu'il peut foudroyer... Il revient enfin victorieux, les yeux baissés sous la puissante main du Très-Haut, qui donne et qui ôte la victoire comme il lui plaît ; et, ce qui est plus beau que tous les triomphes, il défend qu'on le loue. »

On dira peut-être que, parlant à l'Académie où la louange est une convenance et presque un devoir, Fénelon s'est cru obligé de payer son tribut au goût traditionnel de l'illustre assemblée. Mais écoutez-le, dans la chaire chrétienne, s'adressant aux ambassadeurs du roi de Siam, en 1685 : « Fidèles ministres, que votre souverain a envoyés du lieu où le soleil se lève jusqu'à celui où il se couche, pour voir Louis, rapportez-lui ce que vos yeux ont vu : ce royaume fermé, non comme la Chine par une simple muraille, mais par une chaîne de places fortifiées qui en rendent les frontières inaccessibles : cette majesté douce et pacifique qui règne en dedans, mais surtout cette piété qui cherche bien plus à faire régner Dieu que l'homme... Fasse le ciel qu'un jour, parmi les peuples, les pères attendris disent aux enfants pour les instruire : Autrefois, dans un siècle favorisé de Dieu, un roi nommé Louis, jaloux d'étendre les conquêtes de Jésus-Christ bien loin au delà des siennes, fit passer de nouveaux apôtres aux Indes. C'est par là que nous sommes chrétiens ; et nos ancêtres accoururent, d'un bout de l'univers à l'autre, pour voir la sagesse, la gloire et la piété qui étaient dans cet homme mortel. »

Il y a loin sans doute de ces paroles au célèbre Mémoire adressé plus tard à Louis XIV, et dans lequel l'archevêque de Cambrai dira à ce prince : Vous n'aimez point Dieu : vous ne le craignez même que d'une crainte d'esclave : c'est l'enfer et non pas Dieu que vous craignez. Votre religion ne consiste qu'en superstition, en petites pratiques superficielles : vous êtes comme les Juifs, etc. On ne peut nier assurément qu'il n'y ait un grand fond de vérité, dans quelques-uns des reproches adressés par Fénelon à Louis XIV : mais, en les rapprochant des louanges que nous venons d'entendre, on est tout naturellement amené à croire que le sentiment de sa disgrâce mêlait quelque amertume aux jugements de l'écrivain.

Cette réflexion s'applique, avec bien plus de raison encore, au duc de Saint-Simon. On a fait de nos jours tant de bruit autour de ses Mémoires, que je ne puis me dispenser de mettre le jugement, qu'il a porté sur le règne de Louis XIV, en regard de celui de Bossuet. Que Saint-Simon doive être regardé comme un témoin véridique de ce qu'il a vu et entendu, je n'ai aucune peine à le croire ; mais que l'impartialité du juge marche de pair chez lui avec la sincérité du témoin, c'est ce que la lecture de ses Mémoires ne permet pas d'admettre. Son réquisitoire long et passionné est évidemment dicté par la rancune. L'amertume de son ressentiment paraît surtout dans l'appréciation générale, qui termine le récit du grand règne et ouvre celui de la régence. Saint-Simon refuse à Louis XIV jusqu'à ces qualités que tout le monde lui reconnaît : la grandeur du caractère, l'estime et le discernement du vrai mérite. Selon lui, « ce prince était né avec un esprit au-dessous du médiocre... il régna dans le petit ; dans le grand il ne peut y atteindre, et jusque dans le petit il fut souvent gouverné .. L'esprit, la noblesse de sentiments, se sentir, se respecter, avoir le cœur haut, être instruit, tout cela lui était suspect et haïssable... Il craignait la noblesse autant que l'esprit, et si ces deux qualités se trouvaient unies dans un même sujet, et qu'elles lui fussent connues, c'en était fait. » Il veut bien avouer dans un autre endroit que « Dieu avait donné assez à Louis XIV pour être un bon roi, et peut-être même un assez grand roi ; » mais, exagérant tout aussitôt les défauts réels de l'éducation du fils d'Anne d'Autriche, il va jusqu'à dire : « A peine lui apprit-on à lire et à écrire, et il demeura tellement ignorant que les choses les plus connues d'histoire, d'événements, de fortune, de conduite, de naissance, de lois, il n'en sut jamais un mot. »

Je ne rapporte que ce petit nombre de traits, parce qu'ils montrent suffisamment à quel degré d'exagération les colères d'un amour-propre froissé portaient le duc de Saint-Simon. Car, au fond de cette opposition haineuse et chagrine, il y avait bien moins le sentiment des torts réels de Louis XIV que celui d'une ambition personnelle comprimée dans son essor. Sans doute j'aime et j'admire Saint-Simon, lorsqu'il s'élève, avec toute l'indignation d'une vertu éloquente, contre les vices scandaleux du roi, ses prodigalités ruineuses, son ambition immodérée; j'aime à lui voir regretter cette antique institution dont le caractère était vraiment national, les États Généraux.

Mais ce qui l'irrite et le scandalise beaucoup plus que la perte des libertés nationales, les souffrances du peuple et les atteintes portées à la morale publique, c'est la perte des privilèges aristocratiques, c'est l'avènement de la bourgeoisie dans le gouvernement du pays, ce sont les ministres roturiers de Louis XIV admis dans des conseils auxquels la naissance seule donnait entrée, c'est le tableau d'avancement substitué dans l'armée aux listes de faveurs, c'est ce nouveau style de monseigneur, commun aux ministres avec les ducs et pairs; c'est, en un mot, le gouvernement bourgeois et populaire de Louis XIV. On souffre, pour Saint-Simon, de voir que tout ce beau feu passe en fumée pour une question d'étiquette, un tabouret, une préséance; de lui entendre articuler des griefs ridicules, comme celui-ci, par exemple : « De là, les secré- taires d'État et les ministres successivement à quitter le man- teau, puis le rabat, après l'habit noir, ensuite l'uni, le simple, le modeste, enfin à s'habiller comme les gens de qualité; de là, à en prendre les manières, puis les avantages, et par éche- lons admis à manger à la table du roi. »

Et pourtant, Messieurs, il faut que le grand roi ait eu des mérites très réels, ou que la fascination qui s'attachait à sa personne fût bien grande, pour que Saint-Simon, lui aussi, ait brûlé de l'encens à sa gloire, et peut-être autant que personne. C'est ce qui devrait, ce me semble, refroidir quel- que peu l'admiration pour les hardiesses du célèbre duc et pair. Certes, je ne lui en veux pas d'avoir fustigé certaines adulations qui méritaient de l'être : mais il faut convenir également qu'il n'était pas toujours en droit de jeter aux coupables la première pierre. Le roi fait-il mine de vouloir prendre au sérieux cette guerre à coups d'épingle, Saint-Simon lui déclare qu'il « quêterait lui-même dans un plat, comme un marguillier de village, plutôt que de lui déplaire ; » il avoue, au nom de tous les ducs, que le roi est despotiquement maître de leurs dignités, de les abaisser, de les élever, d'en faire comme une chose sienne et absolument dans sa main (*Mém.*, III). Il confesse que « rien au monde ne le touche tant que l'honneur de son estime et de son approbation (IV). » Enfin, si l'on voulait recueillir, dans les Mémoires de Saint-Simon, tous les éloges qu'il a donnés à Louis XIV, on ferait un portrait de ce prince passablement flatteur. Ainsi, par une métamorphose qu'explique seule une colère tombée, ce prince, « né avec un esprit au-dessous du médiocre, qui n'a jamais su un mot de législation ou d'histoire », devient le souverain « qui posséda au plus haut point l'art de régner. » On reste interdit lorsque, après avoir vu Saint-Simon reprocher à Louis XIV un orgueil tel que, sans la crainte du diable, il se serait fait adorer, on lit peu après des pages comme celle-ci, qui ne seraient point déplacées dans une vie de saint Louis : « Jamais il n'échappa au roi de dire rien de désobligeant à personne, et s'il avait à reprendre, à réprimander, ou à corriger, ce qui était fort rare, c'était toujours avec un air plus ou moins de bonté, presque jamais avec sécheresse, jamais en colère... Quelque prévenu qu'il fût, quelque mécontentement qu'il crût avoir, loin de le faire sentir, il écoutait avec patience, avec bonté, avec envie de s'éclaircir et de s'instruire ; il n'interrompait que pour y parvenir. On y découvrait un esprit d'équité et de désir de connaître la vérité. Là tout pouvait se dire, pourvu, encore une fois, que ce fût avec cet air de respect, de soumission, de dépendance, avec lequel en disant vrai on interrompait le roi à son tour, on lui niait crûment des faits qu'il rapportait ; on élevait le ton au-dessus du sien en lui parlant, et tout cela non-seulement sans qu'il le trouvât mauvais, mais se louant après de l'audience qu'il avait donnée et de celui qui l'avait eue, se défaisant des préjugés qu'il avait pris ou des faussetés qu'on lui avait imposées, et le marquant après par ses traitements. » De telles habitudes de douceur et de condescendance, dans un roi, ne cadrent pas tout à fait, il faut l'avouer, avec l'orgueil colossal que Saint-Simon prête à Louis XIV. Je rappelle ces citations uniquement pour montrer le peu de créance que méritent les jugements de l'auteur des Mémoires, sur un prince qu'il rabaisse avec passion pour l'exalter sans mesure. Je préfère sans contredit, à un esprit de dénigrement que quelques mots de faveur eussent changé en enthousiasme, l'admiration franche et sincère de Bossuet, pour un règne dont il célébrait les gloires sans ménager les faiblesses.

Peu de jours avant que Bossuet prononçât l'oraison funèbre de Marie-Thérèse, un éclatant succès venait d'ajouter à la gloire des armes françaises. A la grande joie de l'Europe entière, l'amiral Duquesne avait purgé la Méditerranée des pirates qui l'infestaient, et châtié l'insolence du dey d'Alger par le bombardement de cette ville. Cinq cent quarante-six esclaves chrétiens rendus à la liberté avaient été les prémices de son expédition maritime. La France était sous la première impression de cette heureuse nouvelle, quand Bossuet, s'inspirant de la fameuse prophétie d'Ézéchiel contre Tyr, célébra du haut de la chaire le triomphe de l'amiral français :

« Avant lui la France, presque sans vaisseaux, tenait en

vain aux deux mers ; maintenant on les voit couvertes depuis le levant jusqu'au couchant de nos flottes victorieuses, et la hardiesse française porte partout la terreur avec le nom de Louis. Tu céderas ou tu tomberas sous le vainqueur, Alger, riche des dépouilles de la chrétienté. Tu disais en ton cœur avare : Je tiens la mer sous ma loi et les nations sont ma proie. La légèreté de tes vaisseaux te donnait de la confiance ; mais tu te verras attaqué dans tes murailles comme un oiseau ravissant qu'on irait chercher parmi ses rochers et dans son nid, où il partage son butin avec ses petits. Tu rends déjà tes esclaves. Louis a brisé les fers dont tu accablais ses sujets, qui sont nés pour êtres libres sous son glorieux empire. Tes maisons ne sont plus qu'un amas de pierres. Dans ta brutale fureur, tu te tournes contre toi-même, et tu ne sais comment assouvir ta rage impuissante. Mais nous verrons la fin de tes brigandages. Les pilotes étonnés s'écrient par avance : Qui est semblable à Tyr ? et pourtant elle s'est tue dans le milieu de la mer, et la navigation va être assurée par les armées de Louis. »

Des gloires maritimes du règne de Louis XIV, l'évêque de Meaux passe à l'administration intérieure. Législation, finances, diplomatie, rien ne lui échappe dans ce court et brillant sommaire. Puis enfin, pour couronner le tableau, il fait apparaitre, au sommet, la religion qui le domine ; la religion qui, tandis qu'elle triomphe au dehors dans tout son éclat, va recouvrer son empire jusque dans le cœur du roi. En effet, vers l'année 1683, la chute de madame de Montespan, à laquelle Bossuet avait eu tant de part, et l'élévation toujours croissante de madame de Maintenon, faisaient présager un changement complet dans la vie du prince. L'orateur a donc le droit de dire sans flatterie que Louis, quand il combat ses propres vices, « fait régner la religion au dedans

et au milieu de son cœur », abattant ainsi « des ennemis plus
terribles que ceux que tant de puissances jalouses de sa
grandeur et l'Europe entière pourraient armer contre lui. » Il
était impossible d'achever par un trait plus touchant ce
tableau d'un grand règne, qui forme la partie la plus
saillante de l'oraison funèbre de Marie-Thérèse.

Nous venons de voir avec quel art suprême Bossuet fait
rejaillir sur cette modeste figure la gloire de Louis XIV. Je
n'insisterai pas sur le reste du discours, où il relève avec
non moins de simplicité que de grandeur les vertus de la
reine. Il quitte même par intervalle le ton de l'oraison
funèbre, pour emprunter le style plus familier du sermon. La
sensibilité de son cœur éclate surtout lorsque, rappelant les
terribles coups dont Dieu avait frappé la famille royale, il
montre que les afflictions n'avaient pas manqué à Marie-
Thérèse, que les déplaisirs et les plus mortelles douleurs se
cachent parfois sous la pourpre. Ce n'est pas avec une
moindre délicatesse, qu'il rapporte aux prières de la pieuse
princesse une partie des succès de son royal époux. Enfin,
profondément affligé de la vive agitation que la déclaration
de 1682 venait de produire en France et à Rome, il profite
du respect dû à Marie-Thérèse pour jeter au milieu des esprits
cette phrase mémorable : « Le Saint-Siège ne peut jamais
oublier la France, ni la France manquer au Saint-Siège. » Le
parallèle d'Anne d'Autriche et de Marie-Thérèse lui permet
de tirer une dernière leçon de la mort des deux reines.

Lorsqu'on étudie les oraisons funèbres de la reine d'Angleterre et de la duchesse d'Orléans, on dirait que le génie de
Bossuet, épuisé par ces deux grandes conceptions, a déployé
toute son énergie créatrice. Le discours qui vient de nous
occuper, bien qu'il ne s'élève pas à une égale hauteur, du
moins dans sa deuxième partie, nous montre avec quelle

souplesse et quelle flexibilité l'évêque de Meaux sait manier des sujets de diverses natures. Cette conclusion ressort avec bien plus d'évidence d'une de ses œuvres oratoires les plus étonnantes, et de toutes peut-être la plus originale, l'oraison funèbre de la princesse Palatine.

TRENTE-TROISIÈME LEÇON

ORAISON FUNÈBRE DE LA PRINCESSE PALATINE

Ce qu'étaient les grandes dames du dix-septième siècle. — Jeunesse d'Anne de Gonzague, religieuse sans vocation. — Que faut-il penser de la Fronde parlementaire et de la Fronde aristocratique ? Tableau qu'en trace Bossuet. Le rôle des femmes et, en particulier, d'Anne de Gonzague au milieu des factions. — La princesse Palatine, trompée par Mazarin, apprend à connaître « le faible des grands politiques ». — Les oraisons funèbres de Bossuet sont une peinture complète de son époque. — Le royaume de Pologne, au temps de Marie de Gonzague : portrait de Charles-Gustave par Bossuet. La Pologne manque à l'Europe, à la France et à l'Église. — Le scepticisme d'Anne de Gonzague : comment expliquer que l'incrédulité du dix-huitième siècle soit sortie de la France catholique du dix-septième ? — Les précurseurs de Voltaire, après la Réforme et sous le règne de Louis XIV. — Bossuet et La Bruyère en face des esprits forts : « qu'ont-ils vu ces rares génies, qu'ont-ils vu plus que les autres ? » — *L'homme ne sait le tout de rien.* — Comment le déisme n'est qu'un athéisme déguisé. — Un mot sur les mystères : comprendre et croire. — Deux songes d'Anne de Gonzague.—Le miracle est-il possible? — L'incrédulité au lit de la mort.

Messieurs,

La vie calme et modeste de Marie-Thérèse contrastait fort avec l'existence inquiète et tourmentée de la princesse Palatine, dont Bossuet se vit appelé à prononcer l'oraison funèbre, deux années après la mort de la reine. Si l'épouse de Louis XIV s'offrait à l'orateur comme une touchante image de la piété au milieu des désordres d'une grande cour, Anne de Gonzague réunissait en elle deux extrémités qui, alors, ne se rencontraient que trop souvent : de grands égarements suivis d'une conversion non moins éclatante.

Dans une histoire de France récemment couronnée par l'Académie, un écrivain, qui ne s'est pas toujours suffisamment tenu en garde contre certains préjugés. a fait une remarque judicieuse sur la première moitié du dix-septième siècle. « Les vies, dit-il, de la plupart des grandes dames de ce temps, sont de véritables romans héroïques, pleins d'entre-prises aventureuses, de voyages, de périls, de déguisements, d'intrigues amoureuses et politiques tout ensemble, romans beaucoup plus intéressants et plus dramatiques que ceux de Scudéry et de la Calprenède, auxquels ils servirent évidemment de modèles. Par malheur, il manqua un grand et juste mobile à cette inquiète activité, qui ne fut employée qu'à troubler le pays. »

La princesse, dont la vie devait servir de thème à l'un des chefs-d'œuvre de Bossuet, était le type fidèle de ces grandes dames du dix-septième siècle qui, après avoir pris une part active à toutes les intrigues de l'époque, finissaient, sinon par le couvent des Carmélites de la rue Saint-Jacques, du moins par l'austérité d'une pénitence sincère. Il est une cir-constance qui ajoute à l'intérêt du discours : ce fut précisé-ment dans ce lieu des grandes expiations du grand siècle, où, sous le nom de sœur Louise de la Miséricorde, Madame de la Vallière rachetait ses fautes par trente-six années de mortifica-tion rigoureuse, que l'évêque de Meaux déploya le tableau d'une vie où l'indifférence religieuse s'était élevée jusqu'à l'incrédulité.

Comme vous le voyez, l'auditoire répondait au sujet. Mais la suite du discours indique assez qu'outre ces illustres péni-tentes, l'évêque de Meaux avait en face de lui bon nombre de personnes, qui avaient besoin d'un exemple sévère pour revenir à la vertu. De là cette force de langage et ce ton de véhémence, que l'orateur fait paraître dès l'exorde même. « Ou la princesse Palatine portera la lumière dans vos yeux, ou elle fera tomber comme un déluge de feu la vengeance de Dieu sur vos têtes. Mon discours, dont vous vous croyez peut-être les juges, vous jugera au dernier jour... et, si vous n'en sortez plus chrétiens, vous en sortirez plus coupables. » Mais, avant d'expliquer plus au long pourquoi Bossuet s'élève avec tant d'énergie contre les libertins et les esprits forts, dans l'oraison funèbre d'Anne de Gonzague, voyons d'abord avec quel art admirable il a su encadrer la vie de la princesse dans les événements du siècle.

Pour peindre les différents états où elle avait été, Bossuet devait commencer par les années d'une jeunesse qui s'était écoulée dans l'abbaye de Faremoustier, au diocèse de Meaux. « Jamais plante, dit-il dans son gracieux langage, ne fut cultivée avec plus de soin, ni ne se vit plus tôt couronnée de fleurs et de fruits que la princesse Anne. » Elle aimait tant la vie religieuse, qu'on la destinait au gouvernement de cette célèbre abbaye ; mais sa famille, trop empressée à exécuter un si pieux projet, le rompit. Comme il arrivait d'ordinaire dans ces grandes maisons, les deux jeunes filles cadettes de Charles de Gonzague furent sacrifiées à l'ambition de leur aînée, qui convoitait le trône de Pologne. La vie religieuse allait devenir forcément leur partage. Aujourd'hui, Messieurs, que des idées plus saines en matière d'éducation ont rendu aux vocations toute leur liberté, nous pouvons dire hardiment qu'une des plus grandes plaies de l'ancien régime, celle qui peut-être a eu les conséquences les plus fatales, a été cette malheureuse coutume de sacrifier l'avenir de plusieurs à la vanité d'un seul : c'est ce qui produisait tant de vocations douteuses et détruisait même les véritables. Bossuet en fait la remarque au sujet d'Anne de Gonzague, dans cette phrase qui dénote une connaissance profonde du cœur humain : « Elle eût pu renoncer à sa liberté, si on lui eût permis de la sentir ; et il eût fallu la conduire et non pas la précipiter dans le bien. » Qu'arriva-t-il ? ce qui eût pu être pour elle un joug léger lui parut un fardeau pesant, qu'elle se hâta de secouer à la mort de son père et de sa plus jeune sœur. L'orateur retrace, en trois lignes admirables, le changement qui s'opéra dans l'âme de la fille des Gonzague : « Maîtresse de ses désirs, elle vit le monde, elle en fut vue : bientôt elle sentit qu'elle plaisait, et vous savez le poison subtil qui entre dans un jeune cœur avec ces pensées. Ces beaux desseins furent oubliés. » Son mariage avec le prince Édouard, fils de l'Électeur palatin, eut du moins cet heureux résultat qu'il amena la conversion de son mari à la religion catholique. Mais la mort prématurée du prince la laissa veuve à un âge peu avancé. Telle fut, selon toute apparence, l'origine de ses désordres. Dans l'intervalle, Anne de Gonzague avait eu occasion de faire briller la dextérité de son esprit au milieu des troubles de la Fronde.

Messieurs, quelque jugement que l'on porte sur le règne de Louis XIV, il n'est guère possible aujourd'hui de garder des illusions sur le mouvement de la Fronde. Pour peu qu'on s'y arrête avec quelque attention, on n'y trouve qu'une série de désordres sans grandeur et d'agitations sans le moindre fruit. Il est permis certainement de regretter que la constitution libérale de la France du moyen âge n'ait pu se développer dans toute son étendue ; mais, en 1648, au point où les choses en étaient arrivées, un retour sérieux vers ces formes traditionnelles était, sinon impossible, du moins très difficile. Le pays manquait d'éléments pour une pareille reconstruction du passé. Ni la noblesse, ni le parlement, ni l'aristocratie de robe,

ni l'aristocratie d'épée, n'étaient capables de se substituer à
cette dictature royale et ministérielle qu'avaient inauguré
Henri IV et Richelieu. En cherchant à attirer à soi le pouvoir
politique, la magistrature sortait de ses attributions et créait
un précédent unique dans l'histoire : car jamais corps judiciaire n'a gouverné une nation. Voir dans la déclaration du
parlement, du 24 octobre 1648, les premiers linéaments
d'une charte constitutionnelle, c'est y chercher ce qui ne s'y
trouve pas. Ni Matthieu Molé, ni aucun des membres influents
de la magistrature, n'avaient l'idée d'une pareille initiative.
Profiter de la minorité du roi, pour ressaisir quelques droits
injustement perdus et en ajouter d'autres dont on ne mesu-
rait pas l'étendue ; et, dans ce but, écarter à tout prix le principal obstacle, le cardinal Mazarin, c'est à quoi se réduit toute
la Fronde parlementaire de 1648. Quant à la deuxième
Fronde aristocratique, elle n'avait pas en soi une plus grande
importance. La noblesse et surtout les princes du sang étaient
complètement dépourvus de sens politique. Transformé en
chef de parti, le héros de Rocroi devient un homme des
plus médiocres. A le voir gouverné par des femmes et ne
prendre conseil que de ses rancunes personnelles, le rôle de
Condé dans la Fronde fait pitié. Il n'y avait qu'un homme
dans tout cela qui joignit l'habileté à l'audace, c'était le
fameux coadjuteur de Paris, Paul de Gondi, dont Bossuet va
nous tracer le portrait dans l'oraison funèbre de Michel le
Tellier. Les considérations générales sur le passé de la monarchie française, qui figurent dans ses Mémoires, en tête du
récit de la Fronde, prouvent assurément que le coup d'œil
politique ne faisait pas défaut au cardinal de Retz. Mais son
ambition se bornait à devenir un grand chef de parti. Bref,
ce qui enlève à la Fronde tout caractère de grandeur, et ce qui
ne permet pas d'y voir un mouvement national, c'est qu'elle

se réduit, en fin de compte, à un pêle-mêle d'ambitions de corps ou de personnes qui se traversent et se croisent, sans véritable grandeur dans le but, sans intelligence des moyens, sans unité ni direction. Si elle avait réussi, nous aurions perdu apparemment le plus grand règne de notre histoire, et je ne pense pas qu'en retour nous eussions gagné beaucoup. Il est même permis de croire que le succès n'eût pas été pour les chefs de la Fronde un médiocre embarras. De telle sorte, qu'à moins de prendre des illusions pour des réalités, il faut se ranger, cette fois du moins, du côté des vainqueurs, et tenir avec Bossuet et la princesse Palatine pour Anne d'Autriche et pour Mazarin.

En amenant ainsi la Fronde à ses justes proportions, ne croyez pas, Messieurs, que je veuille atténuer le péril qu'elle faisait courir au pays. La situation de la France à cette époque était vraiment déplorable; et il faut bien le dire, si l'opiniâtreté d'Anne d'Autriche avait été secondée par Mazarin, si le cardinal n'avait pas déployé toutes les ressources de son habileté, tantôt cédant à l'orage, tantôt revenant à flot, cette guerre d'épigrammes et de bons mots eût facilement tourné en lutte sanglante. Heureusement que la France était restée catholique, et qu'aucune passion religieuse ne venait envenimer les débats: sinon, l'exemple de l'Angleterre eût été là pour faire deviner les résultats probables du conflit. Mais, tel qu'il était, il s'offrait déjà sous des aspects passablement sombres, et je ne crois pas que Bossuet ait chargé les couleurs dans le magnifique tableau qu'il en trace:

« Que vois-je durant ce temps? quel trouble! quel affreux spectacle se présente ici à mes yeux! La monarchie ébranlée jusqu'aux fondements, la guerre civile, la guerre étrangère, le feu au dedans et au dehors; les remèdes de tous côtés plus dangereux que les maux: les princes arrêtés avec grand péril et délivrés avec un péril encore plus grand : ce prince, que l'on regardait comme le héros de son siècle, rendu inutile à sa patrie dont il avait été le soutien ; et ensuite, je ne sais comment, contre sa propre inclination, armé contre elle : un ministre persécuté, et devenu nécessaire, non seulement par l'importance de ses services, mais encore par ses malheurs où l'autorité souveraine était engagée. Que dirai-je ? Était-ce là de ces tempêtes, par où le ciel a besoin de se décharger quelquefois ? et le calme profond de nos jours devait-il être précédé par de tels orages ? ou bien étaient-ce les derniers efforts d'une liberté remuante, qui allait céder la place à l'autorité légitime ? ou bien était-ce comme un travail de la France prête à enfanter le règne miraculeux de Louis ? Non, non : c'est Dieu, qui voulait montrer qu'il donne la mort et qu'il ressuscite, qu'il plonge jusqu'aux enfers et qu'il en retire ; qu'il secoue la terre et la brise et qu'il guérit en un moment toutes ses brisures. »

Vous le voyez, Messieurs, c'est toujours cette philosophie religieuse de l'histoire, que nous avons admirée dans l'oraison funèbre de la reine d'Angleterre, et qui, sans négliger le travail de l'activité humaine dans l'appréciation des événements du monde, y montre à chaque pas l'empreinte du doigt de Dieu. A l'instant même où vous ne croyez avoir devant les yeux que le tableau d'un habile peintre, c'est l'interprète de la Providence qui élève la voix pour faire apparaître la grande figure de Dieu au sommet de l'histoire. Après avoir dessiné, à larges traits, la situation de la France au temps de la Fronde, Bossuet marque le rôle de la princesse Palatine au milieu de ces troubles.

On a beaucoup étudié de nos jours le rôle des femmes sous la Fronde, et rien ne prouve mieux, selon moi, combien peu ce mouvement était sérieux ; rien n'a plus contribué à lui

prêter une teinte de ridicule, que cette malencontreuse intervention des femmes dans la politique. Encore si l'on pouvait
citer, parmi ces prétendues héroïnes, un talent hors ligne ou
un beau caractère ? Mais, avec tout l'art possible, on ne par-
viendra jamais à élever ce tissu d'intrigues à la hauteur d'un
grand rôle. Chose assez singulière, Anne de Gonzague, de
toutes la moins connue, la moins étudiée, est la seule peut-
être qui ait déployé cette finesse et cette dextérité qui, chez
une femme, peuvent suppléer à une intelligence profonde des
affaires. Voici ce qu'a dit d'elle le cardinal de Retz, qui l'avait
suivie à l'œuvre : « Je ne crois pas que la reine Élisabeth d'Angleterre ait eu plus de capacité que madame la Palatine, pour
conduire un État. Je l'ai vue dans la faction, je l'ai vue dans
le cabinet, et je lui ai trouvé partout également de la sincérité. » Bossuet s'accorde avec le coadjuteur pour louer en
elle cette sincérité si rare, à une époque où de part et d'autre
on ne songeait qu'à faire des dupes. « Elle déclarait aux
chefs des partis jusqu'où elle pouvait s'engager ; et on la
croyait incapable ni de tromper ni d'être trompée. » Par ce
fonds d'équité qui était dans sa nature, elle se trouva propre
à remplir le rôle de conciliation, si difficile dans un temps
d'agitations où les partis se tiennent éloignés l'un de l'autre
par une défiance réciproque. La négociation qu'elle ouvrit
avec le coadjuteur, pour la mise en liberté des princes détenus
au Havre, prouve avec quel tact surprenant Anne de Gonzague
procédait en des conjonctures délicates. Elle n'eut pas une
moindre part au deuxième retour de Mazarin, qui la paya
d'ingratitude. Le cardinal, qui promettait beaucoup pour
tenir peu, la déposséda de la charge de surintendante de la
maison de la reine, pour en revêtir sa propre nièce. Bossuet
relève avec une rare délicatesse ce trait de l'astucieux Italien,
qui devait commencer la conversion de la princesse en lui

montrant le peu de fonds qu'il faut faire sur les faveurs humaines :

« Que lui servirent ses rares talents ? que lui servit d'avoir mérité la confiance intime de la cour ? d'en soutenir le ministre deux fois éloigné, contre sa mauvaise fortune, contre ses propres frayeurs, contre la malignité de ses ennemis, et enfin contre ses amis, ou partagés, ou irrésolus, ou infidèles ? Que ne lui promit-on pas dans ces besoins ? Mais quel fruit lui en revint-il, sinon de connaitre par expérience le faible des grands politiques, leurs volontés changeantes ou leurs paroles trompeuses, la diverse face des temps, les amusements des promesses, l'illusion des amitiés de la terre, qui s'en vont avec les années et les intérêts, et la profonde obscurité du cœur de l'homme, qui ne sait jamais ce qu'il voudra, qui souvent ne sait pas bien ce qu'il veut, et qui n'est pas moins caché ni moins trompeur à lui-même qu'aux autres ? »

On n'a pas assez remarqué, à mon avis, dans les oraisons funèbres de Bossuet, ces échappées lumineuses, ces vues profondes sur l'histoire de son temps. Pour n'y chercher autre chose qu'une antithèse prolongée entre les grandeurs de l'homme et son néant, qui, à vrai dire, en fait le fond, on néglige cette série de tableaux historiques qui leur prête un si vif intérêt. J'ai déjà eu occasion de le dire, et la suite le prouvera encore mieux, tout le dix-septième siècle est là, dans ces sept ou huit discours, avec ses grands événements et ses personnages divers. Chaque oraison funèbre est le récit éloquent d'une grande vie qui se fond, pour ainsi dire, dans l'appréciation d'un grand fait. Ici, c'est une célèbre compagnie, expression vivante de l'esprit religieux du siècle, qui se rattache à la vie d'un saint prêtre ; là, ce sont les deux principales controverses de l'époque, celle des jansénistes et celle des casuistes,

qui se joignent dans l'activité théologique d'un seul homme ;
plus loin, c'est la révolution d'Angleterre et les conséquences
de la Réforme ; c'est une vue d'ensemble sur le règne de
Louis XIV, ou bien sur les troubles qui agitèrent sa minorité. Sous ce rapport, on peut dire que Bossuet a créé l'oraison funèbre : il en a du moins élevé le ton et élargi le cadre ;
rien de semblable ne se rencontre avant lui. Sans donner le
dernier mot sur des événements qu'il se contente d'envelopper
d'un regard, il les dispose comme un fond historique sur
lequel se détachent les figures qu'il veut peindre. C'est ainsi
qu'au sortir de la Fronde, son coup d'œil plonge à une
autre extrémité de l'Europe, pour retracer une catastrophe
suivie d'un retour inespéré. Les secours généreux que la princesse Palatine avait fait parvenir à la reine de Pologne, sa
sœur, fournissent à l'orateur le sujet d'une magnifique digression sur l'état de ce malheureux pays.

C'est à l'âge de trente-quatre ans, en 1645, que Marie de
Gonzague était montée sur le trône de Pologne qu'occupait
alors Wladislas IV. Avec une princesse qui ne le cédait point
à sa sœur en esprit et en fermeté, l'élégante politesse de la
cour de France entra dans ce pays, dont madame de Motteville
disait que, « dans leur magnificence sauvage, les seigneurs
polonais avaient des diamants, mais n'avaient pas de linge. »
Au bout de trois ans, Wladislas mourut, et Jean Casimir, élu
par la diète, quitta la robe de jésuite et la pourpre de cardinal, pour partager le trône de Pologne avec la veuve de son
frère, devenue son épouse. En réalité, ce fut Marie qui gou-
verna toute seule. Élevée dans les traditions du gouvernement
français, elle essaya de changer la constitution polonaise en y
introduisant le principe de la monarchie héréditaire. C'était
presque une vue de génie. Si la reine avait réussi dans ce
dessein, qu'elle poursuivit pendant vingt ans avec une rare

persévérance, la Pologne eût pu être sauvée. Mais, à chaque tentative qu'elle faisait dans ce but, la noblesse répondait par ce cri : « Point d'imitation de Richelieu et de Mazarin. » Et pourtant c'était le remède héroïque qu'il fallait à un État, que le *liberum veto* et le principe d'élection entretenaient dans une agitation perpétuelle. La noblesse polonaise préféra d'absurdes privilèges au salut de l'État. Pour surcroît de malheur, l'invasion étrangère vint hâter la crise. Assaillie par les armes réunies de la Suède et de la Moscovie, la Pologne ne dut qu'au génie de Sobieski de n'être pas démembrée un siècle plus tôt. A la vérité, l'imprudence de Jean Casimir avait attiré ce formidable orage. Non content de son royaume qu'il ne parvenait plus à garder, il aspira de plus au trône de Suède. Pour toute réponse, l'héritier de Christine, Charles-Gustave, fondit sur la Pologne qu'il subjugua deux fois. Laissons à Bossuet le récit de la campagne, dans cette page d'histoire, peut-être sans égale, parmi les autres chefs-d'œuvre de ses oraisons funèbres, pour la rapidité de la marche et le souffle homérique qui la traverse :

« Un nouveau conquérant s'élève en Suède. On y voit un autre Gustave non moins fier, ni moins hardi, ou moins belliqueux que celui dont le nom fait encore trembler l'Allemagne. Charles-Gustave parut, à la Pologne surprise et trahie(1), comme un lion qui tient sa proie dans ses ongles tout prêt à la mettre en pièces. Qu'est devenue cette redoutable cavalerie qu'on voit fondre sur l'ennemi avec la vitesse d'un aigle ? Où sont ces âmes guerrières, ces marteaux

(1) A l'approche de Charles-Gustave, deux palatinats entiers, ceux de Posen et de Calish, passèrent d'abord sous les drapeaux du roi de Suède. Sirad en fit autant. La Masowie suivit cet exemple. Warsovie ouvrit ses portes. Cracovie ne tarda pas à se soumettre, etc. (De Salvandy, *Hist. de Pologne*, l. III.)

d'armes tant vantés, et ces arcs qu'on ne vit jamais tendus en vain ? Ni les chevaux ne vont vite, ni les hommes ne sont adroits que pour fuir devant le vainqueur. En même temps la Pologne se voit ravagée par le rebelle Cosaque, par le Moscovite infidèle, et plus encore par le Tartare qu'elle appelle à son secours dans son désespoir. Tout nage dans le sang, et on ne tombe que sur des corps morts. La reine n'a plus de retraite, elle a quitté le royaume ; après de courageux mais de vains efforts, le roi est contraint de la suivre : réfugiés dans la Silésie, où ils manquent des choses les plus nécessaires, il ne leur reste qu'à considérer de quel côté allait tomber ce grand arbre, ébranlé par tant de mains et frappé de tant de coups à sa racine, ou qui en enlèverait les rameaux épars. Dieu en avait disposé autrement. La Pologne était nécessaire à son Église et lui devait un vengeur. Il la regarde en pitié. Sa main puissante ramène en arrière le Suédois indompté, tout frémissant qu'il était. Il se venge sur le Danois dont la soudaine invasion l'avait rappelé, et déjà il l'a réduit à l'extrémité. Mais l'empire et la Hollande se remuent contre un conquérant, qui menaçait tout le Nord de la servitude. Pendant qu'il rassemble de nouvelles forces et médite de nouveaux carnages, Dieu tonne du plus haut des cieux : le redouté capitaine tombe au plus beau temps de sa vie, et la Pologne est délivrée. »

Sobieski allait, en effet, rendre à son peuple un siècle entier de force et de vie. Chose étonnante, et qui prouve bien tout ce que cette France du Nord renfermait dans son sein d'éléments de vitalité ; à vingt-cinq ans de là, la Pologne sauvait l'Europe, en rejetant les Turcs des murs de Vienne vers l'Asie ! On n'en regrette que davantage le fatal aveuglement de la noblesse polonaise qui, pour avoir voulu conserver à tout prix la constitution la plus vicieuse qui ait jamais régi un peuple, a plongé ce noble pays dans l'anarchie féconde en ruines. On l'a dit bien souvent, et on le répète avec douleur, chaque fois qu'on rencontre sur son chemin le nom de ce grand peuple : la Pologne manque à l'Europe, où depuis cent ans son épée eût été d'un grand poids dans la balance des droits et des intérêts ; elle manque à la France, dont elle était l'alliée la plus constante et la plus sûre ; elle manque à l'Église, à qui elle servait de boulevard contre les envahissements du schisme moscovite. Au point de vue religieux et social, rien n'a pu combler ce grand vide ; et lorsqu'on considère de près les illustres débris d'une des plus puissantes nationalités qui aient paru dans le monde, lorsqu'on les voit nous offrir à tous une si haute leçon de patriotisme, en espérant toujours même contre toute espérance, on mesure, à la générosité de ces hommes qui portent si noblement le poids de l'exil, tout ce que le monde moderne a perdu et ce qu'il ne lui sera peut-être plus donné de réparer jamais.

A partir de ce trait de générosité d'Anne de Gonzague envers la reine de Pologne sa sœur, l'oraison funèbre de la princesse prend un autre tour. Après avoir montré la part qu'elle avait prise aux événements de son temps, Bossuet va retracer sa vie intime. Ici, un phénomène singulier s'offrait à l'orateur. Une princesse incrédule en plein dix-septième siècle, comme on l'eût été du temps de Voltaire, et déclarant qu'avant sa conversion les mystères de la religion excitaient en elle la même envie de rire qu'on se sent d'ordinaire, quand des personnes fort simples croient des choses ridicules et impossibles : c'était là, sans nul doute, un fait peu ordinaire. Comme il a fourni à Bossuet l'occasion de ramasser, en trois pages fameuses, tout ce qu'on a dit de plus vigoureux contre l'incrédulité, je dois m'y arrêter quelques instants.

Messieurs, un des problèmes les plus curieux qu'on puisse

agiter sur le terrain de l'histoire des temps modernes, c'est de savoir comment l'incrédulité du dix-huitième siècle a pu sortir de la France catholique du dix-septième. Une révolte ouverte contre le dogme chrétien succédant, presque sans transition, à une époque de foi vive et sincère, c'est là sans contredit un fait singulier, pour ne pas dire étrange; et je conçois qu'on ait quelque peine à s'expliquer un changement si prompt et si peu attendu. Car enfin tout n'est pas dit lorsqu'on a nommé Voltaire et les hommes de l'Encyclopédie. Nul doute, assurément, qu'ils n'aient eu une large part à cette œuvre de destruction; mais on concevrait difficilement le succès de leur entreprise, s'ils n'avaient trouvé devant eux un terrain tant soit peu préparé. Il ne suffit pas davantage d'établir que le déisme ou la négation systématique de la religion révélée est, parmi nous, d'origine anglaise, comme le panthéisme a été et est encore une importation allemande; et que, par suite, Voltaire et ses disciples n'ont fait qu'emprunter leurs théories à Cherbury, à Collins, à Tindal, à Bolingbroke et à tant d'autres écrivains de la même école. Cela est incontestable; et si quelque chose pouvait nous consoler en étudiant les filiations de l'erreur, ce serait de voir que la France, chaque fois qu'elle veut se nuire à elle-même, en est du moins réduite à chercher ses poisons à l'étranger. Mais la même question revient encore sous une autre forme : concevrait-on que ce poison, venu de l'étranger, eût pu circuler avec tant de facilité dans les veines du corps social et y produire tant de ravages, s'il n'avait rencontré quelques membres à tout le moins faibles et languissants? Messieurs, un examen attentif de la société française au dix-septième siècle diminue l'étonnement, en jetant de vives lumières sur cette question.

Ici, deux écueils sont également à craindre. Le premier

serait d'exagérer le caractère religieux du siècle de Louis XIV,
le second de l'amoindrir plus qu'il ne faut. Je suis bien
éloigné de vouloir revenir sur ce que je disais tout à l'heure :
c'était sans contredit une époque de foi vive et sincère. Non-
seulement le respect pour la religion y était universel, mais
de plus les fortes croyances y allaient de pair avec la soumission extérieure qui ne faisait défaut à personne. Parcourez
cette liste brillante d'écrivains, de poètes, de philosophes,
vous n'y surprendrez pas une attaque ouverte contre un
dogme révélé. Prenez l'une après l'autre les diverses classes
de la société, vous y trouverez parfois de pernicieux exemples,
des désordres graves et profonds, de l'immoralité même, mais
pas d'impiété, du moins systématique et avouée. On revenait
au devoir par suite d'une foi affaiblie un instant, mais non
éteinte. Et pourtant lorsqu'on entend Bossuet dénoncer si
souvent *ce bruit sourd d'impiété* qui indignait sa grande
âme, qu'on le voit s'élever avec tant de force, comme dans
l'oraison funèbre qui nous occupe, contre ceux qu'il appelait
les libertins ou les esprits forts : quand on lit le chapitre de
La Bruyère sur les *esprits forts* écrit vers la même époque
ou les Pensées de Pascal composées bien auparavant ; enfin,
quand on parcourt les ouvrages analogues de Nicole, d'Arnauld, de Huet, de Malebranche, de Fénelon, on reste convaincu qu'un mal intérieur travaillait cette société si saine à
la surface et dans ses plus nobles parties.

C'est qu'en effet l'erreur y côtoyait la vérité et même la serrait d'assez près. Non pas, encore une fois, qu'il faille chercher dans la France du dix-septième siècle un système d'incrédulité savante ou hardie, une école de déistes proprement
dite, marchant la tête levée et à front découvert ; non, mais
sans dessein hautement avoué, sans chef d'un renom éclatant,
un petit groupe d'hommes s'était formé, comme une espèce

de Fronde antireligieuse, qui, s'enveloppant de réserves pru-
dentes, de réticences calculées, sapait l'un après l'autre les
divers appuis de la société et minait sourdement le terrain.
C'était toute une génération de soi-disant libres penseurs, sceptiques ou indifférents, qui, le sourire sur les lèvres, ou, comme
disait Bossuet, par des *railleries*, des *demi-mots*, des *branlements de tête*, semaient le doute dans les esprits et prépa-
raient, bien que de loin, le règne de l'incrédulité.

A vrai dire, ce groupe d'esprits forts, qui allait donner la
main au dix-huitième siècle, se rattachait au seizième par
son origine. Que la prétendue Réforme ait été la mère du
déisme ou de l'incrédulité, je ne pense pas qu'on puisse ni qu'on
veuille le contester sérieusement. Ce n'est pas que Luther ni
Calvin aient voulu assigner ce terme au mouvement qu'ils
avaient excité. Bien qu'ils eussent mutilé l'un et l'autre le
symbole de la foi, ils avaient conservé trop de sens chrétien
pour ne pas reculer devant une pareille extrémité. Mais les
conséquences n'en découlaient pas moins du principe qu'ils
avaient posé. Il est clair qu'une fois l'autorité ébranlée, tous
les dogmes devaient venir en question l'un après l'autre, et,
après tous les dogmes, le fondement même de la croyance,
c'est-à-dire la révélation. Il faut connaître bien peu l'esprit
humain pour croire qu'une fois lancé dans la voie de l'indépendance, il s'arrêtera à mi-chemin, sans aller jusqu'au bout.
Ce timide juste milieu pourra satisfaire certains esprits irrésolus ou moins clairvoyants, mais d'autres, plus hardis et
plus conséquents, briseront d'un coup une si frêle barrière.
Le chef de la Réforme n'était pas mort, que le socinianisme lui
prouvait, en niant la divinité du Christ, que son œuvre était
à peine commencée. Or, du socinianisme, qui passe l'éponge
sur la plupart des vérités révélées, au déisme qui en fait table
nette, il n'y avait qu'un pas, et ce pas fut franchi sur toute

la ligne : en France, où, dès 1563, le calviniste Viret men-
tionnait la secte des déistes, où plus tard le ministre Jurieu
lui-même signalait les indifférents cachés, « qui, disait-il,
formaient dans les églises réformées ce malheureux parti où
l'on conjurait contre le christianisme ; » en Hollande, où le
déisme protestant trouve son expression la plus parfaite dans
Bayle, le véritable précurseur de Voltaire; en Angleterre
enfin, cette terre classique du déisme, dont on a beaucoup trop
vanté l'esprit chrétien, en oubliant que c'est d'elle qu'est parti
le cri de guerre contre le christianisme, et que toutes les
armes forgées par l'incrédulité sont de trempe ou de fabrique
anglaise. Bref, la filiation de la Réforme et du déisme est un
fait irrécusable. Un écrivain célèbre, dont un chrétien ne peut
plus prononcer le nom qu'avec tristesse, M. de Lamennais, a
établi cette descendance dans quelques pages de *son Essai
sur l'indifférence*, auxquelles il est difficile de rien ajouter,
si ce n'est que leur auteur a prouvé lui aussi qu'on ne s'arrête
guère facilement sur la pente de l'erreur, lorsqu'on n'a pas
assez d'humilité pour revenir sur ses pas et qu'on a trop de
logique pour ne pas aller jusqu'au bout.

Mais, me direz-vous, on conçoit fort bien que l'incrédulité
se soit développée au sein du protestantisme ; toutefois, comment s'est-elle glissée de là dans la France catholique du dix-
septième siècle pour éclater au dix-huitième? Messieurs, la
contagion des idées n'est pas moins forte que celle des
mœurs. Sans accepter le fonds d'une doctrine, on peut en subir
plus ou moins l'esprit. Lorsqu'une grande erreur se produit
au milieu d'une société, elle subjugue les uns et elle effleure
très souvent ceux-là mêmes qu'elle n'entame point. Il a dû
en être ainsi de la Réforme. Par les attaques réitérées qu'elle
dirigeait contre le principe d'autorité, elle ébranlait les
croyances. De là, dans bon nombre d'esprits indécis et flot-

tants, un trouble et une inquiétude qui n'allaient pas jusqu'à la négation et qui se contentaient de douter. Rien n'est plus propre, en effet, à faire naître le doute que de voir les hommes se diviser entre eux sur les grandes questions de l'ordre religieux et moral. Aussi le pyrrhonisme ne tarda pas à reparaître en Europe. Il prit même une forme savante et réglée. En tête de cette lignée de sceptiques, vient se placer Montaigne. Non pas que l'auteur des *Essais* doive passer à nos yeux pour un incrédule ; il combat la Réforme, il professe la foi catholique ; son scepticisme s'arrête devant la révélation chrétienne. Il conseille même aux autres de ne pas user de ce tour d'escrime qu'il se passe à lui-même comme une fantaisie de libre penseur. Avec tout cela, ainsi que l'observe Pascal dans son Entretien avec M. de Sacy, en prenant pour devise sur chaque question, *que sais-je ?* il détruit insensiblement tout ce qui est jugé certain parmi les hommes ; et je ne m'étonne pas que ses témérités, parfois dignes de Voltaire ou d'Helvétius, lui aient valu la vigoureuse sortie que Bossuet a faite contre lui dans un de ses sermons pour le jour de la Toussaint. Il n'y a pas d'homme qui, par le fait, ait fourni plus d'armes à l'incrédulité que Montaigne. Marchant sur ses traces, Charron reprit la thèse du scepticisme dans son *Livre de la Sagesse,* dont les formes réservées ne firent pas illusion au jésuite Garasse, qui le réfuta avec autant de pénétration que de sens. Mais dans ce livre, tout imprégné de paganisme, se révélait très ouvertement un esprit dont les tendances ont contribué plus qu'on ne le pense d'ordinaire aux progrès de l'incrédulité en France.

Messieurs, nous avons déjà rencontré plus d'une fois sur notre route le mouvement de la Renaissance, et, si vous voulez bien vous le rappeler, nous avons toujours distingué avec soin l'usage légitime et l'abus, l'admiration raisonnée des formes classiques et je ne sais quel engouement irréfléchi, l'imitation libre de l'éloquence et de l'art anciens et les emprunts ridicules et dangereux faits aux doctrines mêmes du paganisme. Cette distinction me parait essentielle, et faute de la faire, on est amené à deux thèses contradictoires qui pêchent l'une et l'autre par excès. Qu'on admire et qu'on imite ce qu'il y a de beau et de bon dans les auteurs païens, rien n'est plus raisonnable : mais qu'on s'attache, comme Charron, à Sénèque et à Socrate, pour construire une morale défectueuse en dehors de l'Évangile qui est la perfection de la morale, ou qu'on se range avec lui à la queue de Sextus Empiricus et de Carnéade pour proclamer (je me sers de ses expressions, l. II, ch. II) que « la plus sûre assiette de l'esprit humain est dans l'ataraxie des Pyrrhoniens ou dans la neutralité et indifférence des académiciens, » c'est une extravagance, pour ne rien dire de plus. Eh bien, Messieurs, cette école de sceptiques, tout infatuée de l'esprit païen, sortit du seizième siècle pour se prolonger dans le dix-septième. La Mothe le Vayer en devint sous Louis XIII le représentant le plus actif. Les cinq dialogues faits à l'imitation des anciens, qu'il publia sous le nom de Oratius Tubero, furent comme un arsenal du doute. Les deux premiers, intitulés la *Philosophie sceptique* et le *Banquet sceptique,* ne sont que le développement de cette malheureuse idée de Sénèque : *Nostra vitia sunt quæ putamus rerum.* Le personnage qu'il met en scène sous le nom d'Éphestion, c'est Sextus Empiricus habillé à la moderne, et disant en bon français qu'on ne peut rien établir de certain. Ce qui n'empêchait pas La Mothe le Vayer de tirer une profonde révérence à « notre sainte théologie ». Comme vous le voyez, la coutume est vieille. D'ailleurs, pour être précepteur du duc d'Anjou, il fallait bien se contraindre un peu, et le prudent sceptique a soin d'avertir dans sa préface que ses idées sont « des marchandises de contrebande qui ne doivent pas être exposées au public ». D'autres, plus hardis ou moins bien avisés, n'y portèrent pas la même réserve. On vit paraître successivement les écrits de Gabriel Naudé, qui était, selon Guy Patin son ami, de la religion de Lucrèce et de Pline, le *Parnasse satirique*, les *Quatrains du déiste*, l'*Agrippine* de Cyrano, tout un ensemble de traités ou de pièces fugitives qui prouvent que, dès les premières années du dix-septième siècle, le libertinage d'esprit avait fait de profonds ravages dans une certaine classe d'écrivains ou de littérateurs.

L'Église s'en émut. Dès 1615, les cahiers généraux de l'Assemblée du clergé signalent *les athées* à la vigilance du pouvoir. En 1623 le P. Mersenne, religieux minime, comptait à Paris cinquante mille athées. Il est à croire que, sous ce nom, l'adversaire de Descartes désignait plutôt les ennemis de la révélation que des hommes niant d'une façon positive l'existence de Dieu : autrement un tel chiffre me paraîtrait fort exagéré. Mais c'est dans le livre du jésuite Garasse, intitulé : *Doctrine curieuse des beaux esprits de ce temps*, qu'on saisit le mieux l'état de cette controverse, dans laquelle il suffit de changer les noms pour se croire en plein dix-huitième siècle. Les huit maximes, auxquelles il réduit les théories de ces prétendus esprits forts, forment un programme d'impiété que Helvétius et d'Holbach n'eussent pas désavoué. Deux hommes surtout échauffaient le zèle du P. Garasse : Lucilio Vanini et Théophile Viau. Ce dernier, épicurien de la fine trempe, s'était vu condamner par le parlement de Paris à un emprisonnement suivi de l'exil. Ses poésies légères reproduisaient en effet sous toutes ses formes le sensualisme païen, et son apologie adressée à Louis XIII prouve qu'il joignait au cynisme de l'impiété la lâcheté de l'hypocrisie. Le Napolitain Vanini n'avait montré ni moins de licence ni plus de courage. Sous le couvert de cette formule très commode, *Me submitto sanctæ Romanæ Ecclesiæ judicio*, il avait cru pouvoir enseigner l'athéisme le plus formel dans son livre *De admirandis Naturæ reginæ deœque mortalium arcanis*. Le parlement de Toulouse ne se laissa pas prendre à ces équivoques, et le condamna à être brûlé vif en 1619. M. Jules Simon s'est fort apitoyé sur le sort de Vanini dans son ouvrage sur la *liberté de conscience;* et je suis un peu de son avis, car, comme l'a très bien observé Leibnitz dans une de ses lettres, c'était un fou qu'il eût suffi d'emprisonner pour le mettre hors d'état de nuire. Quant au P. Garasse, son argumentation contre les esprits forts de son temps fait honneur à sa science et à sa logique, mais elle est saupoudrée d'injures qui la déparent. Il les appelle sans détour des veaux et des bélîtres. Le mot est dur, et quand on a de si excellentes raisons à opposer à un adversaire, on peut se dispenser de celles-là. Quoi qu'il en soit, il résulte de son livre que, malgré la sévérité des lois et les soulèvements de la conscience publique, l'incrédulité préludait par une opposition sourde à des attaques plus ouvertes et plus vives.

Le bon P. Garassse avait du reste démasqué la tactique du parti. Croire à Dieu par bienséance et respecter la religion devant le public, sauf à en penser ce qu'on voudrait et à l'attaquer en secret, c'était une des maximes de l'école des libertins qu'il avait dévoilées avec le plus de sagacité. Il avait même signalé quelques points de réunion de la petite société incrédule : « les cabarets d'honneur où l'on était reçu à deux pistoles par tête et les loges de l'hôtel de Bourgogne. » A la vérité, le grand concert de voix autorisées, qui, de toutes parts, rendaient à la religion le double hommage de la foi et du génie, couvrait ce bruit sourd d'impiété, mais il ne l'étouffait pas. S'aidant de l'extrême facilité des mœurs qui lui prêtait un point d'appui, le groupe des esprits forts avait traversé tout le règne de Louis XIV pour éclater vers la fin. Il n'y avait rien là, je le répète, de bien systématique : c'était moins une incrédulité savante qu'une légèreté sceptique, des tendances plutôt que des doctrines. Du boudoir de Ninon de l'Enclos, l'Égérie de cette troupe de beaux esprits, dont Saint-Évremont était le Numa, le quartier général fut transféré au Temple, où M. de Vendôme, en sa qualité de grand maître de l'ordre de Malte, donnait de petits soupers philosophiques qui pouvaient servir de modèles à ceux du dix-huitième siècle. Chaulieu en était le poète favori. Dans des vers dignes d'Anacréon, il y chantait un déisme indulgent et facile. Madame Deshoulières venait y dérober quelques hardiesses qui percent à travers ses poésies légères. Le plus libre penseur des grands hommes de l'époque, La Fontaine, y répétait les malices qu'il semait dans ses fables. Fontenelle y apprenait à douter des vrais miracles, en exagérant le nombre des faux. Enfin le jeune duc de Chartres, plus fameux sous un autre nom, allait y faire l'apprentissage de la régence. C'était là, comme on voit, un foyer d'opinions libertines et sceptiques qui, se développant de plus en plus, grâce à la corruption des mœurs toujours croissante, ne demandaient, pour envahir la France, qu'une propagande active favorisée par la complicité du pouvoir. Supposez sur le trône un prince formé à leur image, et aux premiers rangs de la littérature quelques hommes de talent gagnés par elles, et la transition du dix-septième siècle au dix-huitième s'explique d'elle-même.

Les esprits supérieurs du temps ne se faisaient pas illusion sur les progrès de cette opposition, qui ne s'enveloppait de ténèbres que pour agir plus sûrement. On sait avec quelle tristesse et quelle sûreté de coup d'œil Leibnitz prédisait la révolution qui se préparait dans les idées. Malgré les beaux triomphes que la foi obtenait en France, les écrivains d'élite du règne de Louis XIV ne se dissimulaient pas le danger. « Il faut donc savoir, écrivait Nicole (lettre 45), que la grande hérésie du monde n'est plus le luthéranisme ou le calvinisme, que c'est l'athéisme. » Les lettres de Fénelon au duc d'Orléans témoignent des efforts du pieux archevêque, pour arracher ce prince à l'incrédulité dont il devait devenir le protecteur officiel. Dans sa *Démonstration évangélique,* le savant évêque d'Avranches, Huet, détruisait à l'avance toutes les batteries que la sophistique du siècle suivant allait diriger contre l'autorité des Écritures. Du reste, il trouvait ces objections à côté de lui, dans des livres récents qui pénétraient partout. En 1670, le traité *théologico-politique* de Spinosa avait paru comme une première attaque directe et ouverte contre la Bible et la révélation mosaïque. Déjà les premiers écrits de Bayle, lancés dans le public avant 1685, semaient des doutes qui, à dix ans de là, se ramasseraient dans son *Dictionnaire historique et critique.* Vers le même temps, Locke sapait la religion positive dans son *Christianisme raisonnable,* tandis que sa philosophie étroite, donnant la main à la petite école atomistique de Gassendi, préparait pour le siècle suivant le triomphe du sensualisme. Bref, sans dépasser l'année 1700, nous trouvons toute une génération d'hommes occupés, à leur insu ou de propos délibéré, à décomposer lentement les bases de l'édifice religieux et social, à tel point qu'on citerait difficilement, dans la grande dissolution du dix-huitième siècle, un élément quelconque qui n'ait existé en germe au dix-septième.

Cette triste perspective alarmait Bossuet. D'un côté, il

voyait la Réforme pencher vers le socinianisme, pour aboutir
au déisme et plus loin encore. De l'autre, il surprenait ce
travail souterrain par lequel les libertins et les esprits forts
minaient les croyances. Enfin, des attaques plus audacieuses,
parties de l'étranger, portaient leur contre-coup en France.
Il y avait là de quoi enflammer son zèle que l'âge n'avait pu
affaiblir. Au temps où l'évêque de Meaux prononçait l'oraison
funèbre de la princesse Palatine, il touchait à sa soixantième
année. C'est l'époque de sa plus grande activité théologique.
A la Réforme il va opposer son livre des *Variations*, où il
marquera aux disciples de Luther leur point d'arrivée dans le
déisme et la négation de la religion révélée. Contre Spinosa
il pousse tour à tour Fénelon et le bénédictin dom Lami,
qu'il presse dans deux lettres de réfuter le juif panthéiste.
Enfin, il se réserve de ne manquer aucune occasion pour
démasquer les beaux esprits incrédules qui se cachent dans
l'ombre. De là cette argumentation, si vive et si serrée, qu'il
dirige contre eux dans l'oraison funèbre d'Anne de Gonzague, à propos de l'incrédulité de cette princesse, et qu'on
pourrait appeler un véritable coup de massue.

Lorsqu'en 1685, l'évêque de Meaux s'élevait avec tant de
force contre les incrédules de son temps, les *Pensées* de
Pascal, qui portent en partie sur le même sujet, avaient paru
depuis quinze ans. Un autre ouvrage, publié en 1677 sous ce
titre : *Traité de religion contre les athées, les déistes et les
nouveaux pyrrhoniens*, avait présenté les arguments de
Pascal sous une forme moins originale et plus régulière.
Enfin, deux ans après l'oraison funèbre qui nous occupe, La
Bruyère écrivait, dans les *Caractères*, son excellent chapitre
des esprits forts. Si j'insiste là-dessus, c'est que plusieurs
écrivains modernes, entre autres M. Henri Martin dans son
Histoire de France, ont avancé que les hommes religieux du

siècle de Louis XIV, absorbés par les querelles du jansénisme
et par la controverse protestante, négligeaient un ennemi
bien plus dangereux. « On s'était donné trop d'affaires, dit ce
dernier, en persécutant les chrétiens hétérodoxes, pour avoir
le loisir de songer aux gens qui ne croyaient pas en Jésus-
Christ ni même en Dieu. » La remarque n'est pas juste. Le
danger n'échappait à personne, et on cherchait à le conjurer
par des réfutations aussi éloquentes que solides. C'est avec le
chapitre de La Bruyère sur les *esprits forts* que le passage de
Bossuet, auquel nous nous sommes arrêtés, a le plus de
rapport; et lorsqu'on songe aux relations étroites qui exis-
taient entre l'auteur des *Caractères* et l'évêque de Meaux,
on ne peut douter que le spirituel écrivain n'ait retiré un
grand profit de ce commerce littéraire. Bossuet, le premier,
avait su démêler le mérite naissant de La Bruyère. En
l'attachant à la famille de Condé et plus tard au duc de
Bourgogne, il lui avait assuré cette existence indépendante
si favorable au genre de travaux qui l'occupait. L'ancien
trésorier de Caen, destiné à une si brillante réputation, ne
cessa de témoigner à son protecteur la plus vive reconnaissance : il était de cette réunion d'hommes de lettres qui, à
Versailles, *dans l'allée des philosophes*, ou à Germigny,
maison de campagne des évêques de Meaux, se groupaient
autour de celui qu'ils regardaient comme l'oracle du temps.
Il avait conçu pour le grand homme un tel attachement, que,
dans les luttes avec Fénelon, il voulut servir Bossuet de sa
plume, en écrivant des *Dialogues sur le quiétisme*. Ce n'est
donc pas trop s'avancer, que d'attribuer en partie aux entretiens qu'il avait avec l'illustre orateur cette raison ferme et
sûre qu'il déploie dans son chapitre *des esprits forts*. Peut-
être même l'évêque lui suggéra-t-il l'idée de couronner ses
Caractères par cette vive et spirituelle attaque. Quoi qu'il

en soit, l'argumentation de Bossuet est le fonds que La
Bruyère développe dans ce fragment, où l'esprit philosophique soutient le ton de la satire. L'attaque de l'orateur a
tout l'éclat et la vivacité de la foudre : chez l'écrivain, c'est
une grêle de traits fins et piquants qui accable plutôt qu'elle
ne renverse. Plus mêlé que Bossuet aux esprits forts de son
temps, et les voyant de très près, La Bruyère les prend
moins au sérieux. Il invective, il raille, il plaisante ; il
sait à quoi se réduit au fond cette prétendue force d'esprit : à une faiblesse mal dissimulée, à la manie de
placer un bon mot, à l'amour de la singularité, à une
déférence d'esclave pour les caprices d'un grand, plus
souvent encore au besoin de trouver une théorie commode à
l'appui de la pratique. « Je voudrais voir, dit-il avec la pers-
picace ironie qui le quitte rarement, un homme sobre,
modéré, chaste, équitable, prononcer qu'il n'y a point de
Dieu : il parlerait du moins sans intérêt ; mais cet homme ne
se trouve point. » On n'est pas plus profond sous une apparence plus légère. Cette phrase rappelle tout naturellement
le mot d'Euler, toujours si vrai et si neuf : « Si les théorèmes
d'Euclide étaient des préceptes de morale, bien des gens les
nieraient. » Mais, au milieu de cette variété inépuisable de
tours ingénieux et de traits mordants, où l'on retrouve toutes
les qualités de l'auteur des *Caractères,* il lui échappe des
pages telles que celle-ci, dont nul apologiste de la religion
n'a surpassé la force et l'élévation :

« Si ma religion était fausse, je l'avoue, voilà le piège le
mieux dressé qu'il soit possible d'imaginer ; il était inévitable
de ne pas donner tout au travers et de n'y être pas pris :
quelle majesté, quel éclat des mystères, quelle suite et quel
enchaînement de toute la doctrine ! quelle raison éminente !
quelle candeur, quelle innocence de mœurs ! quelle force

invincible et accablante de témoignages rendus successivement et pendant trois siècles entiers par des millions de personnes les plus sages, les plus modérées qui fussent alors sur
la terre, et que le sentiment d'une même vérité soutient dans
l'exil, dans les fers, contre la vue de la mort et du dernier
supplice! Prenez l'histoire, ouvrez, remontez jusqu'au commencement du monde, jusqu'à la veille de sa naissance :
y a-t-il eu rien de semblable dans tous les temps? Dieu même
pouvait-il jamais mieux rencontrer pour me séduire? Par où
échapper? où aller, où me jeter, je ne dis pas pour trouver
rien de meilleur, mais quelque chose qui en approche? S'il
faut périr, c'est par là que je veux périr ; il m'est plus doux
de nier Dieu que de l'accorder avec une tromperie si spécieuse
et si entière : mais je l'ai approfondi, je ne puis être athée :
je suis donc ramené et entraîné dans ma religion : c'en est
fait. »

C'en est fait, lorsqu'on est de bonne foi comme La Bruyère.
Car si l'examen des preuves de la religion peut être une
question de science, d'érudition même, c'est avant tout une
question de bonne foi. Dans une recherche de cette nature,
où *il s'agit de notre tout*, comme disait Pascal, la première
condition, c'est d'être de bon compte avec soi-même, c'est la
sincérité. Nul doute qu'on ne puisse, avec une pointe d'esprit,
soulever des difficultés sur une matière quelconque : sans
être un homme de génie, chacun peut se passer cette fantaisie, du moment qu'il le veut bien ; et la religion étant le
fait le plus vaste et le plus complexe, a nécessairement de
quoi surprendre l'esprit par plus d'un endroit. Il est clair
que la mauvaise volonté pourra toujours raffiner sur
des subtilités , épiloguer sur des textes , incidenter sur
mille questions de détail. Vous avez devant vous un livre,
la Bible, composé sous l'inspiration divine, il y a trois mille

ans et plus encore, à sept ou à huit cent lieux de chez vous, sous une civilisation toute différente de la vôtre ; ayez un peu d'esprit ou un peu d'ignorance et trop de loisirs, les malices ne vous manqueront pas. Vous êtes là, non loin du pôle, enveloppé de fourrures ou dans une chambre calfeutrée contre la bise ; faute de réfléchir un instant, vous serez étonné comme Voltaire qu'Isaïe ait pu marcher presque nu, sans que la police du lieu s'en mêlât, sous une température de cinquante degrés au-dessus de zéro. Vous vous servez des matières combustibles que les chemins de fer vous amènent tous les jours; pour peu que vous borniez votre horizon géographique à Mons ou à Charleroi, vous serez scandalisé, toujours avec Voltaire, qu'Ézéchiel, comme tous les pauvres de l'Orient, ait fait cuire son pain sous la fiente de bœuf séchée au soleil. En fait d'animaux, vous avez vu la ménagerie du jardin des Plantes : c'est beaucoup, assurément ; mais si vous mettez au ban du règne animal tout ce qui ne s'y trouve pas, vous ne vous accommoderez pas facilement, je l'avoue, avec le Lévitique, qui se permet d'y ajouter quelque chose ; vous risquerez même de prendre, comme on l'a fait, le *nycticorax* de la Vulgate, qui est simplement notre hibou ou à peu près, pour le capitaine des gardes du roi David. Ce sont des niaiseries, Messieurs, que de telles objections faites contre un livre dont la partie historique est complètement en dehors de nos mœurs et de nos coutumes, de nos manières de voir et d'agir. Que la science, j'entends la vraie science, cherche à s'en rendre compte, et surtout qu'instruite par l'expérience, elle ne se hâte point de tirer trop vite ses conclusions, pour se renfermer dans une réserve prudente, rien de mieux. Mais qu'un homme sérieux aille mettre son salut au prix d'une question obscure de linguistique ou de philologie, et risquer *son tout* pour le bon plaisir d'un système que, demain peut être, un

autre savant viendra réduire en poudre, n'est-ce pas une
extravagance? Est-ce qu'à la distance où nous sommes des
événements, et en l'absence de documents certains, nous pouvons établir sans réplique que Moïse a dû écrire sur la pierre
de préférence au bois, et sur la brique à l'exclusion du métal,
ou qu'Araon n'a pu jeter le veau d'or en fonte que dans un
espace de trois ou de six mois, et cela avec une certitude telle
que ces conclusions hasardées puissent contre-balancer les
preuves irréfragables de la religion ? Est-ce que Dieu n'a pas
tranché la difficulté, pour les savants comme pour les ignorants, par deux faits lumineux comme le soleil, deux faits
qui dominent et expliquent tout le reste : le Christ et
l'Église? le Christ, centre d'attraction du monde entier,
attendu et désiré par les nations anciennes, reconnu et adoré
par les nations modernes; l'Église, fondée par lui, remplissant tous les temps et tous les lieux, opérant dès l'origine
une révolution morale unique dans l'histoire, appuyée sur le
témoignage de plusieurs millions de martyrs, produisant de
siècle en siècle une multitude de saints, admirée et servie
par les plus beaux génies qui aient paru dans le monde,
grandissant sous la lutte, fortifiée par chaque attaque nouvelle, se multipliant avec la persécution, survivant à toutes
les révolutions, toujours invincible et invaincue. Voilà deux
faits qui, pour un homme de bonne foi, sont concluants, décisifs, et auprès desquels toutes les objections possibles ne
pèsent pas un fétu. C'est pourquoi Bossuet n'hésite pas à
qualifier *d'aveuglement déplorable* la conduite de ceux qui
résistent à une telle évidence.

« Déplorable aveuglement! Dieu a fait un ouvrage au milieu de nous qui, détaché de toute autre cause et ne tenant
qu'à lui seul, remplit tous les temps et tous les lieux, et porte
par toute la terre, avec l'impression de sa main, le

caractère de son autorité : c'est Jésus-Christ et son Église. Il
a mis dans cette Église une autorité seule capable d'abaisser
l'orgueil et de relever la simplicité, et qui, également propre
aux savants et aux ignorants, imprime aux uns et aux autres
un même respect. C'est contre cette autorité que les libertins
se révoltent avec un air de mépris. Mais qu'ont-ils vu, ces
rares génies, qu'ont-ils vu plus que les autres ? Quelle ignorance est la leur! et qu'il serait aisé de les confondre si,
faibles et présomptueux, ils ne craignaient d'être instruits !
Car pensent-ils avoir mieux vu les difficultés à cause qu'ils
y succombent, et que les autres, qui les ont vues, les ont
méprisées ? ils n'ont rien vu, ils n'entendent rien; ils n'ont
pas même de quoi établir le néant, auquel ils espèrent
après cette vie, et ce misérable partage ne leur est pas
assuré... »

Ce serait en effet une grave erreur de croire que la force
d'esprit consiste à voir les difficultés et à se laisser vaincre
par elles. Eh! mon Dieu, il n'y a pas grand mérite à les
découvrir : c'est même pour l'ordinaire ce qu'on aperçoit tout d'abord. Vous ouvrez la Bible, et vous lisez en
tête : « Au commencement Dieu créa le ciel et la terre; » vous
trouverez là, si vous le voulez, quatre ou cinq difficultés qui
toutes peuvent être levées d'une manière satisfaisante;
mais si vous vous arrêtez dès le premier pas, sous prétexte
que vous avez rencontré un obstacle sur votre chemin,
vous êtes un esprit faible qui succombez sous des objections
que d'autres ont vues, aussi bien que vous, sans en être
effrayés. On dirait en réalité, à lire certains auteurs modernes,
qu'eux seuls ont le regard assez perçant pour découvrir les
objections qu'on peut faire contre les vérités de la religion, et
que nous autres hommes, hommes du peuple, nous suivons
docilement, comme les moutons de Panurge, sans même nous

douter qu'on puisse élever une difficulté sur ce que nous croyons. « Mais qu'ont-ils vu, ces rares génies, qu'ont-ils vu plus que les autres ? » Le mot de Bossuet est toujours vrai : pensent-ils avoir mieux vu les difficultés que saint Thomas d'Aquin, parce que saint Thomas d'Aquin s'est cru obligé d'y ajouter les réponses ? Eh ! qui ne sait qu'il n'est pas facile d'expliquer la subsistance de trois personnes distinctes en un seul et même Dieu, ou la présence de Jésus-Christ dans l'Eucharistie ? On disait cela à Capharnaüm il y a bientôt deux mille ans, et ceux qui le disaient n'étaient pas des hommes d'esprit, mais des gens assez lourds, assez épais, ce qui ne les empêchait pas de remarquer la difficulté, car elle sautait aux yeux. Non, voir une objection ou la faire ne sera jamais par soi une preuve de grande force dans l'esprit, surtout quand l'objection est vieille ; et, de nos jours, c'est le cas ordinaire. Car le malheur des écrivains dont je parle, c'est de ne découvrir que des choses connues, qui traînent depuis quatorze siècles dans Celse, dans Porphyre et tant d'autres. On reste interdit lorsqu'en parcourant des ouvrages récents, qui arrivent en peu de temps à plusieurs éditions, on observe avec quelle facilité des auteurs en renom passent à côté de réponses mille fois données, et se plaisent à reproduire, comme neuves, des objections aussi anciennes que l'Évangile. Pour ma part, j'ai toujours admiré le sang-froid avec lequel les hommes de génie envisagent les difficultés qui peuvent surgir de la révélation. Tandis que l'objection ébranle un esprit peu solide, ils n'ont pas l'air de s'en étonner beaucoup. Voyez Bossuet. Il vient d'établir, d'une part, la liberté de l'homme, de l'autre l'action de la Providence sur le libre arbitre : il s'agit à présent de concilier entre elles ces deux vérités, question ardue s'il en fut jamais. Le grand docteur avoue avec candeur que rien n'est moins aisé. Vous croirez peut-être que cet embarras va le jeter dans l'inquiétude ? Pas le moins du monde. « Tenons toujours fortement, dit-il, les deux bouts de la chaîne, quoique nous ne voyions pas le milieu par où l'enchaînement se continue. » D'où vient ce sang-froid en face d'une objection qui a fait des ravages dans bien des esprits ? C'est que Bossuet a remué trop de questions dans sa vie pour ne pas voir, avec Pascal, *que l'homme ne sait le tout de rien.* Des difficultés ! mais, de grâce, où n'y en a-t-il pas ? Je suis assidûment, Messieurs, et avec le plus vif intérêt, les comptes rendus de l'Académie des sciences, et, pour un homme qui, comme moi, n'est pas de la partie, il y a là beaucoup à apprendre ; mais je suis vraiment effrayé du bon sens avec lequel l'honorable assemblée évite le *comment* et le *pourquoi* des questions : je ne l'en blâme pas, bien au contraire, c'est une réserve digne de tout éloge ; mais, par suite d'une habitude que donnent probablement les études scolastiques, nous sommes trop portés à vouloir les définitions nettes, précises, rigoureuses. Je me suis donc surpris plus d'une fois à demander ce que c'est au juste que la lumière, la chaleur, l'électricité, le magnétisme ? Je sais qu'on n'est pas tout à fait embarrassé, qu'il y a là-dessus des mots très savants : *fluides impondérables, ondulations, vibrations, courants,* etc. J'aurais mauvaise grâce, assurément, de ne pas en être satisfait, puisque tout le monde l'est ; mais il faut avouer en même temps que, pour s'en contenter, on a besoin de n'être pas très exigeant. Et vous seriez étonnés qu'on puisse élever des difficultés sur des questions qui ne touchent pas seulement à l'infini, mais qui ont l'infini pour terme, pour objet direct et immédiat ! Mais, Messieurs, c'est encore ici une affaire de bonne foi, et, comme l'a dit Bossuet dans l'un de ses sermons (1) : « Il y a par le monde deux grands docteurs : la bonne foi et la simplicité. »

Reprenons l'argumentation de l'évêque de Meaux. Il est impossible de serrer la pensée avec plus de vigueur qu'il ne le fait dans ces interrogations redoublées, qui refoulent l'incrédule de position en position, sans lui permettre de prendre pied nulle part, et qui le poussent enfin dans l'abîme de l'athéisme comme dans son dernier refuge :

« Ils ne savent s'ils trouveront un Dieu propice ou un Dieu contraire. S'ils le font égal au vice et à la vertu, quelle idole! Que s'il ne dédaigne pas de juger ce qu'il a créé, et encore ce qu'il a créé capable d'un bon et d'un mauvais choix, qui leur dira ou ce qui lui plaît, ou ce qui l'offense, ou ce qui l'apaise? Par où ont-ils deviné que tout ce qu'on pense de ce premier Être soit indifférent, et que toutes les religions qu'on voit sur la terre lui soient également bonnes ? Parce qu'il y en a de fausses, s'ensuit-il qu'il n'y en ait pas une véritable, ou qu'on ne puisse plus connaître l'ami sincère parce qu'on est environné de trompeurs ? Est-ce peut-être que tous ceux qui errent sont de bonne foi? L'homme ne peut-il pas, selon sa coutume, s'en imposer à lui-même ? Mais quel supplice ne méritent pas les obstacles qu'il aura mis par ses préventions à des lumières plus pures? Où a-t-on pris que la peine et la récompense ne soient que pour les jugements humains, et qu'il n'y ait pas en Dieu une justice, dont celle qui reluit en nous ne soit qu'une étincelle ? Que s'il est une telle justice souveraine, et par conséquent inévitable, divine, et par conséquent infinie, qui nous dira qu'elle n'agisse jamais selon sa nature, et qu'une justice infinie ne s'exerce pas à la fin par un supplice infini et éternel ? Où en sont donc les impies, et quelle

____

(1) Sur le respect dû à la vérité.

assurance ont-ils contre la vengeance éternelle dont on les
menace? Au défaut d'un meilleur refuge, iront-ils enfin se
plonger dans l'abîme de l'athéisme, et mettront-ils leur repos
dans une telle fureur, qui ne trouve presque point de place
dans les esprits? Qui leur résoudra ces doutes, puisqu'ils
veulent les appeler de ce nom? »

On voit clairement par là que l'athéisme théorique semblait
à Bossuet une telle monstruosité, qu'il ne trouvait presque
point de place dans les esprits pour une pareille fureur.
La Bruyère a dit de même : « L'athéisme n'est point. » Il
faut croire en effet, pour l'honneur de l'humanité, que la
nature empêche l'homme d'extravaguer jusqu'à ce point, et
que s'il peut y avoir des athées comme il y a des monstres,
il n'en est aucun du moins qui le soit de cœur et sincèrement. Mais ce qu'il y a de certain, c'est qu'il est plus d'un
système dont l'athéisme sort par voie de conséquence ; et,
par le fait, il n'est aucune des propositions, contre lesquelles
Bossuet s'élève en cet endroit, qui n'y mène logiquement.
Ainsi, soutenir que Dieu est indifférent au vice et à la vertu,
qu'il ne peut ni châtier l'un ni récompenser l'autre, c'est
détruire la notion de la Divinité ; c'est faire ce que Cicéron
disait des épicuriens : *Nomine ponunt, re tollunt.* Prétendre
que toutes les religions sont également bonnes ou également
fausses, c'est confondre l'erreur avec la vérité, c'est encore
nier Dieu. Mais, cela posé, est-on reçu à dire, avec Bossuet,
que le déisme ou la négation de la révélation n'est au fond
qu'un *athéisme déguisé*, en d'autres termes, qu'entre le
christianisme et l'athéisme, il n'y a pas de milieu? Ici, il faut
distinguer. Absolument parlant, et sans tenir compte des
faits, la thèse serait trop rigoureuse. On concevrait en effet
pour la raison une position telle que, sans admettre la révélation divine, elle s'en tienne à l'existence de Dieu et à la loi

naturelle. Mais si l'on quitte cet état théorique et purement idéal pour entrer dans les faits, la question change complétement. Le mot de Bossuet devient vrai au pied de la lettre : le déisme aboutit logiquement à l'athéisme, et cela par une double voie : en niant le principe de la révélation, et en niant l'existence de la révélation. En niant que Dieu puisse révéler à l'homme un ensemble de vérités supérieures à la raison, le déisme limite la puissance de Dieu, et partant détruit la notion de Dieu. En niant, d'autre part, la vérité de la révélation chrétienne, le déisme fait de Dieu lui-même le patron de l'erreur ; et c'est ici que revient le raisonnement de La Bruyère, admirablement développé au dix-septième siècle par Abbadie dans son *Traité de la divinité de Jésus-Christ :* car si le Christ n'est pas un envoyé divin, si Dieu a mis le miracle et la prophétie au service de l'imposture et du mensonge, s'il a permis qu'une idolâtrie mille fois pire que celle du paganisme, devînt le foyer des plus hautes lumières et la source des plus belles vertus, c'est que, comme disait La Bruyère, Dieu a tout bonnement dressé à l'humanité un piège inévitable, un piège auquel il était impossible de n'être pas pris ; c'est que, pour parler plus clairement, Dieu n'existe pas ; ou la logique n'a plus de règles, ou cette conséquence est rigoureuse et fatale. . Et dans ce sens Bossuet a pu dire en toute justice que le déisme, ou la négation de la révélation, n'est au fond qu'un athéisme déguisé, et qu'il n'y a pas en bonne logique, pour la raison humaine, de position tenable entre l'athéisme et le christianisme. Dix minutes de réflexion suffiraient à tout homme sérieux pour arriver à cette conclusion. Mais non, on ne veut pas engager la discussion sur un terrain si net : on déplace sans cesse la question : on aime mieux déclamer que de raisonner. On compose des dithyrambes sur la puissance de la raison avec des emprunts faits au christianisme. Voyons ce que dit Bossuet de cette raison que les libres penseurs invoquent en faveur de leur système, quand ils croient l'avoir pour eux, sauf à lui tourner le dos lorsqu'elle les contredit :

« Leur raison, qu'ils prennent pour guide, ne présente à leur esprit que des conjectures et des embarras. Les absurdités où ils tombent, en niant la religion, deviennent plus insoutenables que les vérités dont la hauteur les étonne ; et, pour ne vouloir pas croire des mystères incompréhensibles, ils suivent l'une après l'autre d'incompréhensibles erreurs. »

Le mot n'était pas trop fort au moment où les ouvrages de Spinosa tendaient à vulgariser un système dont Bayle disait, vers le même temps : « C'est la plus monstrueuse hypothèse qui se puisse imaginer, la plus absurde et la plus diamétralement opposée aux notions les plus distinctes de l'esprit humain... Un bon esprit aimerait mieux défricher la terre avec les dents et les ongles que de cultiver une hypothèse aussi choquante et aussi absurde que celle-là. » (*Dict. hist. et crit.*) S'il est, en effet, une *erreur incompréhensible*, c'est bien le panthéisme, qui heurte de front tous les principes du sens commun, et d'après lequel, comme l'observait encore Bayle dans son article sur Spinosa, une phrase telle que celle-ci : *Les Allemands ont tué dix mille Turcs,* devrait s'entendre ainsi : *Dieu, modifié en Allemands, a tué Dieu modifié en dix mille Turcs.* Il faut avouer qu'en regard de ces systèmes ténébreux, les mystères de la religion peuvent passer pour autant de clartés ; au moins présentent-ils un côté lumineux qui éclaire à un degré suffisant la condition de l'homme, comme Pascal l'a dit du péché originel dans cette phrase parallèle à celle de Bossuet : « Sans ce mystère, le plus incompréhensible de tous, nous sommes incompréhensibles à nous-mêmes. » Et pourquoi donc refuserait-on d'admettre des mystères incompréhensibles, du moment que leur réalité est clairement démontrée? Serait-ce peut-être que la raison humaine ne doit croire que ce qu'elle peut comprendre? Mais, dans ce cas, à quoi se réduira votre symbole? Faudra-t-il en rayer l'existence de Dieu elle-même parce que Dieu en soi est incompréhensible? En vérité, Messieurs, je ne conçois pas qu'une pareille vétille puisse arrêter un esprit sérieux. Les plus grands philosophes ont reconnu, de tout temps, que l'incompréhensibilité d'un fait ou d'une vérité n'est pas une raison suffisante pour ne pas l'admettre, si d'ailleurs l'existence de cette vérité ou de ce fait est clairement prouvée. « Il est de la nature de l'infini, disait Descartes (5ᵉ *Médit.*), que moi, qui suis fini et borné, ne le puisse comprendre. » « Vouloir borner, répétait Leibnitz après Locke, ce que Dieu peut faire à ce que nous pouvons comprendre, c'est donner une étendue infinie à notre compréhension, ou faire Dieu lui-même fini (*Nouveaux Essais,* l. IV, ch. x). » Jean-Jacques ne pensait pas autrement là-dessus : « Le monde intellectuel, sans en excepter la géométrie, est plein de vérités incompréhensibles et pourtant incontestables, parce que la raison qui les démontre ne peut les toucher, pour ainsi dire, à travers les bornes qui l'arrêtent, mais seulement les apercevoir (*Lettre à d'Alembert sur l'article de Genève*). » Enfin, un philosophe distingué de nos jours, M. Jules Simon, qu'on ne saurait accuser à coup sûr de vouloir amoindrir les droits de la raison, vient d'écrire dans son livre : *De la Religion naturelle,* ces quelques lignes, qui honorent sa franchise non moins que son talent : « L'esprit humain peut-il admettre comme vrais des faits incompréhensibles? Il le peut et il le doit. Si nous voyons une chose, il faut bien y croire, bon gré mal gré, que nous en sachions ou non l'explication. De même, si nous la prouvons au lieu de la voir; car, du moment qu'elle est prouvée par des raisons très compréhensibles, nous ne sommes pas maîtres de ne pas nous rendre à ces raisons. Il n'y a rien de plus fréquent que la nécessité d'admettre une vérité et de renoncer à en rendre compte. » L'aveu est franc, complet. Il est vrai qu'on cherche à distinguer l'incompréhensible du mystère pour pouvoir garder l'un sans admettre l'autre. Mais ici, le père de la philosophie allemande, peu suspect lui aussi de vouloir imposer à la raison un joug illégitime, Kant, va nous fournir la réponse dans son *Traité de la Religion dans les limites de la raison* (3ᵉ partie) : «Les religions positives, dit-il, imposent la croyance au mystère. C'est qu'en effet l'incompréhensibilité d'un dogme n'est pas une raison suffisante pour le rejeter : ne pas comprendre un dogme, c'est tout simplement ne pas apercevoir la possibilité de son objet. Personne ne comprend la reproduction de la matière organique, et personne ne refuse d'y croire. » Où serait d'ailleurs le fondement de cette distinction ? Qu'est-ce qu'un mystère, sinon une vérité révélée par Dieu qu'on prouve sans la comprendre ; en d'autres termes, une vérité incompréhensible ? Qu'est-ce que la Trinité, par exemple, sinon un dogme dont l'objet infini en soi ne saurait être compris par un esprit fini comme le nôtre ? Si donc, dans la nature elle-même, c'est-à-dire dans ce qui est nécessairement limité et imparfait, nous reconnaissons l'existence de véritables mystères, insondables à la raison humaine, par quelle aberration voudrions-nous que l'être parfait n'eût point d'abîmes pour notre pensée? Si la raison a ses mystères, pourquoi la foi n'aurait-elle pas les siens? Si, comme dit Leibnitz, nous ne comprenons pas la nature des odeurs et des saveurs, est-il étonnant que nous ne comprenions pas la Trinité et l'Incarnation? Et si nous sommes obligés d'admettre l'incompréhensible sur le simple témoignage des sens, serions-nous en droit de le rejeter quand il s'appuie sur le témoignage de Dieu ? Il vous plait de distinguer les mystères naturels et les mystères surnaturels, de reconnaître les uns et de repousser les autres : mais, naturels ou surnaturels, qu'importe ? Du moment qu'ils sont prouvés les uns et les autres, leur certitude est la même : vous ne pouvez, sans abdiquer la raison, leur refuser votre assentiment. A quoi donc se réduit cette exception préalable ou cette fin de non-recevoir qu'on oppose aux mystères de la foi ? Qu'est-ce que l'incrédulité ? Bossuet va nous l'apprendre en termes un peu vifs, mais dont la vivacité s'explique lorsqu'on défend ce qu'on a de plus cher, et se pardonne quand de plus on s'appelle Bossuet :

« Qu'est-ce donc après tout, Messieurs, qu'est-ce que leur malheureuse incrédulité, sinon une erreur sans fin, une témérité qui hasarde tout, un étourdissement volontaire, et, en un mot, un orgueil qui ne peut souffrir son remède, c'est-à-dire qui ne peut souffrir une autorité légitime ? Ne croyez pas que l'homme ne soit emporté que par l'intempérance des sens. L'intempérance de l'esprit n'est pas moins flatteuse. Comme l'autre, elle se fait des plaisirs cachés, et s'irrite par la défense. Le superbe croit s'élever au-dessus de tout et au-dessus de lui-même, quand il s'élève, ce lui semble, au-dessus de la religion, qu'il a si longtemps révérée : il se met au rang des gens désabusés : il insulte en son cœur aux faibles esprits, qui ne font que suivre les autres sans rien trouver par eux-mêmes ; et, devenu le seul objet de ses complaisances, il se fait lui-même son Dieu. »

Ce dernier mot est plus vrai qu'on ne pense. L'autothéisme ou la déification du moi est le terme logique de tout système ; pour lequel le comprendre serait la mesure du croire. Car, suivant le mot de Leibnitz que je vous citais tout à l'heure, vouloir borner ce que Dieu peut faire à ce que nous pouvons saisir, c'est nous dire infinis ou supposer Dieu fini. Aussi la philosophie allemande s'est-elle chargée de démontrer cette vérité par tous ces systèmes qui, depuis Fichte jusqu'à Feuerbach, ont déifié le moi. Sans doute l'esprit français, grâce à la netteté et à la précision qui le distinguent, reculera toujours devant ces conséquences extrêmes. A la vérité, on pouvait craindre un instant qu'il ne se laissàt entamer par les fantaisies d'outre-Rhin ; mais le danger est passé : le panthéisme a fait son temps, bien court, trop long cependant pour la patrie de Descartes et de Bossuet. Un autre système tend à prévaloir dans un certain nombre d'esprits, un système non pas renouvelé des Grecs, mais des Anglais : c'est le déisme, venu d'outre-Manche au dix-huitième siècle, importé de l'Angleterre par Voltaire et vulgarisé par Rousseau. Car il ne faut pas se faire illusion, ce prétendu spiritualisme dont on parle tant de nos jours et qu'on voudrait faire passer pour chose neuve, c'est le déisme pur : on n'a pas ajouté un iota à l'*Émile* de Rousseau, ni aux *Lettres de la Montagne*, ou à la *Profession de foi du vicaire savoyard*, qui elles-mêmes n'ont pas augmenté d'une syllabe le symbole de Cherbury, de Blount, de Chubb. de Bolingbroke. Eh! qu'avons-nous donc besoin de toutes ces importations allemandes et anglaises? Pourquoi nous traîner ainsi à la remorque de l'étranger, et faire le tour du monde à la recherche d'une philosophie, nous Français, qui avons notre treizième et notre dix-septième siècle, saint Thomas et Descartes ; qui, corrigeant l'un par l'autre, la psychologie par la métaphysique, la spéculation par la tradition, nous qui rajeunissant ces deux grandes époques par les progrès de la nòtre, pourrions servir de modèles aux autres, au lieu d'être leurs vulgaires copistes? J'entends dire tous les jours que nous touchons à une violente réaction contre le christianisme, qu'un grand combat se prépare contre la révélation. Oui, si nous prêtons l'oreille à tous les bruits qui viennent de l'étranger, si nous nous laissons prendre à chaque théorie creuse élaborée par quelque Allemand au fond de son cabinet ; oui, si nous nous imaginons qu'une poignée de déistes attardés et de linguistes trop pressés de conclure viendra donner un démenti à dix-huit siècles de science et de foi. Non, si nous restons fidèles à nos habitudes de bon sens et de clarté, si pour régler notre avenir nous consultons notre passé, et si, repoussant à la fois le déisme anglais et le panthéisme allemand, nous comprenons enfin que, pour conserver en Europe notre suprématie intellectuelle et morale, nous n'avons besoin que d'une chose, c'est de rester nous-mêmes.

Mais revenons au dix-septième siècle et à la princesse Palatine. Anne de Gonzague s'était laissée prendre aux préjugés des esprits forts de son temps. « Lorsqu'on parlait sérieusement devant elle des mystères de la religion, elle avait peine à retenir ce ris dédaigneux qu'excitent les personnes simples lorsqu'on leur voit croire des choses impossibles, et, de son propre aveu, c'eût été pour elle le plus grand de tous les miracles que de la faire croire fermement au christianisme. » Dieu opéra ce miracle par un coup de sa grâce.

Dans l'oraison funèbre de son père, saint Grégoire de Nazianze rapporte la vision qui détermina la conversion de ce dernier au christianisme. Il lui sembla, pendant son sommeil, qu'il chantait ces paroles d'un cantique qu'il n'avait jamais entendu auparavant : *Lætatus sum in his quæ dicta sunt mihi, in domum Domini ibimus.* A son réveil, sa pieuse femme, qui était chrétienne, lui apprit que c'était un psaume de David qui s'adaptait parfaitement à sa situation. Frappé de cette coïncidence, il demande le baptême. C'est avec la même simplicité que Bossuet raconte le songe mystérieux,

qui amena la conversion de la princesse Palatine :
« Elle crut, dit-il, que, marchant seule dans une forêt,
elle y avait rencontré un aveugle dans une petite loge. Elle
s'approcha pour lui demander s'il était aveugle de naissance
ou s'il l'était devenu par quelque accident. Il répondit qu'il
était aveugle-né. Vous ne savez donc pas, reprit-elle, ce que
c'est que la lumière, qui est si belle et si agréable, et le
soleil qui a tant d'éclat et de beauté ? Je n'ai, dit-il, jamais
joui de ce bel objet, et je ne m'en puis former aucune idée.
Je ne laisse pas de croire, continua-t-il, qu'il est d'une
beauté ravissante. L'aveugle parut alors changer de voix et
de visage, et prenant un ton d'autorité : Mon exemple, dit-il,
vous doit apprendre qu'il y a des choses très excellentes et
très admirables qui échappent à notre vue, et qui n'en sont
ni moins vraies ni moins désirables, quoiqu'on ne les puisse
ni comprendre ni imaginer... Elle s'éveilla là-dessus et se
trouva dans le même état où elle s'était vue dans cet admirable songe, c'est-à-dire tellement changée qu'elle avait
peine à le croire. »

Anne de Gonzague avait fait l'application des paroles de
l'aveugle aux mystères de la foi, que la raison nous oblige
d'admettre sur le témoignage de Dieu, sans pouvoir les comprendre. « Dieu, dit Bossuet, qui n'a besoin ni de temps ni
d'un long circuit de raisonnement pour se faire entendre,
tout à coup lui ouvrit les yeux, » et cette foi, qu'un instant
auparavant elle jugeait impossible, lui fut donnée par une
illumination soudaine. Mais une autre épreuve l'attendait.
Après avoir joui quelque temps des consolations divines,
elle se vit en proie à l'horrible tentation qui avait tourmenté
si fort la jeunesse de saint François de Sales. Les égarements
de sa vie passée s'offrant à son esprit lui firent croire qu'elle
était réprouvée sans espérance de salut. Dieu ne lui manqua

point dans cette nouvelle épreuve : il lui mit dans l'esprit une parabole en tout semblable à celle de l'Évangile.

« Elle voit paraître, dit l'orateur, ce que Jésus-Christ n'a pas dédaigné de nous donner comme l'image de sa tendresse : une poule devenue mère, empressée autour des petits qu'elle conduisait. Un d'eux s'étant écarté, notre malade le voit englouti par un chien avide. Elle accourt, elle lui arrache cet innocent animal. En même temps on lui crie d'un autre côté qu'il le fallait rendre au ravisseur, dont on éteindrait l'ardeur en lui enlevant sa proie. Non, dit-elle, je ne le rendrai jamais. En ce moment elle s'éveilla, et l'application de la figure qu'on lui avait montrée se fit en un instant dans son esprit, comme si on lui eût dit : Si vous, qui êtes mauvaise, ne pouvez vous résoudre à rendre ce petit animal que vous avez sauvé, pourquoi croyez-vous que Dieu, infiniment bon, vous redonnera au démon, après vous avoir tirée de sa puissance ? Espérez et prenez courage. »

Je ne serais pas surpris, Messieurs, que plus d'un lecteur moderne se scandalisât de cette partie de l'oraison funèbre d'Anne de Gonzague. Non pas qu'il puisse venir à l'idée de personne de regarder Bossuet comme un esprit faible : on pourrait souhaiter cette faiblesse à plus d'un esprit fort. Mais il en est des miracles comme des mystères : bien des gens en ont une peur extrême. On dirait qu'ils se sentent humiliés chaque fois qu'il plaît à Dieu de manifester sa puissance par un signe extraordinaire. S'ils se bornaient à affirmer qu'il ne faut admettre aucun miracle sans preuve, ils ne diraient qu'une chose fort raisonnable que l'Église a dite avant tout le monde. S'ils se donnaient la peine de lire la vingt-cinquième session du concile de Trente, ils verraient avec quel soin les Pères cherchent à prémunir les fidèles contre les miracles douteux ou controuvés. Mais opposer une fin de non-recevoir à tous les miracles, sous prétexte que Dieu ne peut ou ne doit en faire aucun, c'est une proposition qui, pour peu qu'on la presse, mène à l'athéisme, parce qu'elle détruit la notion de la toute-puissance divine. Rousseau lui-même n'hésitait pas à y voir une folie : « Dieu peut-il faire des miracles, écrivait-il dans sa troisième lettre de la Montagne, c'est-à-dire peut-il déroger aux lois qu'il a établies? Cette question sérieusement traitée serait impie, si elle n'était absurde : ce serait faire trop d'honneur à celui qui la résoudrait négativement que de le punir ; il faudrait l'enfermer. » Il est vrai qu'on se fait parfois du miracle une idée singulière. Je lisais, il n'y a pas longtemps, je ne sais où, qu'un écrivain en veine de bonne humeur, opposait les chemins de fer aux miracles du christianisme comme dépassant de bien loin tous les faits de ce genre. Jusqu'ici on avait bien entendu dire que les chemins de fer avaient coûté la vie à un bon nombre d'hommes, mais non pas qu'ils en aient jamais ressuscité un seul. L'Institut impérial des sourds-muets et celui des aveugles font de louables efforts pour apprendre aux uns le langage des signes et pour développer le toucher dans les autres, mais ils n'ont jamais prétendu, que je sache, rendre la vue à ceux-ci et l'ouïe à ceux-là, à l'aide d'une seule parole ou d'un peu de salive. Tout cela, c'est jouer sur les mots pour donner le change sur les idées. Il n'y a pas d'homme, si borné qu'on le suppose, qui ne puisse se convaincre, avec un peu d'attention, que les applications de l'industrie, si admirables qu'elles soient, ne sont que des effets purement naturels. Permettez-moi cette trivialité. Le premier homme qui s'est mis à cuire sa soupe a dû ou a pu s'apercevoir que la vapeur d'eau faisait effort pour soulever le couvercle de la marmite : de là aux chemins de fer ou aux fabriques il y a loin sans nul doute, mais avec du temps et de la patience on fait beaucoup. Le pape Sylvestre II, le savant Gerbert, n'a pas attendu jusqu'à nos jours pour chercher à tirer parti de la vapeur comme force motrice dans le jeu des orgues, sans avoir pour cela la naïveté de se croire un thaumaturge : il n'est pas étonnant que Salomon de Caus et Watt soient allés plus loin que lui. Il faut vouloir amuser le public ou se tromper soi-même, pour chercher là l'ombre d'un miracle. Qu'un mort de quatre jours, déjà tombé en dissolution, sorte vivant de son tombeau; qu'à la voix, au simple commandement d'un homme, une tempête violente s'apaise soudainement, ou qu'un fleuve remonte vers sa source : voilà des faits, des événements qui sont une suspension manifeste des lois universelles et bien connues de ce monde physique ; voilà des miracles. Encore une fois, refuser à Dieu le pouvoir de frapper dans le monde ces coups d'autorité par lesquels il se plaît à faire éclater de temps en temps sa présence, pour tirer de leur léthargie des hommes que les merveilles de la nature et l'habitude où ils sont d'en jouir n'impressionnent plus assez, c'est lui enlever un de ses attributs essentiels, c'est nier Dieu.

J'insiste là-dessus, Messieurs, parce que, pour être vieilles, ces questions sont toujours neuves, toujours débattues et toujours obscurcies, soit par l'extrême crédulité des uns, soit par l'incrédulité des autres. Ainsi, sans refuser positivement à Dieu le pouvoir de produire des miracles, ce qui reviendrait à nier son existence, on n'admet pas qu'il y ait convenance d'en faire. On veut savoir, au préalable, quelles raisons il pouvait y avoir de la part de Dieu, pour déroger çà et là aux lois de la nature. J'en demande pardon à ceux qui procèdent de la sorte, mais cette marche n'est pas logique. C'est encore ici retourner la pyramide pour lui ôter sa base. On conçoit, en effet, que, dans l'ignorance où nous sommes du gouvernement général du monde, il ne nous soit pas toujours facile d'apprécier les motifs d'une intervention divine. Commençons d'abord par constater le fait, par notre propre témoignage ou celui des autres, puis après discutons les raisons : il est probable que nous en trouverons de bonnes, d'excellentes même ; et, si nous n'en trouvons pas, faisons un acte d'humilité et passons outre. Cela est logique, et la logique, pas plus que le reste, ne peut se dispenser d'humilité. On dit encore : Il n'y a plus de miracles, donc il n'y en a jamais eu. En admettant le fait, ce qu'on peut nier, la conclusion ne serait pas juste. Dès le quatrième siècle, saint Augustin donnait une raison suffisante de la cessation relative ou de la diminution des miracles. Il est naturel que, pour faire triompher le christianisme des obstacles sans nombre qu'il rencontrait parmi les hommes, Dieu ait multiplié les miracles à l'origine : une fois la religion établie, et sa subsistance devenant aux yeux du monde entier le plus grand des miracles, ces coups d'autorité divine ou ces interventions plus fréquentes de la divinité étaient moins nécessaires. On n'arrose une plante habituellement que lorsqu'elle est jeune et délicate ; une fois qu'elle a grandi, on ne l'arrose plus que dans les cas de sécheresse extrême ; et cette sécheresse morale se fait encore sentir par intervalles, surtout dans les cœurs. Voilà pourquoi, comme Bossuet l'a observé en particulier pour la princesse Palatine, Dieu a transporté pour ainsi dire le champ des miracles dans les cœurs. C'est là, dans ces régions de l'âme, qu'il se plaît le plus souvent, par des illuminations soudaines, par des conversions inattendues, à frapper *ces grands coups de maître*, qui, pour être moins apparents que dans l'ordre extérieur et physique, n'en sont ni moins sûrs ni moins profonds. Nous, chez qui le sens du surnaturel s'est affaibli, nous ne portons plus une attention assez forte à ces miracles intimes, qui sont plus nombreux qu'on ne pense. Il ne faudrait pas sans doute confondre l'ordre surnaturel avec l'ordre miraculeux, ni crier au miracle sitôt qu'une âme se convertit à la foi ou revient à la vertu : car, bien que la grâce puisse toujours être appelée un miracle par rapport à l'ordre naturel, elle suit comme la nature un cours ordinaire qu'on ne peut appeler miraculeux que d'une manière improprement dite. Les miracles de la grâce s'opèrent, de même que ceux de la nature, en dehors des lois communes et des moyens ordinaires. Ainsi, qu'un incrédule, comme la princesse Palatine, passe soudain d'une profonde obscurité à une lumière manifeste, et qu'après avoir résisté à tous les raisonnements et traité de chimères les vérités de la foi, il se trouve changé en un clin d'œil par un de ces moyens extraordinaires dont Dieu seul a le secret : on peut à coup sûr y voir avec Bossuet quelque chose de miraculeux. L'histoire du temps passé, sans excepter la nôtre, est trop remplie de faits semblables pour qu'on puisse les méconnaitre ou en atténuer la portée.

Anne de Gonzague resta fidèle aux grâces qu'elle avait reçues de Dieu. Douze années de persévérance, à travers les épreuves les plus difficiles, témoignèrent du changement profond qui s'était opéré en elle. Bossuet suit dans tous ses détails cette vie de pénitence qu'il retrace avec tant de charme. Il montre enfin la princesse au milieu de son agonie, disant d'une voix mourante : « Je m'en vais voir comment Dieu me traitera ; mais j'espère en ses miséricordes. » Puis il ramasse toute son énergie dans un effort suprême. Après avoir serré de près les incrédules de son temps, par sa logique vigoureuse, il cherche à les étourdir par un dernier coup. Il sait qu'il est peu d'incrédulités que la mort n'ébranle, que la raison, jusque-là flottante, se fixe aux approches de l'éternité, dont la lueur formidable, dissipant toutes les illusions, redouble l'éclat de la vérité. Déjà Montaigne avait dit : « S'ils sont assez fous, ils ne sont pas assez forts ; ils ne laisseront pas de joindre leurs mains vers le ciel, si vous leur attachez un bon coup d'épée dans la poitrine. » La Bruyère dit de même dans son chapitre *des esprits forts* : « L'on doute de Dieu dans une pleine santé ; quand l'on devient malade, et que l'hydropisie est formée, l'on croit en Dieu. » Enfin, Bayle lui-même en faisait la remarque vers le même temps : « Presque tous ceux qui vivent dans l'irréligion ne font que douter : ils ne parviennent pas à la certitude ; se voyant dans le lit d'infirmité, où l'irréligion ne leur est plus d'aucun usage, ils prennent le parti le plus sûr, celui qui leur promet une félicité éternelle, en cas qu'il soit vrai, et qui ne fait courir aucun risque, en cas qu'il soit faux. » (*Dict. hist.*, art. *Bion.*) Sachant combien l'idée de ce terrible passage exerce de puissance sur le cœur de l'homme, Bossuet s'élève, en terminant, à l'un des plus beaux mouvements d'éloquence qu'on ait portés dans la chaire chrétienne :

« Arrêtons ici, chrétiens, et vous, Seigneur, imposez silence à cet indigne ministre, qui ne fait qu'affaiblir votre parole. Parlez dans les cœurs, prédicateur invisible, et faites que chacun se parle à lui-même. Parlez, mes frères, parlez : je ne suis ici que pour aider vos réflexions. Elle viendra cette heure dernière, elle approche, nous y touchons, la voilà venue. Il faut dire avec Anne de Gonzague : Il n'y a plus ni princesse ni Palatine ; ces grands noms dont on s'étourdit ne subsistent plus. Il faut dire avec elle : Je m'en vais, je suis emporté par une force inévitable ; tout fuit, tout diminue, tout disparaît à mes yeux. Il ne reste plus à l'homme que le néant et le péché : pour tout fonds, le néant, pour toute acquisition, le péché. Le reste, qu'on croyait tenir, échappe : semblable à de l'eau gelée, dont le vil cristal se fond entre les mains qui le serrent, et ne fait que les salir. »

Avant d'aborder l'oraison funèbre de la princesse Palatine, je disais que c'est, de toutes les œuvres oratoires de Bossuet, celle qui peut-être marque le mieux la vigueur et l'originalité de son talent. Je ne pense pas, Messieurs, que vous m'accusiez d'en avoir exagéré le mérite. La Harpe l'appelait le plus sublime des sermons ; je la nommerais la plus belle des oraisons funèbres, si le choix était possible, là où chaque ouvrage offre dans son genre d'égales beautés.

TRENTE-QUATRIÈME LEÇON

ORAISON FUNÈBRE DE LE TELLIER

Relations de Bossuet avec la famille Le Tellier. — Les injustes critiques
de l'abbé de Saint-Pierre contre l'honnêteté du chancelier sont
démenties par tous les documents contemporains. — Rôle de Le
Tellier dans la Fronde ; arrestation des princes ; caractère de
Mazarin. — Bossuet juge les hommes et les événements avec une
remarquable impartialité. Un habile agitateur : le cardinal de Retz
dépeint par l'évêque de Meaux. — Les quatre articles de l'assemblée
de 1682. — Comment Fleury et Bossuet sont d'accord, pour apprécier
les prétendues libertés de l'Église gallicane et refouler les envahissements du pouvoir séculier. — Le Tellier finit, mais trop tard, par
comprendre qu'il est dangereux de remuer la question de l'autorité
du pape. — Le chancelier, magistrat intègre et sévère, s'efforce d'opposer une barrière aux abus de la chicane. — Quelle idée Bossuet se
faisait des fonctions judiciaires.

Messieurs,

A la prière de l'archevêque de Reims, fils du chancelier
Le Tellier, Bossuet prononça l'oraison funèbre de ce
ministre, le 25 janvier 1686, dans l'église paroissiale de
Saint-Gervais. Par là il acquittait une dette de reconnaissance,
en même temps qu'il rendait hommage à une grande vertu.

Dans le temps où Bossuet achevait ses études théologiques
à Navarre, Michel Le Tellier, alors secrétaire d'État, était
allé un jour rendre visite à cette maison où il avait été
élevé. Il eut occasion d'y voir le jeune licencié, dont Nicolas
Cornet s'empressa de lui faire un brillant éloge. Devançant
même l'avenir, le grand maître de Navarre avait dit au
ministre, en lui rappelant le privilège qu'avait eu la maison

de donner des précepteurs à plusieurs héritiers présomptifs
de la couronne de France : « Navarre n'a point déchu, et cet
abbé Bossuet que vous avez, Monsieur, tant remarqué tout à
l'heure, serait, veuillez m'en croire, capable plus que tout
autre d'élever un prince à la France. » Les paroles de Cornet
ne furent point perdues pour Le Tellier. Destinant à l'Église
son fils puiné Charles-Maurice, il voulut que ce dernier cher-
chât dans Bossuet un ami et un modèle : de là les relations
bienveillantes qui ne cessèrent d'exister entre l'archevêque
de Reims et l'évêque de Meaux. Lorsqu'il s'agit en 1665 de
donner un précepteur au Dauphin, Le Tellier n'eut qu'à
consulter l'opinion publique pour désigner Bossuet au choix
de Louis XIV. La nomination de Périgny ayant trompé
l'attente générale, Le Fèvre d'Ormesson put dire avec vérité
dans son journal : « Le roi a fait ce choix sans la participation de M. Colbert et de M. Le Tellier. » Cinq ans après, la
mort de Périgny permit au ministre de revenir à la charge,
et le monarque, cette fois mieux inspiré, n'hésita pas à confier à Bossuet ces importantes fonctions. C'est à Maurice
Le Tellier, alors coadjuteur de Reims, qu'était revenu l'honneur de sacrer l'évêque nommé de Condom, et le récit de
la cérémonie, qu'on trouve dans la *Gazette de France*
du 27 septembre 1670, montre quel vif attachement la
famille entière avait conçu pour le grand orateur. A Châ-
ville, où le vieux chancelier allait se reposer de ses fatigues,
Bossuet était du nombre de ceux qui venaient lui porter les
témoignages d'une respectueuse amitié. On conçoit dès lors
qu'il ait voulu mêler sa voix à celles qui s'élevèrent de
diverses parts, pour célébrer la mémoire de Michel Le Tellier.

Le clergé, la magistrature et l'Université rivalisèrent de
zèle pour déposer sur la tombe du chancelier l'expression de
leurs regrets. Nous possédons les quatre oraisons funèbres

qui furent prononcées en cette circonstance. C'est Bossuet qui le premier fit entendre sa voix, à Saint-Gervais, en présence des évêques. Le 8 février, Hersan, professeur royal d'éloquence, fit en latin l'éloge funèbre de Le Tellier, dans l'église de Sorbonne, au service de l'Université. Maboul, plus tard évêque d'Aleth, lui rendit le même devoir dans l'église des Grands-Augustins, devant la magistrature, le deuxième jours de mars. Enfin, le 22 du même mois, Fléchier, nommé depuis peu à l'évêché de Lavaur, prononça une quatrième oraison funèbre aux Invalides. Bossuet officiait à cette dernière cérémonie, comme on le voit par les mots que l'orateur lui adresse en terminant : « Sacré ministre de Jésus-Christ, qui dans la chaire évangélique, avec une éloquence vive et chrétienne, avez avant moi consacré la mémoire immortelle de ce grand homme, achevez d'offrir pour lui cette hostie innocente et pure... »

Sans avoir marqué au premier rang parmi les hommes supérieurs de l'époque, Le Tellier avait joué, dans les affaires de l'État, un rôle assez considérable pour que sa vie pût servir de thème à un éloge public. Nommé successivement membre du grand conseil, procureur du roi au Châtelet, maître des requêtes, intendant de l'armée de Piémont, secrétaire d'État au département de la guerre, trésorier des ordres du roi et chancelier de France, il avait pris une part plus ou moins active à tous les événements de son temps, en particulier à la Fronde et à la révocation de l'édit de Nantes. De telle sorte qu'on ne pouvait parcourir sa longue et difficile carrière sans embrasser du même coup d'œil la vie politique et administrative du dix-septième siècle. De là le caractère vraiment neuf et original de cette oraison funèbre.

Voltaire a dit quelque part : « Lorsqu'on lit l'éloge de Michel Le Tellier par Bossuet et que, d'un autre côté, on consulte la vie de cet homme d'État, on voit bien que l'oraison funèbre n'est qu'un mensonge. » Ce jugement ne m'étonne pas, surtout de la part de Voltaire. Quiconque se trouve mêlé aux agitations de la vie publique doit s'attendre à être loué par les uns et déprécié par les autres. C'est le sort inévitable de l'homme d'État : vainqueur ou vaincu, il ne saurait échapper à cette alternative. S'il succombe, il ne manquera pas d'hommes dans le camp opposé, pour insulter à sa défaite ; s'il triomphe, le succès même deviendra un tort aux yeux de beaucoup. Bref, on ne lui pardonnera ni d'avoir réussi, ni d'avoir échoué. C'est surtout aux époques de luttes, de divisions profondes, qu'on se livre le plus volontiers à ces récriminations passionnées. Nous avons assisté, de nos jours, à trop de faits du même genre pour trouver extraordinaire que les hommes d'État du dix-septième siècle aient dû subir la loi commune. Attaché à la fortune de Mazarin et au parti de la cour, Le Tellier ne pouvait guère compter d'amis chaleureux dans les rangs de la Fronde : et lorsqu'on sait de quel vocabulaire d'épithètes injurieuses on se servait de part et d'autre, on n'est surpris que d'une chose, c'est que la critique du temps n'ait pas maltraité davantage le principal confident du cardinal Mazarin.

Car, et c'est là ce qui témoigne sans nul doute en faveur du chancelier, ce n'est pas dans les mémoires contemporains qu'on trouve le texte des accusations dirigées contre lui au dix-huitième siècle. C'est à l'abbé de Saint-Pierre qu'en revient l'initiative, dans ses Annales politiques sur le règne de Louis XIV. Nous sommes édifiés aujourd'hui sur le genre historique du siècle dernier. En 1809, Dussault écrivait dans le *Journal des débats :* « L'*Essai sur les mœurs* de Voltaire est une vraie pasquinade historique. » Le mot est fort ; mais j'espère qu'il restera. L'abbé de Saint-Pierre appartient éga-

lement à cette école d'écrivains, qui ont contribué à faire de
l'histoire une conjuration contre la vérité, selon le mot du
comte de Maistre. Le portrait qu'il trace de Michel Le Tellier
est la contre-partie de celui de Bossuet et de Fléchier. Selon
lui, le chancelier n'a eu qu'un but dans sa vie, c'est d'enrichir
sa famille en s'élevant lui-même. Deux maximes le servaient
à cette fin : la première, d'étudier avec soin tout ce qui pouvait plaire ou déplaire à ceux qui gouvernaient ; la seconde,
de détruire tous ceux qui auraient pu entrer en faveur.
« C'était, je crois, ajoute-t-il, le courtisan le plus fin et le plus
adroit flatteur qui eût depuis longtemps paru à la cour ; mais
il n'avait nul trait de bon citoyen et traitait de sottise la justice elle-même et l'amour du bien public, quand ils se trouvaient opposés à l'augmentation de sa fortune... Il faisait
peu de cas de l'homme vertueux, il n'estimait que l'habileté
à faire une grande fortune. S'il visait quelquefois au bien
public, c'était toujours uniquement son bien particulier, ou
l'augmentation du bien de sa famille, qui était le dernier
terme auquel il ramenait toutes ses vues... Sa maxime favorite
était celle-ci : « Un habile voyageur doit songer à renverser
de bonne heure les arbres à droite et à gauche, de peur qu'ils
ne viennent à tomber et à se rencontrer dans son chemin. »
L'abbé de Saint-Pierre termine son réquisitoire en appelant
Le Tellier « un habile scélérat ».

Il va sans dire que l'honorable publiciste n'allègue pas la
moindre preuve à l'appui de ce qu'il avance. Au dix-huitième
siècle on voulait être cru sur parole, et malheureusement on
l'était. Il faut bien le dire à la louange du nôtre, nous n'en
sommes plus là tout à fait. L'habitude de recourir aux
sources, aux documents de l'époque, est devenue parmi nous
une condition nécessaire pour asseoir un jugement historique.
Or, dans le cas présent, les mémoires du règne de Loui XIV

ne s'accordent nullement avec les annales politiques de l'abbé
de Saint-Pierre sur le compte de Michel Le Tellier, et leur
témoignage est d'autant moins suspect qu'il émane en grande
partie des adversaires politiques du ministre, c'est-à-dire des
chefs ou des partisans de la Fronde. Le cardinal de Retz loue
son habileté, Omer Talon sa modération, La Rochefoucauld
la netteté de son esprit et sa grande capacité dans les affaires.
L'abbé de Choisy, qui ne le juge pas avec la même indulgence,
le dépeint néanmoins « comme un homme modeste, sans
affectation, cachant sa faveur avec autant de soin que son
bien, timide dans les affaires de sa famille, courageux et
même entreprenant dans celles de l'État, incapable d'en être
détourné par ses passions, dont il était toujours le maître,
sentant les obligations de son emploi et les devoirs de la
religion auxquels il a toujours été fidèle. » Gui Patin professe
également, dans ses Lettres, une haute estime pour Le Tellier,
et lorsqu'on songe avec quelle vivacité l'habile doyen de la
faculté de médecine de Paris s'élève contre Mazarin, qu'il
traite de *pantalon sans foi, de comédien à bonnet rouge,
d'escroc titré*, il faut convenir que, pour désarmer sa colère,
Le Tellier, créature du cardinal, a dû avoir des mérites réels.
S'agit-il des successeurs présumés de Mazarin, pendant la
maladie de ce dernier : « Pour M. Le Tellier, écrit-il le
22 octobre 1660, je l'aimerais mieux qu'un autre, car il est
bon Français et a l'âme bonne. Il n'est pas de ces courtisans
enragés et athées. Il croit en Dieu de bonne sorte et je le sais
de bonne part. Il est homme fort sage et fort réglé, bon
ménager et fort entendu dans les grandes affaires. » « Si
M. le chancelier mourait demain, écrit-il le 29 décembre de
la même année, M. Le Tellier serait en un instant son successeur et chancelier de France. C'est un seigneur très habile et
très digne de l'être. » Dans une autre lettre du 9 mars 1661,

Gui Patin émet la même opinion : « On dit que, de tous les conseillers d'État qui approchent du roi, celui qui tient le haut du pavé présentement est **M. Le Tellier**, et qu'il est le plus près de la première place. Dieu le veuille ! car il est le plus sage et le plus éclairé de tous. »

Nous voilà bien loin de l'abbé de Saint-Pierre et de ses déclamations outrées. Du reste, pour détruire le reproche d'égoïsme machiavélique que cet écrivain fait à Le Tellier, il suffit de dire que la France lui doit Colbert : c'est lui qui, distinguant les rares qualités du petit marchand de Reims, l'introduisit auprès de Mazarin et le fit nommer, dès 1649, conseiller d'État. J'insiste sur le caractère moral de Michel Le Tellier, parce que la première condition d'un discours c'est d'être vrai, et qu'une oraison funèbre, fût-elle un chef-d'œuvre, perdrait tout son mérite si elle portait à faux. Mais, comme nous venons de voir, rien ne nous oblige à nous écarter du jugement que Bossuet et Fléchier ont porté sur Le Tellier : tous les mémoires du temps s'accordent avec eux pour le présenter comme un homme d'ordre et de travail, aimant par-dessus tout le bien de l'État sans négliger sa propre élévation, n'ayant pas le génie nécessaire pour jouer le premier rôle à une époque difficile, mais fait pour briller au second rang, assez ferme et assez habile pour s'y maintenir, trop consciencieux, du reste, pour ne pas céder en toute circonstance à ce qu'il croyait être l'intérêt de son pays et de sa religion.

L'exorde de Bossuet est imité de l'oraison funèbre de saint Athanase, par saint Grégoire de Nazianze : « En louant Athanase, je louerai la vertu même », avait dit en commençant le patriarche de Constantinople. L'évêque de Meaux use du même tour de phrase : « en louant l'homme incomparable dont cette illustre assemblée célèbre les funérailles et honore les vertus, je louerai la sagesse même... » Partant de là, l'orateur fait remarquer dans la conduite de Le Tellier les trois caractères de la véritable sagesse, en ce qu'il a « fait céder à la modestie l'éclat ambitieux des grandeurs humaines, l'intérêt particulier à l'amour du bien public, et la vie même au désir des biens éternels. » Fléchier et l'évêque d'Aleth renferment le même sujet dans une division plus précise en apparence, qui leur permet également d'envisager tour à tour le ministre, le magistrat et le chrétien.

Ce n'est pas la première fois, Messieurs, que nous avons remarqué avec quel art admirable Bossuet sait mêler, dans ses oraisons funèbres, l'histoire de son temps aux enseignements de la foi. Les événements de la Fronde, en particulier, s'étaient déjà rencontrés sur son chemin, au cours de l'oraison funèbre d'Anne de Gonzague, où nous lui avons vu tracer de main de maître le tableau de cette époque orageuse. La vie de Le Tellier le remettait en face de la première partie du règne de Louis XIV. Or, c'est toujours une tâche difficile que d'écrire en tout ou en partie l'histoire de son temps. Pour s'en acquitter avec justice et mesure, il faut des conditions d'impartialité et de sang-froid qui se rencontrent rarement chez un contemporain. Nous en avons de nos jours un exemple frappant dans l'histoire de la Révolution Française dont nous sommes pourtant déjà plus éloignés que Bossuet ne l'était de la Fronde. Lorsqu'on lit l'un après l'autre les écrits multiples qui ont paru sur ce grand événement, on se demande, en vérité, si ce sont bien les mêmes faits qui ont donné lieu à des appréciations si diverses. Faits et personnes, tout change de traits ou de couleurs, selon les principes de l'écrivain ou l'intérêt qui le guide. Et, à vrai dire, il n'y a rien là qui doive nous surprendre. Ce n'est qu'à la longue, et à une assez forte distance des événements, qu'on peut les envisager d'un coup d'œil ferme et sûr : jusque-là, les impressions, trop vives encore, dominent la pensée et troublent le jugement. Bayle a dit quelque part : « L'historien devrait être comme Melchisédech, sans père ni mère, ou sans généalogie. » Il entendait de la sorte que, pour arriver à une impartialité complète, il faudrait pouvoir se séparer jusqu'à un certain point du milieu où l'on vit. Or, si cette disposition d'esprit est difficile, pour quiconque veut écrire l'histoire du passé, elle est encore plus rare dans l'historien du présent. Eh bien! ce que j'admire dans Bossuet, c'est le calme, la parfaite sérénité d'âme, avec laquelle il juge une révolution avortée, dont quarante années le séparaient à peine. A voir l'équité et la modération qu'il porte dans l'appréciation des divers personnages de ce drame, vous diriez que la Fronde lui apparaît dans un lointain de trois siècles. Il plane évidemment à une hauteur où n'arrivent pas les orages de la vie publique. Point de zèle outré pour l'autorité monarchique, à laquelle, du reste, il était si profondément dévoué ; point de récriminations amères. Bossuet sait qu'il est des moments difficiles où les esprits se divisent parce que les intérêts sont flottants et le droit incertain, où les meilleurs sont exposés à se tromper et à commettre des fautes, où l'on sort souvent de la lutte plus coupable qu'on n'y était entré, où par conséquent l'indulgence devient de la justice. C'est la règle de ses jugements dans ces pages où, comme Montesquieu disait de Tacite, l'évêque de Meaux « abrège tout, parce qu'il voit tout. » Par quelques coups de pinceau courts et rapides, il trouve moyen de peindre au vif le caractère soupçonneux de Mazarin, l'humeur versatile du duc d'Orléans, accessible à toutes les influences bonnes ou mauvaises, le génie audacieux et remuant du cardinal de Retz. Ce qui ajoutait d'ailleurs à l'intérêt de ce tableau historique, c'est que Bossuet parlait devant une assemblée dont plus d'un membre avait joué un rôle actif dans les événements de la Fronde :

« Si aujourd'hui je me vois contraint de retracer l'image de nos malheurs, je n'en ferai pas d'excuse à mon auditoire, où, de quelque côté que je me tourne, tout ce qui frappe mes yeux me montre une fidélité irréprochable ou peut-être une courte erreur réparée par de longs services. Dans ces fatales conjonctures, il fallait à un ministre étranger un homme d'un ferme génie et d'une égale sûreté, qui, nourri dans les compagnies, connût les ordres du royaume et l'esprit de la nation. »

Le Tellier était en effet l'homme qu'il fallait à Mazarin. Avec moins d'étendue d'esprit que le cardinal pour embrasser l'ensemble des affaires, il était plus apte à les suivre dans le détail. Un grand esprit d'ordre et une infatigable activité le rendaient propre à ce genre de travaux, qui prépare le succès sans en avoir le mérite. C'est lui qui, nommé plénipotentiaire d'Anne d'Autriche à la conférence de Ruel, eut la principale part à ce traité qui mit fin à la première Fronde, et lorsqu'on consulte la minute originale du traité de Ruel entre la cour et le parlement, on voit que toutes les corrections, suppressions et additions, sont écrites de la main de Le Tellier. L'évêque d'Aleth a su retracer avec un grand bonheur d'expressions l'habile fermeté du secrétaire d'État d'Anne d'Autriche, dans cet endroit de son oraison funèbre :

« Que ne puis-je vous le faire voir au milieu de ces agitations, se possédant toujours lui-même ; tantôt opposer aux desseins des factieux une généreuse résistance, tantôt leur accorder quelque chose pour ne pas les irriter ; traitant avec les grands et les peuples suivant leurs intérêts : proportionnant les remèdes aux conjonctures ; également habile, soit qu'il fallût, par une lente mais prudente négociation, laisser

la faction se ralentir d'elle-même, soit que, par une entreprise hardie, mais salutaire, il fallût couper le mal dans la
racine. »

Ce fut particulièrement dans l'affaire de l'arrestation des
princes, que Le Tellier rendit un service signalé au parti de la
cour. On sait avec quelle habileté Mazarin avait détaché du
prince de Condé le coadjuteur de Paris et la Fronde, pour se
défaire de son plus dangereux ennemi. Retz raconte au long
dans ses Mémoires les deux conférences si curieuses qu'il
eut avec la reine et Mazarin, à minuit, au Palais-Royal, et à
la suite desquelles les princes furent arrêtés et menés à Vincennes. Le coup fait, Mazarin se vit obligé de s'éloigner avec la
cour, pour aller réduire Bordeaux qui s'était soulevé en faveur
de Condé. Le duc d'Orléans demeura à Paris à la tête du
gouvernement, mais on eut soin, dit le cardinal de Retz, de
lui laisser M. Le Tellier pour conseiller et pour surveillant.
L'événement prouva que la précaution n'avait pas été inutile.
Tous les partis se disputaient la personne du prince de
Condé. Turenne, qui campait à la Ferté-Milon, à la tête des
Espagnols, cherchait à tenter un coup de main pour délivrer
les princes détenus à Vincennes. De leur côté, le duc de
Beaufort et les Frondeurs employaient tous les efforts pour
se rendre maîtres d'un dépôt si précieux. Tiraillé par les
divers partis, Monsieur hésitait entre eux. Ce fut alors que
Le Tellier déploya toutes les ressources de son talent. Il
joua le duc de Beaufort, amusa le coadjuteur, fixa l'irrésolu-
tion de Gaston d'Orléans, et fit transférer les captifs à Mar-
coussis. Sans ce coup de maître, Mazarin était vaincu et la
Fronde triomphait. Écoutons Bossuet rappelant ce fait :

« Mais s'il y eut jamais une conjoncture où il fallût montrer de la prévoyance et un courage intrépide, ce fut lorsqu'il s'agit d'assurer la garde des trois illustres captifs.

Quelle cause les fit arrêter : si ce fut ou des soupçons, ou des vérités, ou de vaines terreurs, ou de vrais périls, et, dans un pas si glissant, des précautions nécessaires, qui le pourra dire à la postérité ? Quoi qu'il en soit, l'oncle du roi est persuadé : on croit pouvoir s'assurer des autres princes, et on en fait des coupables, en les traitant comme tels. Mais où garder des lions toujours prêts à rompre leurs chaînes, pendant que chacun s'efforce de les avoir en sa main, pour les retenir ou les lâcher au gré de son ambition ou de ses vengeances ? Gaston, que la cour avait attiré en ses sentiments, était-il inaccessible aux factions ? Ne vois-je pas, au contraire, autour de lui des âmes hautaines qui, pour faire servir les princes à leurs intérêts cachés, ne cessaient de lui inspirer qu'il devait s'en rendre le maître... Mais il était juste que ce précieux dépôt de l'État demeurât entre les mains du roi, et il lui appartenait de garder une si noble partie de son sang. Pendant donc que notre ministre travaillait à ce glorieux ouvrage, où il y allait de la royauté et du salut de l'État, il fut seul en butte aux factieux. Lui seul, disaient-ils, savait dire et taire ce qu'il fallait. Seul il savait épancher et retenir son discours : impénétrable, il pénétrait tout ; et pendant qu'il tirait le secret des cœurs, il ne disait, maître de lui-même, que ce qu'il voulait. Il perçait dans tous les secrets, démêlait toutes les intrigues, découvrait les entreprises les plus cachées et les plus sourdes machinations. »

En s'attachant de la sorte aux intérêts de Mazarin, qui lui paraissaient ceux de l'État, Michel Le Tellier devait suivre la fortune du ministre. Aussi l'éloignement du cardinal fut-il le signal de sa propre disgrâce. « Deux fois, dit Bossuet, en grand politique, ce judicieux favori sut céder au temps et s'éloigner de la cour. Mais il le faut dire, toujours il y voulait revenir trop tôt. Le Tellier s'opposait à ses impatiences jusqu'à

se rendre suspect. » Je crains fort que l'orateur n'ait pas rendu
justice en cet endroit à la prévoyance de Mazarin. Le cardinal
savait très bien qu'une absence prolongée affaiblit le souvenir
des services rendus, et que bien des gens faisaient tous leurs
efforts pour ruiner son crédit dans l'esprit de la reine. Les
lettres qu'il écrivait à M. de Brienne, du fond de sa retraite,
témoignent de ses inquiétudes qui, à vrai dire, n'étaient que
trop fondées. Tout est dit ou à peu près sur le caractère de
Mazarin. Le cardinal de Retz l'appelait le *vilain cœur*, et,
par le fait, la droiture et la loyauté n'étaient pas le fond de
son âme. Mais ses défauts ne doivent pas nous faire méconnaître ses qualités. Je ne crois pas que, jusqu'à nos jours, il
ait paru en Europe un diplomate de génie comme le cardinal
Mazarin. Ses négociations, pour le traité de Westphalie et
celui des Pyrénées, sont le fait d'une habileté consommée. Je
ne veux pas refaire l'éternel parallèle de Richelieu et de
Mazarin, mais à coup sûr celui-ci compensait largement, par
la souplesse de sa politique, la fermeté de caractère de son
rival de gloire. Lorsqu'on envisage les difficultés de sa position, au milieu de la Fronde, on admire malgré soi la fécondité de cet esprit inépuisable en expédients de toute sorte.
Certes, il ne s'oubliait pas lui-même, en mettant son incroyable
activité au service de l'État ; en évaluant la fortune de Mazarin
à quarante ou cinquante millions, le surintendant Fouquet
nous a montré où s'arrêtait le désintéressement du ministre ; il ne serait pas juste, néanmoins, de croire que l'adroit
Italien ne prenait pas à cœur les intérêts de la France, sa patrie
adoptive. Continuer l'œuvre de Richelieu, à l'extérieur, par
l'abaissement de la maison d'Autriche et l'élévation de celle
de France ; à l'intérieur, par le triomphe de la royauté sur
l'aristocratie de robe et d'épée, tel fut le rêve de toute sa vie.
Et même, pour ce qui regarde son caractère religieux et

moral, il faut rabbattre beaucoup de ce que les romanciers
modernes ont mis sur son compte. Que Mazarin n'ait pas été
un exemple de piété, je l'admets bien volontiers ; mais de là
à l'immoralité ou au scepticisme qu'on lui prête assez souvent, il y a de l'espace. Malgré les accusations du cardinal de
Retz, son ennemi mortel, et d'après le témoignage formel de
madame de Motteville et du comte de Brienne, ses relations
trop intimes avec Anne d'Autriche restent à l'état de problème ; et bien qu'on ait souvent répété sur la foi de l'abbé
de Choisy, si léger lui-même en pareille matière, que sa *mort
fut plus philosophique que chrétienne*, le soin qu'il prit de se
préparer au grand passage, et la donation qu'il fit au roi de
tous ses biens sur l'ordre du père Théatin son confesseur,
prouvent que la religion et la morale avaient conservé de
l'empire sur son âme. Bref, si Fléchier avait mêlé quelques
ombres au tableau, je ne regarderais pas comme très exagéré
le portrait qu'il a tracé de Mazarin dans l'oraison funèbre de
Michel Le Tellier :

« Déjà, pour le soutien d'une minorité et d'une régence
tumultueuses, s'était élevé à la cour un de ces hommes en
qui Dieu met ses dons d'intelligence et de conseil, et qu'il tire
de temps en temps des secrets de sa Providence pour assister
les rois et pour gouverner les empires. Son adresse à concilier les esprits par des persuasions efficaces, à préparer les
événements par des négociations pressées ou lentes, à exciter
ou à calmer les passions par des intérêts et des vues politiques, à faire mouvoir avec habileté les ressorts ou de la
guerre ou de la paix, l'avait fait regarder comme un ministre
non seulement utile, mais nécessaire. La pourpre dont il était
revêtu, la capacité qu'il fit voir, et la douceur dont il usa
après plusieurs agitations, le mirent enfin au-dessus de
l'envie ; et tout concourant à sa gloire, le Ciel même faisant

servir à son élévation ses faveurs et ses disgrâces, il prit les rênes de l'État, heureux d'avoir aimé la France comme sa patrie, d'avoir laissé la paix aux peuples fatigués d'une longue guerre, et plus encore d'avoir appris l'art de régner et les secrets de la royauté au premier monarque du monde.»

En regard de Mazarin apparaissait, dans le camp opposé, une autre figure moins grande à la vérité, mais non moins originale, celle du cardinal de Retz. Bossuet ne pouvait manquer de l'esquisser en quelques traits dans l'éloge de Le Tellier, que le fameux coadjuteur honorait de son estime malgré leur inimitié politique. Paul de Gondi est sans contredit un des personnages les plus singuliers qui aient paru dans l'histoire de notre pays. Élève de saint Vincent de Paul, qui cette fois du moins n'eut pas la main heureuse, il se voit malgré lui, lancé par sa famille dans les rangs du clergé, avec *l'âme peut-être la moins ecclésiastique qui fût dans l'univers,* comme il l'avoue en tête de ses Mémoires. Après avoir débuté dans sa nouvelle carrière par deux duels, il écrit à dix-huit ans l'histoire de la conjuration de Gênes, ce qui fait dire à Richelieu, qui se connaissait en hommes : Voilà un dangereux esprit. Pour donner raison au cardinal, l'abbé de Retz trame une conspiration contre lui avec le comte de Soissons. Nommé coadjuteur de l'archevêque de Paris, son oncle, il se jette avec ardeur dans la Fronde comme offrant un aliment à son activité inquiète. Il prêche dans les églises, conspire dans les cabinets, harangue le peuple dans les rues, se mêle aux barricades, en rochet et en camail, et savoure le plaisir d'avoir retrouvé enfin le rôle de Tibérius Gracchus ou de Jean Fiesque. Tantôt, pour supplanter Mazarin, il donne la main au parlement et aux princes ; tantôt, pour obtenir le chapeau de cardinal, il sacrifie Condé et se rapproche de la cour. Agitateur avant tout, aimant le bruit pour lui-même, satis-

fait des émotions de la lutte qu'il goûte et qu'il excite, il
marche sans but déterminé, partout où l'entrainent le ressentiment et la passion. Les troubles de la Fronde sont apaisés,
que le coadjuteur est toujours là menaçant l'autorité royale.
Arrêté au milieu d'une station de l'Avent qu'il prêchait à
Saint-Germain-l'Auxerrois, il est conduit à Vincennes et de là
à Nantes, d'où il s'évade pour gagner Rome à travers l'Espagne. Là, s'ouvre une phase nouvelle de son existence. Il
entreprend contre Mazarin et la cour une guerre de plume et
d'influences, gouverne, bien qu'absent, le diocèse de Paris
pendant sept ans, adresse des manifestes à l'épiscopat du
monde entier, et, chose singulière, gagne en sa faveur le chapitre, les curés, le peuple de Paris qui lui restent fidèles, et
jusqu'au pape lui-même qui le soutient constamment. De
guerre lasse, Louis XIV traite avec lui, et Retz se démet de
son siège pour se retirer à Commercy, d'où il sort encore à
diverses reprises pour remuer tout le collège des cardinaux,
et faire triompher successivement l'influence française dans
l'élection de quatre papes. Je ne crois pas, Messieurs, que
le dix-septième siècle offre une existence plus étrange et plus
tourmentée, et je conçois l'indulgente bonté avec laquelle
Bossuet le traite dans l'oraison funèbre de Michel Le Tellier;
car ce conspirateur de génie, dévoyé malgré lui au milieu de
l'Église, est encore plus à plaindre qu'à blâmer. Quand
l'évêque de Meaux traçait le portrait de Paul de Gondi du
haut de la chaire, il n'y avait pas sept ans que le cardinal
venait de s'éteindre à Paris, dans l'hôtel de Lesdiguières, assisté
jusqu'à sa dernière heure par madame de Sévigné, qui ne
trouvait que Turenne de comparable à lui pour l'élévation du
génie :

« Puis-je oublier celui que je vois partout dans le récit de
nos malheurs ? Cet homme, si fidèle aux particuliers, si redou-

table à l'État, d'un caractère si haut qu'on ne pouvait ni l'estimer, ni le craindre, ni l'aimer, ni le haïr à demi ; ferme génie, que nous avons vu en ébranlant l'univers s'attirer une dignité qu'à la fin il voulut quitter comme trop chèrement achetée, ainsi qu'il eut le courage de le reconnaître dans le lieu le plus éminent de la chrétienté, et enfin comme peu capable de contenter ses désirs, tant il connut son erreur et le vide des grandeurs humaines. Mais, pendant qu'il voulait acquérir ce qu'il devait un jour mépriser, il remua tout par de secrets et puissants ressorts ; et, après que tous les partis furent abattus, il sembla encore se soutenir seul, et seul encore menacer le favori victorieux de ses tristes et intrépides regards. La religion s'intéresse dans ses infortunes, la ville royale s'émeut, et Rome même menace. Quoi donc! n'est-ce pas assez que nous soyons attaqués au dedans et au dehors par toutes les puissances temporelles? Faut-il que la religion se mêle dans nos malheurs et qu'elle semble nous opposer de près et de loin une autorité sacrée? Mais, par les soins du sage Michel Le Tellier, Rome n'eut point à reprocher au cardinal Mazarin d'avoir terni l'éclat de la pourpre dont il était revêtu... »

C'est Le Tellier, en effet, qui, à force d'adresse et de modération était parvenu à obtenir du cardinal de Retz sa démission de l'archevêché de Paris. La conscience chrétienne du ministre avait été troublée par l'interdit que le prélat, poussé à bout, venait de lancer sur le diocèse. Ce ne fut pas la seule fois que Le Tellier prit part aux affaires religieuses de son temps. La dignité de chancelier, à laquelle il fut élevé en 1677, le mettait en face de la question si délicate des rapports entre l'autorité spirituelle et l'autorité temporelle. Malheureusement, le chef de la magistrature française était légèrement imbu des maximes ultragallicanes de ce corps. C'est lui

qui, le premier, de concert avec l'archevêque de Reims, son
fils, porta l'assemblée du clergé à faire la célèbre déclaration
de 1682. Il est juste d'ajouter, néanmoins, qu'après avoir été
combattus vivement par Bossuet sur ce point, les deux
Le Tellier avaient abandonné le projet par la crainte des
suites et des difficultés, et ce fut Colbert qui le reprit pour le
faire triompher dans l'esprit du roi. Ce sont les propres
paroles de Bossuet, rapportées par Ledieu dans son journal,
à la date du 19 janvier 1700. Quant au rôle de l'évêque de
Meaux, dans cette fameuse assemblée, les *Opuscules* de Fleury,
plus à même que personne de connaitre les vrais sentiments
de celui qui l'honorait de son amitié, ne permettent plus le
moindre doute à cet égard. C'est avec la plus vive répugnance
qu'il voyait cette question de l'autorité du pape traitée par
un petit nombre d'évêques ; il la croyait hors de saison, et
comme s'il avait voulu condamner à l'avance les propositions
du clergé, il les appelait, dans un entretien avec Le Tellier,
des *propositions odieuses*. Pour ajourner indéfiniment la
question, dit Fleury, en la faisant trainer en longueur, il
voulait qu'avant de la décider, on examinât toute la tradition, et ce n'est qu'à la dernière extrémité que, choisissant
de deux maux le moindre, il s'efforça de calmer l'irritation
croissante des esprits, en rédigeant les quatre articles qui
retenaient l'Église de France sur la pente d'un schisme. Je ne
dis cela qu'en passant, pour caractériser l'attitude de Le Tellier et de Bossuet dans cette mémorable circonstance ; car
pour ce qui est du fond des quatre articles, je ne me sens nul
besoin de les combattre, et je n'ai aucune envie de les soutenir. On peut être étonné que Bossuet ne touche pas directement à ce point si grave dans l'oraison funèbre de Le Tellier ;
mais les paroles que vous allez entendre prouvent, qu'en 1686,
un autre souci le préoccupait. L'événement avait montré que

ce n'est pas du côté du pape, défenseur naturel et obligé des
droits de l'épiscopat, que venait le danger, mais du côté de
l'État, dont les empiétements sur le pouvoir spirituel deve-
naient de jour en jour plus menaçants. A la vérité, le clergé
de France pouvait bien un peu s'en prendre à lui-même des
usurpations du pouvoir temporel, par les occasions fréquentes
qu'il fournissait à la magistrature d'intervenir dans ses affaires
intérieures. N'avait-on pas vu, dans les discussions du P. Mal-
donat sur l'Immaculée Conception, la Sorbonne en appeler
au parlement comme d'abus d'une décision doctrinale de
Gondi, archevêque de Paris? N'avait-on pas vu, dans l'affaire
de la régale, la grande majorité des évêques de France prendre
le parti du roi, qui violait leurs droits, contre le pape qui
les soutenait? Est-il étonnant qu'après cela le pouvoir civil
et la magistrature se soient prévalus d'une telle faiblesse pour
asservir le clergé? Aussi vit-on certains magistrats mettre en
avant des prétentions qui, aujourd'hui, nous sembleraient
ridicules. En 1665, la cour de justice, connue sous le nom de
Grands Jours d'Auvergne, établit une commission de laïques
pour visiter les églises et voir si les sacrements étaient admi-
nistrés comme ils doivent l'être. On conçoit que les réclamations de l'assemblée du clergé de France aient dû faire casser
un si étrange règlement. Mais la magistrature n'en persista pas
moins dans ces envahissements qui devaient aboutir, un
siècle après, à la *constitution civile du clergé.* Il faut lire les
Opuscules de Fleury, peu suspect en pareille matière comme
assez gallican, pour comprendre cette partie de l'oraison
funèbre de Michel Le Tellier : « La grande servitude de
l'Église gallicane, dit-il, s'il est permis de parler ainsi, c'est
l'étendue excessive de la juridiction séculière... Ainsi, on ôte
aux évêques la connaissance de ce qui leur importe le plus,
le choix des officiers dignes de servir l'Église sous eux, et la

fidèle administration de son revenu ; et ils ont souvent la douleur de voir, sans le pouvoir empêcher, un prêtre incapable et indigne se mettre en possession d'une cure considérable, parce qu'il est plus habile plaideur qu'un autre, ce qui devrait l'en exclure. Les appellations comme d'abus ont achevé de ruiner la juridiction ecclésiastique... Si quelque étranger, zélé pour les droits de l'Église, et peu disposé à flatter les puissances temporelles, voulait faire un traité des servitudes de l'Église gallicane, il ne manquerait pas de matière... » C'est ainsi que Fleury appelait les libertés de l'Église gallicane. Bossuet ne pensait pas autrement là-dessus, comme il paraît par l'oraison funèbre qui nous occupe :

« On ne cesse d'entreprendre sur les droits sacrés de l'Église : sa puissance céleste est affaiblie, pour ne pas dire tout à fait éteinte. On se venge sur elle de quelques-uns de ses ministres, trop hardis usurpateurs des droits temporels : à son tour la puissance temporelle a semblé vouloir tenir l'Église captive, et se récompenser de ses pertes sur Jésus-Christ même : les tribunaux séculiers ne retentissent que des affaires ecclésiastiques... Il est vrai qu'on commence à écouter l'Église : l'auguste conseil et le premier parlement donnent des secours à son autorité blessée : les sources du droit son révélées, les saintes maximes revivent... Après ces commencements, ne pourrons-nous pas enfin espérer que les jaloux de la France n'auront pas éternellement à lui reprocher les libertés de l'Église toujours employées contre elle-même ? »

On ne pouvait condamner d'une manière plus formelle que Bossuet ne le fait, dans cette phrase restée célèbre, ces libertés de l'Église gallicane que Fénelon définissait ainsi en **1711** : « Libertés à l'égard du pape, servitudes envers le roi. » Qu'eût dit le grand orateur, s'il avait pu prévoir, en **1686**,

que, peu d'années après, le successeur de Le Tellier lui défen-
drait d'imprimer ses œuvres *avant d'avoir été soumises à la
censure,* et qu'il viendrait un jour où lui, vieil évêque blan-
chi dans la défense de la vraie foi, ne pourrait plus enseigner
à son peuple par écrit la doctrine du Christ, sans la permission de M. de Pontchartrain? Triste et déplorable état de
choses, Messieurs, dont les conséquences se firent sentir le
jour où la royauté, la magistrature et le clergé se virent en-
veloppés dans une ruine commune! Tant il est vrai que la
servitude ne profite jamais à celui qui la crée, que la liberté
de l'Église est une des sécurités de l'État, et qu'il n'est pas
donné à l'une de ces deux puissances d'attenter aux droits de
l'autre, sans porter une atteinte à sa propre indépendance!

Michel Le Tellier était un de ces esprits, fermes et modérés
à la fois, qui préfèrent tourner les difficultés que de les emporter de haute lutte. Dès que Bossuet lui eut fait comprendre le
danger qu'il y avait à remuer la question de l'autorité du
pape, il combattit dans l'esprit de Louis XIV un projet dont
il avait eu l'initiative, sans pouvoir l'emporter sur Colbert,
que les mêmes scrupules ne retenaient pas dans l'action. Il
montra le même esprit de modération dans l'administration de
la justice. C'est par une critique fine et ingénieuse de certains magistrats de son temps, que Bossuet fait ressortir les
qualités du chancelier dans l'exercice de ses fonctions :

« Dans les audiences vulgaires, l'un toujours précipité vous
trouble l'esprit; l'autre avec un visage inquiet et des regards
incertains vous ferme le cœur; celui-là se présente à vous
par coutume ou par bienséance, et il laisse vaguer ses pensées sans que vos discours arrêtent son esprit distrait; celui-
ci, plus cruel encore, a les oreilles bouchées par ses préventions, et incapable de donner entrée aux raisons des autres,
il n'écoute que ce qu'il a dans son cœur. A la facile audience

de ce sage magistrat, et par la tranquillité de son favorable
visage, une âme agitée se calmait. »

Lorsqu'en 1677, Louis XIV confia à Le Tellier les sceaux
de l'État, la plupart des grandes réformes judiciaires du dix-
septième siècle étaient opérées. Pour se faire une idée exacte
des désordres qui avaient cours dans l'administration de
la justice, et des énormes abus de la chicane qui avaient
prévalu jusqu'alors, il suffit de parcourir les mémoires que
Fléchier écrivit dans sa jeunesse, sur les Grands jours d'Auvergne. Par les soins intelligents de Colbert, un conseil de
justice, composé des premiers jurisconsultes du royaume, pré-
para les travaux d'où sortirent l'ordonnance civile du mois
d'avril 1667 et l'ordonnance criminelle du mois d'août 1670.
Mais, comme l'a fort bien observé d'Aguesseau, les officiers
ministériels et les juges annulèrent en partie les effets de ces
réformes par le perfectionnement de la science de la chicane.
« Tout était possible aux artifices de la chicane, dit l'évêque
d'Aleth prononçant l'oraison funèbre de Le Tellier devant
l'élite de la magistrature française : les affaires les plus injustes
réussissaient par ses subtilités ou duraient éternellement par
ses longueurs ; enfin elle n'était jamais sans ressource.
Vaincue dans un tribunal, elle cherchait asile dans un autre,
et, ne manquant jamais de spécieux prétextes, elle avait le
secret de recommencer une guerre et plus longue et plus
dangereuse. » Pour remédier à cet abus, Le Tellier s'efforça
de faire refleurir la véritable science du droit. C'est lui qui,
par l'édit du rétablissement des études, obligea les étudiants
en droit à fréquenter les cours de l'école pendant trois ans ;
et désormais, il ne suffit plus, dit l'orateur de l'Université,
célébrant comme de juste cet acte du chancelier dans son
éloge funèbre, il ne suffit plus d'une seule matinée pour
fabriquer un avocat ou un magistrat. Des désordres plus

graves régnaient en haut lieu. Abusant de la faculté que laissait le souverain d'annuler les jugements des tribunaux, le conseil d'État donnait à ce droit une extension illimitée. On sait d'ailleurs avec quelle déplorable facilité les bannissements, les détentions arbitraires, se couvraient, sous l'ancien régime, du prétexte de la raison d'État, éternelle arme des pouvoirs faibles ou violents. Pénétré d'un sentiment profond de la justice, Bossuet s'élève avec énergie contre ces mesures illégales ou extrêmes, dont le chancelier s'efforçait de modérer l'emploi :

« L'infatigable ministre sait que si la prudence du souverain magistrat est obligée quelquefois, dans les cas extraordinaires, de suppléer à la prévoyance des lois, c'est toujours en prenant leur esprit ; et enfin qu'on ne doit sortir de la règle qu'en suivant un fil qui tienne pour ainsi dire à la règle même... Combien de fois s'est-on plaint que les affaires n'avaient ni de règle ni de fin ; que la force des choses jugées n'était presque plus connue ; que la compagnie où l'on renversait avec tant de facilité les jugements de toutes les autres, ne respectait pas davantage les siens ; enfin que le nom du prince était employé à rendre tout incertain, et que souvent l'iniquité sortait du lieu d'où elle devait être foudroyée ? Sous le sage Michel Le Tellier, le conseil fit sa véritable fonction ; et l'autorité de ses arrêts, semblable à un juste contre-poids, tenait par tout le royaume la balance égale... »

On voit du reste, par l'ensemble de cette oraison funèbre, quelle haute idée Bossuet se faisait du caractère et des fonctions de juge. C'est le propre du grand orateur d'élever jusqu'à Dieu les pouvoirs humains ; puis, pour exprimer la majesté souveraine que la Divinité leur prête, il s'en va chercher dans la Bible quelque image, ou un souvenir prophétique, et, ajoutant à l'éclat de la pensée toute la puissance du drame, il transporte l'auditoire en face d'une grande scène :

« Ouvrez les yeux, chrétiens, contemplez ces augustes tribunaux où la justice rend ses oracles, vous y verrez, avec David, les dieux de la terre, qui meurent à la vérité comme des hommes, mais qui cependant doivent juger comme des dieux, sans crainte, sans passion, sans intérêt; le Dieu des dieux à leur tête, comme le chante ce grand roi d'un ton si sublime dans ce divin psaume : « Dieu assiste, dit-il, à l'assemblée des dieux, et au milieu il juge les dieux. » O juges, quelle majesté de vos séances! quel président de vos assemblées! mais aussi quelle censure de vos jugements! »

Nous arrivons à l'acte qui couronna la carrière du chancelier Michel Le Tellier, celui de tous les actes de sa vie qui a le plus attiré l'attention sur sa mémoire, la révocation de l'édit de Nantes, qu'il scella avant de mourir. Le fait en lui-même est fort important, et il faut examiner avec soin comment Bossuet l'a jugé; aussi, ai-je dessein de consacrer une leçon entière à cette partie de l'oraison funèbre : il s'agit là d'une grave question que je n'aurais pas cherchée, mais que je ne dois pas éviter, celle de la liberté de conscience.

TRENTE-CINQUIÈME LEÇON

ORAISON FUNÈBRE DE LE TELLIER (*Suite*).— RÉVOCATION DE L'ÉDIT DE NANTES — LIBERTÉ DE CONSCIENCE

Les divers sens du mot *conscience* et du mot *liberté*. — L'homme est-il libre de manifester sa croyance au dehors par l'enseignement et par le culte ? — Le système de la liberté de conscience absolue et illimitée est une chimère et une absurdité. — M. Jules Simon et les Mormons. — Lamennais condamné par l'encyclique de 1832. — La tolérance civile de tous les cultes, en théorie et en pratique : le moyen âge et les temps modernes. — Un État non catholique peut-il prétendre aux mêmes droits qu'un État catholique ? — Le véritable caractère de l'édit de Nantes. — Politique de Richelieu et de Mazarin vis-à-vis des protestants. — La révocation *totale* de l'édit de Nantes, bien qu'accueillie par tous les catholiques de France avec un grand enthousiasme, n'en a pas moins été une faute regrettable.— Comment l'édit de 1685 a été apprécié par Hersan, Maboul, Fléchier et Bossuet. — L'évêque de Meaux, pas plus que l'archevêque de Cambrai, n'approuva les mesures de rigueur employées contre les huguenots par les agents du roi : il était pour la persuasion et non pour la violence.

Messieurs,

En prononçant l'oraison funèbre de Michel Le Tellier, Bossuet ne pouvait passer sous silence la révocation de l'édit de Nantes, à laquelle le chancelier avait pris une grande part. L'appréciation de ce fait n'occupe pas une moindre place dans les discours de Fléchier, de Maboul, évêque d'Aleth, et du professeur royal d'éloquence qui, dans l'église de Sorbonne, célébra la mémoire du ministre au nom de l'Université.

Avant d'examiner le jugement qu'ont porté ces divers orateurs sur l'ordonnance du 17 octobre 1685, par laquelle Louis XIV retirait aux protestants du royaume les franchises que Henri IV leur avait octroyées par l'édit de Nantes, il n'est pas inutile de poser quelques principes qui servent à éclaircir la question. Je le fais d'autant plus volontiers que la publication récente d'un livre intitulé *De la liberté de conscience* est venue rappeler l'attention sur ces matières si épineuses et si délicates.

Il en est, Messieurs, de ce mot, liberté de conscience, comme de beaucoup d'autres de la même espèce, qui, bien ou mal interprétés, peuvent offrir à l'esprit un sens clair et facile, ou faire naître d'étranges équivoques. C'est donc ici le cas, plus que jamais, de se rappeler cet adage de la vieille logique, qui est toujours la bonne, à savoir, qu'il ne faut s'engager dans aucune discussion sans laisser, au point de départ, des définitions nettes et précises.

Car enfin, si je dis : liberté de conscience, j'emploie deux termes, *liberté, conscience*, qui sont susceptibles, l'un et l'autre, de plus d'un sens. Ainsi la conscience, telle qu'on l'entend en psychologie, n'est pas la conscience envisagée dans l'ordre religieux et moral. De même le libre arbitre, ou la faculté de se déterminer par soi, est tout autre chose que la liberté civile ou politique. Conséquemment ne pas définir ces termes, ou les prendre l'un pour l'autre, c'est s'exposer à des méprises fâcheuses, ou tomber dans des déclamations à tout le moins inutiles.

Or, il est évident qu'il ne peut s'agir ici de la conscience, dans le sens psychologique du mot, c'est-à-dire du sens intime ou de cette vue de l'âme sur elle-même par laquelle elle se perçoit avec les différentes modifications dont elle est affectée. Dans l'état de veille et de raison, l'homme a nécessairement conscience de ce qu'il pense et de ce qu'il fait, et rien ne peut lui ôter cette liberté du sens intime si ce n'est le sommeil ou la folie.

Il ne s'agit pas davantage de la conscience, comme sens moral, ou de cette faculté que nous avons de porter un jugement intérieur sur la bonté ou la malice de nos actes. Il est clair qu'aussi longtemps que le sens moral n'est pas entièrement émoussé en nous, rien au monde ne peut nous empêcher de nous blâmer intérieurement quand nous faisons le mal, ou de nous estimer quand nous faisons le bien.

Voilà donc, pour commencer, deux significations du mot *conscience* qu'il faut écarter comme étrangères à la question. Reste une troisième. On peut, en effet, entendre par là l'âme en tant que possédant un ensemble de croyances et de sentiments sur l'ordre religieux et moral, qu'elle peut manifester au dehors par la parole et par l'action. D'où il suit évidemment que la liberté de conscience comprend deux choses : la liberté de croire au-dedans et la liberté de manifester au dehors ce que l'on croit : en d'autres termes, la liberté intérieure de la pensée ou de la croyance, et la liberté extérieure de l'enseignement et du culte. Cette distinction est capitale : faute de l'établir, on s'expose à une confusion déplorable et à des malentendus sans fin.

Mais le mot de *liberté* lui-même peut avoir plus d'un sens. Il s'emploie d'abord pour désigner *le libre arbitre,* ou cette faculté que nous avons de délibérer intérieurement sur les divers motifs qui nous portent à croire ou à faire, de choisir entre eux et de nous déterminer par nous-mêmes. Cette liberté-là n'est pas en question ; il n'y a pas de puissance humaine qui puisse nous l'ôter ; Dieu même la respecte : c'est la condition essentielle du mérite ou du démérite, de la récompense ou du châtiment. Le libre arbitre est inviolable : nous sommes libres, sous notre responsabilité, de préférer dans le for intime de la conscience l'erreur à la vérité, le mal au bien. Mais autre chose est l'exercice du libre arbitre, ou sa manifestation par la parole et par l'action. Une simple remarque suffira pour vous faire comprendre l'importance de cette distinction. Je suis parfaitement libre de croire que la propriété est un vol, sauf à rendre compte à Dieu de cette croyance, mais je ne suis pas libre pour cela de voler. La loi humaine, qui ne peut m'enlever mon libre arbitre, peut et doit l'entraver dans son exercice, parce que mes droits finissent là où commencent les droits d'autrui. C'est dans ce sens, et dans ce sens seulement, que les lois humaines ont pu restreindre ou limiter la liberté religieuse ou morale.

Cela posé, la question de la liberté de conscience se simplifie beaucoup, en se dégageant de tout ce qui n'y rentre pas. Il ne s'agit pas de savoir si l'homme doit ou ne doit pas conserver son libre arbitre, par une raison bien simple, c'est qu'il ne peut pas le perdre. Il ne s'agit pas non plus d'examiner si l'homme est libre, sous sa responsabilité, de penser et de croire intérieurement ce qu'il veut. La chose est évidente. Il n'y a pas de pouvoir humain qui puisse me contraindre à faire un acte de foi intérieur sur une vérité quelconque, si je ne le veux pas. Et comment s'y prendrait-on pour triompher, contre mon gré, de ma liberté intime, pour m'enlever cette indépendance du dedans? En m'arrachant de force une profession de foi extérieure? mais, dussé-je céder à cet acte d'hypocrisie, je n'en reste pas moins libre de penser ce que bon me semble. C'est dans ce sens que M. de Bonald a dit, fort spirituellement, que demander la liberté de penser est aussi absurde que de demander la liberté de la circulation du sang. Le sang circule sans ma permission ni celle d'autrui. Mon esprit suit son libre cours, sans que rien puisse l'arrêter, à moins que je n'y consente. Vous croirez peut-être, Messieurs, que cela est tellement clair qu'il soit inutile d'insister. Cela est clair sans doute: mais c'est un champ si vaste et un thème si fécond, lorsqu'on veut déclamer à côté de la question ! Écoutez ceci :

« Je puis dire avec les stoïciens : vous m'arracherez toutes choses, vous ne m'arracherez pas à moi-même. L'ennemi peut me rendre un membre inutile de la société ; il peut faire de moi un paria. Il peut porter la douleur et la désolation dans mon foyer. Il dispose de mon corps. Il dépend de lui de me jeter dans un cachot, de me faire torturer, de me faire assassiner. Mais je le brave au dedans de moi. Pendant qu'il me torture et me martyrise, moi je le juge. Il commande à ses bourreaux, et moi à ma douleur. Je garde entière ma foi, parce que je le veux. Je mourrai, mais je mourrai entier. Voilà l'homme libre. »

Cette tirade est très belle, fort éloquente, mais ne fait absolument rien à la question. Elle prouve tout simplement que l'homme conserve son libre arbitre, quoi qu'on fasse, ce qui est hors de doute. Personne n'a jamais prétendu le contraire. Tous ceux qui admettent le libre arbitre, doivent reconnaître que l'homme a non-seulement le droit, mais le devoir de refuser l'assentiment de son esprit à une doctrine dont la fausseté lui est démontrée. De ce point de vue la conscience est inviolable, et par le fait ne saurait être violée, parce qu'elle échappe à toute violence et brave toute contrainte. Mais aussi ce ne saurait être là l'objet d'une controverse. Pour être circonscrit dans ses véritables limites, le débat porte tout entier et uniquement sur ce point : l'homme est-il libre de manifester sa croyance au dehors par l'enseignement et par le culte ?

Ici, Messieurs, deux systèmes sont en présence l'un de l'autre : le système de la liberté de conscience absolue et illimitée, et le système de la liberté de conscience relative et limitée : celui qui reconnaît à tout homme, quel qu'il soit, le droit de professer et d'étendre toute espèce de doctrine sans la moindre restriction, et celui qui n'admet ce droit que relativement aux temps et aux lieux, en le renfermant dans des limites déterminées.

Or, je dis que le système de la liberté de conscience absolue et illimitée est une chimère et une absurdité : une chimère, parce qu'il est impraticable ; une absurdité, parce qu'il est réprouvé par le sens commun et les principes les plus élémentaires de la raison.

Et d'abord il est impraticable ; car nulle société ne saurait exister avec un semblable principe, et par le fait nulle société ne l'a jamais reconnu. Si vous admettez que tout homme, par cela même qu'il est homme, a le droit de professer publiquement et de propager telle doctrine que bon lui semble, vous ne pouvez plus, si vous voulez être conséquent, ni proscrire aucune erreur, ni poursuivre aucun crime. Un homme se présente au milieu de vous, disant que son culte exige des sacrifices humains, qu'aux yeux de sa conscience, c'est le plus grand hommage qu'il puisse rendre à la divinité ; que ferez-vous ? Tolérerez-vous un tel culte ? Mais vous allez donc ériger l'homicide en droit. Le proscrirez-vous ? Mais, dans ce cas, que devient votre principe de la liberté de conscience absolue et illimitée ? Vous le proclamez d'une part, et vous le violez de l'autre. Serait-ce que cet exemple vous frappe moins, parce que nous sommes éloignés de Carthage ou des Druides ? En voici un autre. Quelques têtes, échauffées par la lecture de la Bible, en viendront au point de se persuader, comme les anabaptistes du seizième siècle, que le bien de chacun est la propriété de tous, qu'un pouvoir quelconque est un attentat à la liberté du chrétien, qu'en conséquence, il faut faire main basse, au nom de Dieu, sur tout ce qui gouverne ou possède. Encore une fois, tolérerez-vous la propagation de pareilles doctrines ? Autant vaudrait passer à l'état sauvage. Que si vous les proscrivez comme subversives de l'ordre social, vous posez par le fait même une limite à la liberté de conscience, vous reniez votre principe. Vous direz peut-être que la sécurité de l'État, le bon ordre de la société et la morale publique vous obligent à agir de la sorte, qu'il est un ensemble de lois naturelles, base première des sociétés, qu'il n'est permis à personne d'attaquer impunément. Fort bien, mais reconnaissez en même temps que la liberté de conscience a des bornes, qu'il est des cas où l'on peut et où l'on doit la restreindre, que le pouvoir public a le droit d'empêcher la libre manifestation de certaines doctrines. C'est ce qu'ont reconnu d'ailleurs, par une étrange inconséquence, les écrivains qui ont fait sonner le plus haut le mot de tolérance. Rousseau n'a pas craint, dans son *Contrat social*, l. IV, ch. 8, d'attribuer à l'État le droit de punir, par le bannissement ou la mort même, quiconque ne croit pas les articles de foi fabriqués par le souverain lui-même. Jamais écrivain catholique n'eût osé écrire une telle phrase, qui consacre l'intolérance la plus révoltante qu'on puisse imaginer, puisqu'elle investit le souverain du droit de fixer la religion de ses sujets et de frapper ceux qui la nient. Mais enfin, enregistrons l'aveu. C'est sans doute par une raison analogue que M. Jules Simon, dans son livre de *la liberté de conscience*, en appelle aux tribunaux contre les Mormons. Le passage est curieux, et mérite d'être cité : « Je ne sais pas quels seraient les effets de l'éloquence des Mormons s'ils envoyaient des apôtres en France pour y faire des prosélytes à leur culte bizarre ; mais je sais qu'une religion communiste ne s'établira jamais parmi nous, par l'excellente raison que les attaques contre le principe de la propriété y sont défendues. » La raison est excellente, en effet, sous la plume de celui qui la donne. Et de quel droit ces attaques seraient-elles défendues si, comme vous le dites, tout homme avait le droit imprescriptible, inaliénable, de manifester librement ses croyances? Pourquoi les Mormons, ou toute autre secte, ne jouirait-elle pas du bénéfice commun? « On dirait, continue le même auteur, que nous n'avons pas confiance dans la justice et la sévérité de nos tribunaux. » En vérité, il valait bien la peine de commencer par la tolérance universelle pour finir par la police. C'est qu'en effet, Messieurs, la thèse de la liberté de conscience absolue et illimitée est insoutenable; et ceux-là mêmes qui s'évertuent le plus à la défendre sont obligés de l'abandonner, si peu qu'on les presse, pour échapper à ses conséquences anarchiques et ne pas révolter le sens commun.

Voilà pourquoi l'Église réprouve le système de la liberté de conscience absolue et illimitée; et le pape Grégoire XVI l'a condamné, en ces termes, dans sa mémorable Encyclique de 1832, adressée à tous les patriarches, primats, archevêques et évêques du monde entier :

« De cette source infecte de l'indifférentisme découle cette maxime absurde et erronée, ou plutôt ce délire, qu'il faut assurer et garantir à qui que ce soit la liberté de conscience. On prépare la voie à cette pernicieuse erreur par la liberté d'opinions pleine et sans bornes, qui se répand au loin pour le malheur de la société religieuse et civile, quelques-uns répétant avec une extrême impudence qu'il en résulte quelque avantage pour la religion. Mais, disait saint Augustin, qui peut mieux donner la mort à l'âme que la liberté de l'erreur ? En effet, tout frein étant ôté qui soit capable de retenir les hommes dans les sentiers de la vérité, leur nature inclinée au mal tombe dans un précipice, et nous pouvons dire avec vérité que le puits de l'abîme est ouvert, ce puits d'où saint Jean vit monter une fumée qui obscurcit le soleil, et sortir des sauterelles qui ravagèrent la terre. De là le changement des **esprits**, une corruption plus profonde de la jeunesse, le mépris des choses saintes et des lois les plus respectables répandu parmi le peuple, en un mot, le fléau le plus mortel pour la société, puisque l'expérience a fait voir de toute antiquité que les États qui ont brillé par leurs richesses, par leur puissance, par leur gloire, ont péri par ce seul mal, la liberté immodérée des opinions, la licence des discours et l'amour des nouveautés. »

Pour bien préciser le sens de ce passage et n'y chercher que ce qui s'y trouve, il faut avoir égard à deux choses : aux termes mêmes de l'Encyclique, et à la théorie des écrivains que le souverain pontife avait en vue, c'est-à-dire à la théorie de M. de Lamennais et du journal l'*Avenir*. Or, que soutenait M. de Lamennais en 1831 ? Avec la fougue habituelle de son caractère, il prétendait que tout homme, par cela même qu'il est homme, doué de raison et de liberté, a le droit, en tout temps et en tout lieu, de professer et d'étendre telle doctrine ou tel culte que bon lui semble, sans pouvoir être entravé dans l'exercice de ce droit par une puissance quelconque ; que lui enlever la moindre parcelle de cette liberté de manifester au dehors sa pensée ou sa croyance, c'est un crime : en d'autres termes, il cherchait à faire prévaloir le système de la liberté de conscience absolue et illimitée. Nous venons de voir les conséquences d'une pareille théorie, qui obligerait les pouvoirs publics à tolérer tous les excès, du moment qu'il plairait à un individu d'en appeler à sa conscience pour justifier ses actes. Eh bien ! Messieurs, ce sont ces opinions extrêmes, accréditées par un écrivain d'un talent supérieur, que le pape Grégoire XVI a voulu proscrire dans son Encyclique de 1832, chef-d'œuvre de prudence chrétienne et de vigueur apostolique. Pesons bien les termes : « De cette source infecte de l'indifférentisme découle cette maxime absurde et erronée, ou plutôt ce délire, qu'il faut assurer et garantir *à qui que ce soit* la liberté de conscience… quelques-uns répétant avec une extrême impudence qu'il en résulte quelque avantage pour la religion. » Par où l'on voit que Grégoire XVI n'a réprouvé la liberté de conscience que dans le sens de Lamennais, à savoir « qu'il faut l'assurer et la garantir à qui que ce soit », ce qui constitue le système de la liberté de conscience absolue et illimitée ; mais le souverain pontife n'a nullement proscrit le sentiment de ceux qui, ayant égard aux temps et aux lieux, la renferment dans de sages limites. Je m'explique.

Il peut arriver dans l'histoire d'une société, qu'à la longue et par suite de certaines circonstances, plusieurs religions diverses se soient établies dans son sein : et, pour ne pas rester dans le vague, prenons, par exemple, notre état de choses actuel, où, à côté de la religion de l'immense majorité des citoyens, deux ou trois cultes dissidents ont obtenu droit de cité. Pour empêcher le retour de luttes sanglantes, le pouvoir public, sans s'identifier à chacun d'eux, leur assure à tous une égale liberté. Il se contente de réprimer les actes qui sont de nature à troubler l'ordre public et les doctrines qui attaquent ouvertement certains principes de la loi naturelle, sans lesquels un État ne subsisterait pas une heure. Je dis de la loi ou de la religion naturelle, car, lorsqu'on a prétendu, dans une certaine enceinte, que parmi nous la loi civile est athée, on a dit un non-sens. Une loi athée ne serait pas une loi, par la raison fort simple que toute loi tire de Dieu son obligation morale. On pourrait dire avec plus de justice qu'elle est déiste, en ce sens qu'elle fait abstraction de la religion révélée, autant du moins qu'il est possible dans nos sociétés modernes, tout imprégnées, quoi qu'elles fassent, des principes chrétiens. Toujours est-il que l'État moderne se déclare incompétent pour tout ce qui touche aux croyances professées par les diverses communions, et se borne à leur garantir à chacune la liberté de l'enseignement et du culte. Eh bien! Messieurs, cet état de choses, qui ne constitue nullement la liberté de conscience absolue et illimitée, puisqu'elle n'est relative qu'à une époque déterminée et renfermée dans les limites de la loi naturelle, pouvons-nous l'admettre comme légitime, nous catholiques? Parfait ment. Tout en proclamant que la religion catholique est la seule qui soit vraie, puisque la vérité est une, nous pouvons et nous devons pratiquer sincèrement la tolérance civile, qui permet à des hommes professant une religion différente de vivre en paix. Il est vrai que Rousseau traite cette distinction de chimère : à ses yeux, la tolérance civile est incompatible avec l'intolérance dogmatique, et la raison qu'il en donne, la voici : « Il est impossible, dit-il, de vivre en paix avec des gens qu'on croit damnés ; les aimer serait haïr Dieu, qui les punit. » Et où donc Rousseau a-t-il pris qu'un catholique ait le droit de croire à la damnation d'un homme quelconque, tant que cet homme respire? Le croire mènerait à l'hérésie, parce que ce serait détruire la notion de la miséricorde de Dieu. Non, il n'est rien, ni dans l'Écriture sainte, ni dans les définitions de l'Église, qui oblige les pouvoirs publics à ne souffrir *nulle part et jamais* d'autres religions dans la société que la religion catholique. La tolérance civile peut et doit être admise *hic et nunc*, eu égard aux circonstances de temps et de lieu, pourvu toutefois qu'on ne l'érige pas en principe tellement absolu et invariable, qu'aucun État catholique ne puisse jamais s'en départir, dans des conditions toutes différentes, pour sauvegarder son unité religieuse et nationale. C'est en cela que consistait le système de M. de Lamennais ; c'est là qu'est l'erreur.

Supposons, en effet, un État catholique dans des conditions toutes différentes de celles où nous sommes, un de ces
États dont la vaste association formait la république catholique du moyen âge. Bien qu'ayant des attributions diverses,
l'Église et l'État n'y font qu'un : l'ordre religieux et l'ordre
civil sont tellement soudés ensemble, qu'attaquer l'un, c'est
ébranler l'autre. Il a plu à la nation de faire de la religion
une des lois fondamentales de l'État. En conséquence, toute
manifestation extérieure contre la foi est en même temps
une atteinte à l'ordre social, et punissable comme telle, non
point par l'Église, qui ne possède pas le droit du glaive matériel, mais par l'autorité civile, qui n'entend pas acheter
l'erreur au prix d'un siècle de déchirements et de guerres
sanglantes. Voilà, Messieurs, la constitution qui a régi
l'Europe pendant plusieurs siècles. Il ne s'agit pas de savoir
si cette constitution est applicable à tous les lieux et à tous
les temps. Évidemment non. Une fois l'unité religieuse rompue, il est clair qu'on ne peut la reconstituer que par les
moyens pacifiques de l'enseignement et de la persuasion.
Mais ce que je demande, le voici : était-elle légitime, dans les
conditions où nous venons de la dépeindre ? Et pourquoi
non ? pourquoi une société catholique ne serait-elle pas libre
d'empêcher tout acte extérieur contre la religion unanimement pratiquée par ses membres ? Pourquoi les États du
moyen âge n'auraient-ils pu faire, contre les doctrines qui
attaquent la religion révélée, ce que font tous les États
modernes contre les doctrines qui attaquent la loi naturelle,
la famille ou la propriété ? Serait-ce, par hasard, que le droit
de propriété repose sur des fondements plus solides que la
divinité de Jésus-Christ ? C'est ce que vous prouveriez difficilement. Si donc vous reconnaissez à l'État moderne le droit
de répression dans les limites de la loi naturelle, admettez

que le moyen âge ait pu exercer ce droit dans les limites de
la religion révélée. De part et d'autre, le principe est le
même ; la différence porte uniquement sur les limites de la
répression. Tandis que l'État moderne, faisant abstraction de
la religion révélée, prend pour règle et pour point de départ
de ses prohibitions les bases de la loi naturelle, l'État catholique du moyen âge prenait pour règle et pour point de
départ des siennes les bases de la religion révélée, qui lui
paraissait tout aussi certaine, et qui l'est par le fait, car la
certitude n'admet pas de degrés, elle est ou elle n'est pas.
Vous ne pouvez, en bonne logique, admettre la répression
d'une part et la rejeter de l'autre ; car de savoir jusqu'où
elle devra s'étendre, c'est une question qui ne fait rien au
principe, et qui peut varier selon les temps et les lieux. Mais
une fois le principe admis, et vous êtes obligés de l'admettre,
à moins de retomber dans le système de la liberté de
conscience absolue et illimitée, que ses rares partisans sont
eux-mêmes forcés d'abandonner, dans la pratique, comme
menant à la ruine d'un État quelconque : une fois admis, dis-je,
le droit de répression, vous ne pouvez, sans une inconséquence
flagrante, taxer d'injustice la constitution sociale du moyen
âge. Ce n'est pas qu'il faille, pour cela, justifier tout ce qui s'y
est fait au nom et à l'aide de ce principe : bien loin de là ;
mais, encore une fois, le principe, en soi, est inattaquable.
Le bon sens et la logique nous obligent à reconnaître qu'un
État catholique, dans ces conditions données, peut, sans
blesser le droit ni la justice, empêcher tout acte extérieur
contre la religion unanimement pratiquée par ses membres.

Vous le voyez, Messieurs, suivant la double condition dans
laquelle nous venons d'envisager un État, nous nous tenons
à égale distance de deux opinions extrêmes : l'une qui obligerait tout État à assurer, toujours et partout, et à garantir à

qui que ce soit la libre profession d'une croyance ou d'un culte quelconque : l'autre qui ferait un devoir à toute société de ne jamais souffrir au milieu d'elle d'autres religions que la religion catholique. Comme toujours, la vérité est au milieu. Nous disons qu'il est des cas où, comme au moyen âge, un État catholique a le droit d'empêcher toute manifestation extérieure contre la religion unanimement pratiquée par ses membres : et qu'il en est d'autres où, acceptant la diversité des religions comme un fait établi, la société civile a le droit de leur garantir à chacune le libre exercice du culte. De cette manière, nous pouvons justifier pleinement le principe des constitutions sociales du moyen âge, sans condamner le principe qui régit les nôtres. On demandera peut-être laquelle de ces deux situations est préférable. Sainte Thérèse disait que toute comparaison est odieuse, et, dans le cas présent, elle est, de plus, difficile. Relativement à une époque déterminée, et dans la pratique, l'une ou l'autre peut ou doit être préférée, selon qu'elle est plus utile ou même nécessaire. Absolument parlant, et prise en soi, la question reviendrait à demander si l'unité religieuse est pour un État un plus grand bien que la division, et, dans ce cas, la réponse est facile.

Avant d'appliquer ces principes à la révocation de l'édit de Nantes et au jugement qu'en a porté Bossuet, il nous reste à résoudre une difficulté. La voici : si vous admettez qu'un État catholique, comme ceux du moyen âge, ait le droit d'empêcher toute manifestation extérieure contre la religion unanimement pratiquée par ses membres, n'êtes-vous pas obligé d'armer du même droit les États non catholiques, et, par suite, ne rendrez-vous pas impossible la propagation du catholicisme dans ces mêmes États? Ici, Messieurs, ma réponse sera nette et catégorique. Nous n'acceptons pas et nous ne pouvons pas accepter cette assimilation, par la raison évidente que nous ne pouvons pas reconnaître à l'erreur les mêmes droits qu'à la vérité. Pour avoir le droit d'empêcher toute manifestation extérieure contre une croyance, il faut être certain de la vérité de cette croyance, sinon, ce serait invoquer la force et non pas la justice. Or l'erreur n'engendre pas la certitude et ne peut pas l'engendrer. Qu'est-ce que la certitude? C'est l'adhésion de l'esprit à une proposition sur des motifs suffisants pour bannir le doute. Soutiendrez-vous que l'erreur peut offrir à l'esprit des motifs suffisants pour obtenir son adhésion ? Alors dites que l'erreur et la vérité c'est tout un.

Donc, si vous ne voulez pas confondre l'erreur et la vérité, admettez que l'erreur n'engendre pas la certitude, partant qu'elle n'a pas les mêmes droits que la vérité. Conséquemment, si le catholicisme est le vrai, comme nous le pensons, il ne nous est pas possible de mettre, sous ce rapport, sur un pied d'égalité l'État catholique et celui qui ne l'est pas. Sans doute l'État non catholique pourra se croire en droit de pratiquer la même exclusion ; il pourra même, en la pratiquant, agir de bonne foi, et, par là, être justifié devant Dieu, comme l'est tout homme qui croit faire son devoir en faisant de bonne foi une chose mauvaise; mais la chose n'en est pas moins mauvaise, prise en elle-même; et par conséquent, nous qui ne jugeons pas les intentions, mais les actes, nous devons la regarder comme telle et la condamner ; cela est tout simple. Un exemple va rendre la chose encore plus sensible. Vous ne toléreriez pas une secte qui prêcherait la nécessité des sacrifices humains : pourquoi ? parce que vous avez la certitude que l'homicide est un crime. Si vous n'aviez pas cette certitude, vous ne seriez pas en droit de proscrire la secte, parce que vous risqueriez de proscrire la vérité. Tant il est vrai que le droit de repousser une croyance comme fausse présuppose la certitude où l'on est de posséder soi-même la vérité. Conséquemment, nous qui n'admettons pas, d'une part, que l'erreur puisse engendrer la certitude; qui prouvons, de l'autre, que la religion catholique est la seule vraie, nous ne pouvons pas, sans abdiquer notre raison et notre foi, investir un État non catholique du droit, que nous attribuons à un État catholique comme ceux du moyen âge, d'empêcher tout acte extérieur contre la religion pratiquée par ses membres. La conclusion est évidente.

Arrivons maintenant à la révocation de l'édit de Nantes, et, pour apprécier cette mesure, envisageons avant tout le droit public de l'Europe vers la fin du dix-septième siècle. Comme l'attaque contre Louis XIV provient des protestants, il est tout naturel d'examiner si, dans les États protestants, les catholiques jouissaient de la liberté religieuse; car enfin, pour qu'ils eussent le droit de jeter la pierre au gouvernement français, il faudrait qu'ils pussent arguer de leur propre innocence. Eh bien! en 1686, la liberté religieuse existait-elle pour les catholiques en Angleterre? Mais, à deux années de là Jacques II allait être renversé du trône pour avoir voulu leur rendre le libre exercice de leur culte; mais il n'y a pas trente ans que O'Connell arrachait à l'anglicanisme l'acte d'émancipation des catholiques. Existait-elle en Suède? Mais, comme personne ne l'ignore, elle n'y existe pas même encore à l'heure où je parle. Existait-elle en Hollande, dans cette république fameuse qu'on voudrait faire passer pour la terre classique de la liberté religieuse? Mais, comme le dit dans ses *Annales politiques* l'abbé de Saint-Pierre, peu suspect en sa qualité de libre penseur, la loi ne permettait pas même aux catholiques d'avoir des temples publics. Donc, il faut bien le reconnaître, ce n'était pas aux protestants à reprocher à Louis XIV ce qu'ils faisaient eux-mêmes partout où ils étaient les maîtres. Si quelque chose pouvait excuser le gouvernement français, c'était leur propre conduite. La justice la plus vulgaire ne permet pas de blâmer, dans autrui, ce qu'on se permet soi-même sans le moindre scrupule : jamais le *medice, cura te ipsum* n'a eu d'application plus vraie et plus frappante.

Voilà donc une première considération dont la portée ne peut échapper à personne. Tous les États de l'Europe tendaient plus ou moins vers l'unité religieuse, même par la proscription : on conçoit qu'une tentation semblable ait pu s'emparer de Louis XIV. Mais allons plus avant dans la question : car il ne suffit pas, pour bien faire, de faire mal comme les autres; et si Louis XIV avait blessé la justice en révoquant l'édit de Nantes, l'exemple des protestants ne justifierait pas son acte. Peut-on dire réellement que Louis XIV a blessé la justice par la révocation de l'édit de Nantes? Non, cela ne peut se dire, à moins de méconnaître le véritable caractère de cet édit. Si l'ordonnance de Henri IV avait été, comme le traité de Wesphalie, une convention entre deux parties contractantes qui réglait leur situation respective, il est évident qu'aucune d'elles n'aurait pu la rapporter sans le consentement de l'autre. Mais l'édit de Nantes n'avait nullement ce caractère : c'était un simple édit de tolérance ou de pacification, que le souverain était en droit de révoquer pour des raisons graves. Ce droit, Hugo Grotius, un des plus grands savants que le protestantisme ait comptés dans son sein, l'a formellement reconnu : « Que ceux qui prennent le nom de réformés, écrivait-il, n'oublient pas que ces édits ne sont pas des traités d'alliance, mais de pures déclarations des rois, qui les ont portés en vue du bien public, et qui pourront les révoquer si le bien public le demande. » Grotius avait parfaitement saisi le sens et la portée de ces déclarations qui, n'étant pas des traités d'alliance, pouvaient être révoqués par ceux qui les avaient faites, non pas certainement à la légère et sans motif sérieux, mais pour des raisons graves qui intéressaient vivement le bien public. On objecte à cela que Henri IV avait déclaré l'édit de Nantes *perpétuel et irrévocable*. Mais un législateur quelconque peut-il lier les mains à ses successeurs, de telle sorte qu'ils ne puissent, dans aucun cas, rapporter les lois qu'il a décrétées? Que dirions-nous, par exemple, d'une chambre de députés qui ferait une loi avec cette clause qu'aucune autre chambre subséquente ne pourrait la modifier? Or, Henri IV se trouvait précisément dans le même cas, et faisait un acte de pouvoir législatif, pas autre chose. Conséquemment, on ne saurait dire que le gouvernement français a violé les lois de la justice en révoquant l'édit de Nantes.

Je n'examine pas encore de quelle manière l'édit de Nantes fut révoqué, ni de quelles mesures cette révocation fut précédée ou suivie : nous y toucherons tout à l'heure. Constatons d'abord qu'en principe Louis XIV avait le droit de rapporter l'ordonnance de son aïeul pour des raisons suffisantes. Ces raisons existaient-elles? Voilà la question. Pour l'éclaircir, voyons ce qu'était l'édit de Nantes. On l'a dit bien des fois, et rien n'est plus vrai, l'édit de Nantes constituait une nation dans la nation, un État dans l'État, une république dans un royaume. Il accordait aux protestants plus que la liberté de conscience : en établissant des chambres mi-parties dans les parlements, il créait en quelque sorte une justice catholique et une justice protestante ; en leur assurant des places fortes, telles que Montauban et La Rochelle, il leur donnait plus de garanties qu'aux catholiques. De là cette vive opposition que l'édit royal rencontra dans le Parlement, l'Université et la Sorbonne. Les suites de ce dangereux état de choses ne se firent pas attendre. En 1621. La Rochelle publiait une déclaration d'indépendance, partageait en huit cercles les sept cents églises réformées de France, réglait les levées d'hommes et d'argent, offrait à Lesdiguières le commandement général des troupes, en un mot, organisait la république calviniste, à l'ombre de l'édit de Nantes. Évidemment c'était une menace pour l'unité nationale de la France. Richelieu y mit ordre : on sait comment. La prise de La Rochelle porta un coup mortel au protestantisme français comme corps politique. Mais le grand ministre eut la sagesse de ne pas aller plus loin. Content d'avoir aboli par le fait ce que l'édit de Nantes avait de dangereux pour l'ordre public, il laissa aux protestants le libre exercice de leur culte, en les faisant rentrer dans le droit commun. Nous avons vu, l'an dernier, par l'étude de ses écrits, qu'en matière de religion, les mesures de rigueur répugnaient à son caractère. Mazarin suivit la même ligne de conduite que son prédécesseur, et il faut rendre cette justice aux protestants que leur attitude cessa d'être menaçante pour l'État. La Fronde les trouva soumis et pacifiés. En vain Cromwell envoya-t-il dans le midi de la France le ministre protestant Stoupe pour sonder les dispositions de ses coreligionnaires ; l'agent anglais put se convaincre qu'ils ne demandaient pas mieux que de vivre en paix. Aussi le cardinal avait-il coutume de dire : « Je n'ai point à me plaindre du petit troupeau : s'il broute de mauvaises herbes, du moins il ne s'écarte pas. » Dans les premières années de son règne, Louis XIV observa le même plan de conduite. Bien qu'il désirât vivement l'unité religieuse de la France, il n'employait pour atteindre ce but que des moyens pacifiques. C'est ce que prouvent ses Mémoires écrits vers 1670. « Je crus, disait-il, que le meilleur moyen pour réduire peu à peu les huguenots de mon royaume, était, en premier lieu, de ne les point presser du tout par aucune rigueur nouvelle, de faire observer ce qu'ils avaient obtenu de mes prédécesseurs, mais de ne leur accorder rien au delà, et d'en renfermer même l'exécution dans les plus étroites bornes que la justice et la bienséance le pouvaient permettre. » Ne leur octroyer aucune des grâces qui dépendaient de lui seul, et animer les évêques à travailler à leur instruction, telle était sa ligne de direction : elle devait aboutir, et elle aboutit par le fait à d'heureux résultats. Grâce aux solides ouvrages de controverse qui se succédaient sans interruption, et aux efforts du clergé de France régénéré par les grandes congrégations du dix-septième siècle, les rangs de la réforme allaient s'éclaircissant de jour en jour. D'éclatantes conversions, telles que celles de Turenne, de Pélisson, de Montausier, du comte de Lorges, du comte de Rozan, du prince de Tarente, d'un grand nombre de ministres calvinistes, avaient jeté la consternation dans le parti, qui ne comptait plus pour ainsi dire un seul descendant de ces grandes familles féodales dont le prestige avait fait une partie de sa force. Les défections se multipliaient au point que Maimbourg écrivait en 1666 à l'un de ses confrères, Paul Ferri : « De tous côtés on nous quitte, et ministres et gens de condition, ou l'on est sur le point de nous quitter ; et l'on ne fait autre chose que chercher une belle porte pour sortir et pour se retirer. » Il résulte de tout cela que la voie suivie jusqu'alors était sans contredit la plus lente, mais la plus sûre et la plus équitable. Malheureusement l'impatience naturelle au caractère français l'emporta sur la modération : on brusqua tout sans rien hâter.

Nous avons en France, il faut bien en convenir, un faible pour les mesures précipitées, pour les coups d'autorité :

nous les acceptons à deux mains, sauf à les blâmer ensuite. C'est ce qui est arrivé pour la révocation de l'édit de Nantes. Tout le monde la devançait de ses vœux, et dans la suite les conséquences de cette mesure la firent blâmer de tous. Expliquer toutes les raisons qui amenèrent Louis XIV à se départir de la ligne de conduite qu'il avait suivie jusqu'alors à l'égard de ses sujets hétérodoxes, ce serait faire l'histoire de tout le dix-septième siècle. Ces raisons sont multiples. Nul doute que le désir de ramener la France tout d'un coup à l'unité religieuse fut la première de toutes. Mais bien des circonstances fortifiaient ce désir. À mesure que l'autorité royale allait grandissant de plus en plus, elle devait souffrir d'une résistance qui lui semblait une injure. La facilité même avec laquelle les protestants revenaient à l'unité contribuait à lui faire illusion sur l'étendue de son pouvoir : on s'imagina qu'il suffirait d'un trait de plume pour rayer les dissidents de la surface du royaume. Des hommes habitués aux mesures énergiques, tels que Louvois et Chateauneuf, caressaient cette chimère dans l'esprit du roi, dont le zèle s'enflammait par le sentiment même du mal qu'il avait fait à la religion par ses scandales. D'autre part, les protestants prêtaient le flanc à l'attaque projetée. En vain Louis XIV réclamait-il, dans ses lettres à Charles II, contre les sévérités dont l'Angleterre frappait les catholiques : ses protestations demeurées stériles irritaient sa fierté. À l'intérieur, des agitations partielles, désavouées il est vrai par les hommes sages du parti, excitaient les alarmes d'une nation qui n'avait pas oublié les guerres sanglantes du siècle précédent. Si les troubles religieux avaient cessé depuis un demi-siècle, l'animosité leur avait succédé. Dans les dix années qui précédèrent l'ordonnance de 1685, ce fut à qui resserrerait l'exécution de l'édit de Nantes dans de plus

étroites limites. Intendants de province, parlements et
assemblées du clergé, manifestations populaires, tout allait
au-devant du roi, et prévenait ses désirs. De telle sorte que,
quand le vieux chancelier Le Tellier pria Louis XIV de lui
accorder la consolation de signer avant de mourir la révocation de l'Édit de Nantes, il se faisait l'organe de l'*opinion
générale*. C'est le mot même dont se sert le protestant Sis-
mondi dans son *Histoire des Français*. Un autre écrivain
non moins suspect, M. de Saint-Lambert, avouait à la fin du
siècle dernier que, « dans toute cette affaire, le roi céda trop
facilement au vœu général de la nation. » Si donc Louis XIV
commit une faute en révoquant l'édit de Nantes, la nation
entière en fut complice.

Ici, Messieurs, je me permets de n'être pas entièrement de
l'avis de Louis XIV et du dix-septième siècle. Non pas certainement qu'il faille juger une époque quelconque avec les
idées d'une autre : on s'exposerait à de graves méprises. Je
le répète, Louis XIV avait le droit de révoquer l'édit de
Nantes, qui, n'étant pas un pacte ou un traité d'alliance,
pouvait être rapporté pour des motifs graves, sans violation
de la justice. J'ajoute même que non-seulement il pouvait,
mais il devait en révoquer une partie, celle qui, créant une
scission profonde entre les catholiques et les protestants,
constituait une menace permanente pour l'unité nationale.
Sans doute Richelieu avait détruit par le fait cette république
calviniste, que la déclaration de Henri IV établissait dans un
royaume catholique. C'était une raison de plus pour mettre
les lois en harmonie avec les faits, et pour empêcher les faits
de se reproduire, dans un temps donné, à l'ombre des lois. La
révocation *partielle* de l'édit de Nantes eût donc été une
mesure aussi utile que légitime, dont personne n'aurait pu
contester l'équité sans refuser à un gouvernement le droit de

veiller à la sûreté de la nation. Cela posé, n'eût-il pas été d'une politique sage et chrétienne de s'en tenir à cette révocation partielle? de faire sortir les protestants de leur situation exceptionnelle pour les faire rentrer dans le droit commun? de leur enlever tout privilège dangereux, pour leur laisser le libre exercice de leur culte? Je le crois, Messieurs, et l'expérience ne l'a que trop prouvé. Il n'y avait aucune raison suffisante, pour leur ôter le bénéfice d'une liberté dont ils avaient usé depuis plus d'un siècle. L'unité religieuse dans la vraie foi est sans nul doute le plus grand bien dont une nation puisse jouir, et je conçois qu'un État catholique emploie toutes ses forces pour la maintenir; mais lorsqu'elle est rompue, et qu'un long intervalle a consacré en quelque sorte cet état de choses, il devient impossible de la reconstituer autrement que par des moyens pacifiques. Les mesures violentes non-seulement n'obtiennent pas leur effet, mais produisent le résultat contraire. En ôtant aux protestants le libre exercice de leur culte, Louis XIV raviva les haines qui commençaient à s'assoupir; il arrêta le mouvement de retour vers l'unité, en faisant rejaillir sur les catholiques tout l'odieux d'une persécution. Donc, en principe, la révocation *totale* de l'édit de Nantes fut une faute, qui ne saurait plus obtenir aux yeux d'un appréciateur impartial que le bénéfice des circonstances atténuantes.

Quant aux mesures dont cette révocation fut accompagnée ou suivie, je n'en dirai que peu de chose, parce que je ne trouverais pas de termes assez énergiques pour les flétrir. Il ne peut venir dans l'esprit de personne de vouloir justifier les dragonnades, ni cette étrange manière de convertir les gens par des logements de guerre ou des missionnaires bottés. Il est donc superflu de s'y arrêter, si ce n'est pour déplorer vivement que le caractère impitoyable de Louvois, le faux zèle des intendants de province, aient pu dénaturer à tel point les instructions du roi. Car on ne pourrait sans injustice faire remonter à Louis XIV la responsabilité des excès commis en son nom. Qu'il n'ait voulu d'aucune façon user de la contrainte matérielle pour ramener ses sujets dissidents à la vraie foi, c'est ce que le texte même de la révocation de l'édit de Nantes ne permet pas de dire. Il fut sous ce rapport, comme sous bien d'autres, le jouet d'une illusion déplorable. Louvois et le Père La Chaise lui avaient répété si souvent qu'il n'en coûterait pas une goutte de sang, qu'il finit par croire de bonne foi qu'il suffirait d'un acte d'autorité, appuyé sur le simple déploiement d'un appareil militaire, pour ramener les rebelles sous le devoir. En effet, les nouvelles qu'il recevait journellement des provinces rendaient cette illusion facile. Dans l'espace de peu de mois, le Béarn, la Guyenne, le Poitou, le Languedoc, le Dauphiné, le Limousin, ne comptaient plus de protestants. Dans le diocèse de Nîmes, en particulier, soixante mille âmes avaient abjuré en trois jours. Jamais rien de pareil ne s'était vu. L'enthousiasme et la joie étaient à leur comble. On avait bien soin de cacher au roi de quelle manière s'opéraient la plupart de ces conversions. Les ordres réitérés qu'il avait donnés de sévir contre les officiers qui *s'échapperaient*, et contre les dragons qui seraient surpris à piller, prouvaient assez que son intention n'était nullement de persécuter ses propres sujets. (Lettres citées par M. de Noailles dans son *Hist. de Mad. de Maintenon*, tom. II.) Aussi écrivait-on, dans les rapports officiels que Louvois avait la précaution de faire placer sous les yeux du roi, que tout s'était passé « avec toute la sagesse et la discipline possibles. » La lumière se fit, mais trop tard, quand plus de cent mille hommes eurent porté à l'étranger l'appoint de leurs haines encore plus que le secours de leurs bras ou les secrets de leur industrie. Alors de nouvelles instructions, inspirées par la sagesse de madame de Maintenon et par les conseils de Bossuet et de Fénelon, révoquèrent les ordres de Louvois. Mais à l'époque où l'évêque de Meaux prononçait l'oraison funèbre de Le Tellier, trois mois après la révocation de l'édit de Nantes, on était loin de prévoir les tristes conséquences de cette fatale mesure.

Quoi qu'il en soit, la nation entière applaudit à la révocation de l'édit de Nantes, et l'on peut dire que jamais mesure d'un gouvernement quelconque n'obtint un assentiment plus général. Le souvenir des guerres sanglantes du seizième siècle agissait encore si fortement sur les esprits, que tout disparaissait dans la joie de voir la France revenir à son ancienne unité religieuse. Tous les corps constitués, cours de justice. académies, universités, corps municipaux, rivalisaient de louanges et d'applaudissements. On lisait encore, peu de temps avant 1789, au pied de la statue de Louis XIV à la place Vendôme et à l'Hôtel-de-Ville de Paris, les inscriptions qui témoignaient de l'enthousiasme public. On sait avec quelle ardeur le peuple de Paris se porta sur le temple de Charenton, qu'il démolit de fond en comble : il est vrai que ce fait seul prouverait peu de chose, car depuis ce temps-là il en a démoli bien d'autres. Mais ce qui est plus significatif, c'est que les esprits qui semblaient devoir échapper à toute fascination n'étaient pas les moins ardents à louer la mesure. Ici, c'est madame de Sévigné qui écrit à sa fille, le 28 octobre 1685 : « Vous aurez vu sans doute l'édit par lequel le roi révoque celui de Nantes. Rien n'est si beau que tout ce qu'il contient, et jamais aucun roi n'a fait et ne fera rien de plus mémorable. » Là c'est La Bruyère qui, dans son chapitre du *Souverain ou de la République,* dit à propos de Richelieu : « Il a eu du temps de reste pour entamer un ouvrage, continué

ensuite et achevé par l'un de nos plus grands et de nos meilleurs princes, l'extinction de l'hérésie. » Un peu plus loin,
adressant à Louis XIV un compliment sous forme indirecte,
il exige de son prince idéal « qu'il bannisse de son royaume
un culte faux, suspect et ennemi de la souveraineté, s'il s'y
rencontre. » Enfin, le croirait-on ? La Fontaine, trop inoffensif pour blesser un chat de ses fables, consacre deux strophes
à célébrer ce grand bienfait, dans une lettre du 28 janvier
1689, adressée à M. de Bonrepaux :

> Les deux mondes sont pleins de ses actes guerriers,
> Cependant il poursuit encor d'autres lauriers ;
> Il veut vaincre l'erreur ; cet ouvrage s'avance,
> Il est fait, et le fruit de ces succès divers
> Est que la vérité règne en toute la France,
>   Et la France en tout l'univers.
>
> . . . .
>
> Vient-il pas d'attirer, et par divers chemins,
> La dureté du cœur et l'erreur envieillie,
> Monstre dont les projets se sont évanouis ;
> On voit l'œuvre d'un siècle en un mois accomplie
>   Par la sagesse de Louis.

« Vaincre l'erreur, comme le dit La Fontaine, faire régner la
vérité en toute la France », tel était le cri général. Quant aux
moyens qu'employaient les intendants de province pour obtenir ces résultats, on n'y prenait pas garde, ou bien on les
ignorait. Il n'en était pas du dix-septième siècle comme du
nôtre, où les mille organes de la presse ne permettent pas à
la capitale d'ignorer ce qui se passe au fond de la province.
Ce qu'on savait généralement, et ce qui était vrai, c'est que
les protestants se convertissaient en masse : pour ce qui est
du détail, le roi lui-même et la cour ne le connaissaient que
sur la foi des bulletins officiels de Louvois. De là les transports d'allégresse qui éclatent dans les écrits de l'époque. Il
n'est pas étonnant que nous en retrouvions l'écho dans les

oraisons funèbres de Le Tellier, prononcées peu de mois
après la révocation de l'édit de Nantes, à un moment où
les conséquences de cette mesure semblaient n'offrir qu'un
côté favorable. Commençons par l'orateur de l'Université, le
docteur Hersan, professeur royal d'éloquence, célébrant en
latin la mémoire du chancelier, dans l'église de la Sorbonne.

« Le monstre (l'hérésie) né et nourri parmi le carnage, que
les armes de tant de rois n'avaient pu détruire, que la sévérité de tant d'édits n'avait fait qu'irriter, qui s'était fortifié
par la longue suite de tant d'années, Louis le Grand l'exter-
mina tout d'un coup, par la main de Le Tellier... O piété du
grand Louis ! ô religion ! ô victoire digne d'être éternellement admirée ! J'ai vu, et c'est le plus grand plaisir que j'aie
pris de mes jours, j'ai vu la main qui a ruiné l'impie Babylone. J'ai vu, j'ai touché la foudre qui a brisé et détruit la forteresse de l'édit de Nantes, d'où l'hérésie menaçait nos autels
avec fureur et avec impiété. J'ai vu M. le chancelier ravi de cette
victoire de la religion, j'ai vu couler de ses yeux des larmes
de joie, j'ai vu son visage devenir plus riant, malgré le nombre
des années, comme s'il eût déjà conquis l'immortalité... La
France lui paraissant purgée par la défaite de ce monstre, il
jugea qu'il n'y avait plus rien à faire pour lui en ce monde. »

S'il faut juger de l'opinion de l'Université par celle de son
organe, vous voyez qu'elle était nettement accusée. Écoutons
Maboul, plus tard évêque d'Aleth, parlant aux Grands-Augustins devant la magistrature. Après un tableau éloquent et
animé des guerres du dix-septième siècle, l'orateur continue :

« A peine l'édit de Nantes est-il révoqué, que la vérité se
répand dans tous les esprits, semblable à ces grands fleuves,
qui, ayant rompu les digues qui les arrêtaient, se répandent
avec impétuosité dans les campagnes. Nos temples sont trop
étroits pour contenir les troupeaux égarés qui reviennent à

leurs pasteurs, on ne peut suffire à les réconcilier, tout retentit de conversions ; et, par un miracle imprévu de la grâce, on admire tous les Français réunis dans une même foi, n'étant plus qu'un cœur et qu'une âme, ne former désormais qu'une seule Église. Vous n'ignorez pas, Messieurs, la part que la Providence a donnée à M. Le Tellier de ce grand ouvrage de miséricorde et de puissance. La main de ce sage chancelier est l'instrument heureux dont elle se sert pour former la redoutable foudre qui renverse pour toujours l'ennemi de nos autels. Digne et juste récompense de la piété d'un magistrat qui n'eut jamais, dans les fonctions de sa charge, d'autre fin que Dieu même !... »

Ce que l'évêque d'Aleth nommait un *miracle imprévu de la grâce*, Fléchier l'appellera l'*œuvre de Dieu*, en prononçant l'oraison funèbre de l'ancien ministre de la guerre, dans l'église des Invalides :

« Quel spectacle s'offre ici à mes yeux et où me conduit mon sujet ? Je vois la droite du Très-Haut changer, ou du moins frapper les cœurs, rassembler la dispersion d'Israël, et couper cette haie fatale qui séparait depuis longtemps l'héritage de nos frères d'avec le nôtre. Je vois des enfants égarés revenir en foule au sein de leur mère, la justice et la vérité détruire les œuvres des ténèbres et du mensonge, une nouvelle église se former dans l'enceinte de ce royaume, et l'hérésie, née dans le concours de tant d'intérêts et d'intrigues, accrue par tant de factions et de cabales, fortifiée par tant de guerres et de révoltes, tomber tout d'un coup comme un autre Jéricho, au bruit des trompettes évangéliques et de la puissance souveraine qui l'invite ou qui la menace.

« Je vois la sagesse et la piété d'un prince excitant les uns par ses pieuses libéralités, attirant les autres par les marques de sa bienveillance, relevant sa douceur par sa majesté, modérant la sévérité des édits par sa clémence, aimant ses sujets et haïssant leurs erreurs, ramenant les uns à la vérité par la persuasion, les autres à la charité par la crainte, toujours roi par autorité, toujours père par tendresse.

« Il ne restait qu'à donner le dernier coup à cette secte mourante ; et quelle main était plus propre à ce ministère que celle de ce sage chancelier, qui, dans la vue de sa mort prochaine, ne tenant presque plus au monde et portant déjà l'éternité dans son cœur, entre l'espérance de la miséricorde du Seigneur et l'attente terrible de ses jugements, méritait d'achever l'œuvre du prince, ou, pour mieux dire, l'œuvre de Dieu, en scellant la révocation de ce fameux édit, qui avait coûté tant de sang et de larmes à nos pères ? Soutenu par le zèle de la religion plus encore que par les forces de la nature, il consacra, par cette sainte fonction, tout le mérite et tous les travaux de sa charge. »

Certes si jamais homme était opposé par caractère aux mesures violentes, c'était Fléchier, qui, dans tout le cours de son épiscopat, se montra si plein de douceur et de mansuétude. D'où vient donc que la révocation de l'édit de Nantes excitait chez lui un enthousiasme si vif ? Toujours la même idée qui passionnait la France entière : le retour à l'unité religieuse. Toujours la même illusion : un simple édit suffira pour amener ce grand résultat. Arrivons maintenant à Bossuet. Rien n'indique ni dans ses œuvres, ni dans les documents de l'époque, qu'il ait eu la moindre part à la révocation de l'édit de Nantes ; mais lui aussi ne pouvait manquer d'applaudir à une mesure qui faisait le sujet de l'allégresse générale. De là ce fameux passage de l'oraison funèbre de Michel Le Tellier, où, après avoir pris soin de dire que rien n'était fait si le clergé ne complétait l'œuvre par ses travaux apostoliques, il s'exprime de la sorte :

« Ne laissons pas cependant de publier ce miracle de nos jours : faisons-en passer le récit aux siècles futurs. Prenez vos plumes sacrées, vous qui composez les annales de l'Église; agiles instruments d'un prompt écrivain et d'une main diligente, hâtez-vous de mettre Louis avec les Constantin et les Théodose... Nos pères n'avaient pas vu, comme nous, une hérésie invétérée tomber tout à coup : les troupeaux égarés revenir en foule, et nos églises trop étroites pour les recevoir : leurs faux pasteurs les abandonner, sans même en attendre l'ordre, et heureux d'avoir à leur alléguer le bannissement pour excuse : tout calme dans un si grand mouvement : l'univers étonné de voir, dans un événement si nouveau, la marque la plus assurée, comme le plus bel usage de l'autorité, et le mérite du prince plus reconnu et plus révéré que son autorité même. Touchés de tant de merveilles, épanchons nos cœurs sur la piété de Louis. Poussons jusqu'au ciel nos acclamations, et disons à ce nouveau Constantin, à ce nouveau Théodose, à ce nouveau Marcien, à ce nouveau Charlemagne, ce que les six cent trente Pères dirent autrefois dans le concile de Chalcédoine : Vous avez affermi la foi, vous avez exterminé les hérétiques : c'est le digne ouvrage de votre règne ; c'en est le propre caractère. Par vous, l'hérésie n'est plus : Dieu seul a pu faire cette merveille. Roi du ciel, conservez le roi de la terre : c'est le vœu des églises, c'est le vœu des évêques. »

En tenant ce langage, Bossuet ne faisait que porter en chaire l'enthousiasme général. Comme tout le monde, il se laissait prendre à la rapidité de ce mouvement de retour universel, qui semblait tenir du prodige. Mais ce qu'il faut remarquer, c'est qu'il n'y a pas, dans tout ce que je viens de lire, un mot d'approbation pour les mesures qui suivirent l'ordonnance de Louis XIV. Bossuet, en particulier, était si éloigné de pareils sentiments, qu'il disait à Ledieu, le 2 avril

1703, « qu'on avait poussé les religionnaires au désordre et à la révolte ouverte par trop de rigueurs, au lieu de les attirer par douceur et par insinuation et par de solides instructions, comme faisaient les saints Pères : c'est ce qu'il me disait, ajoute l'auteur du Journal, en se promenant dans sa chambre. » Lors donc que M. de Lamartine appelle, dans sa biographie de Bossuet, ce grand homme « le ministre intime de cet empire absolu sur les consciences, » il se fait l'écho d'une calomnie peu digne de son caractère. Pas plus que le pape ni les évêques de France, Bossuet ne fut consulté sur la révocation de l'édit de Nantes; et ce ne fut pas un des moindres torts du gouvernement français. Bientôt on se trouva en présence de difficultés graves, que les conseillers du roi n'avaient pas prévues. Pouvait-on contraindre les nouveaux convertis d'assister à la messe? Cinq évêques du Languedoc, Fléchier à leur tête, soutenaient l'affirmative. Bossuet les combattit vivement dans ses lettres, et ce fut en s'inspirant de ses idées que M. de Torcy eut ordre d'écrire aux intendants, le 1er novembre 1700 : « Sa Majesté croit qu'il faut sur toutes choses éviter que personne soit forcé d'aller à la messe. » On voit par là que Bossuet fut un de ceux qui amenèrent Louis XIV à se relâcher de sa sévérité à l'égard des dissidents. Il portait si loin cette répugnance pour les mesures violentes, que, dans son propre diocèse, l'intendant de Meaux se plaignait de sa douceur et ne cessait de lui reprocher sa modération, dont, disait-il, les religionnaires abusaient. C'est ce que les protestants eux-mêmes, à l'exception du fougueux ministre Jurieu, se plaisaient à reconnaître. « M. de Meaux, écrivait le ministre Du Bourdieu à l'un de ses amis, M. de Meaux n'emploie que des voies évangéliques pour nous persuader sa religion. Il prêche, il compose des livres, il fait des lettres, et travaille à nous faire quitter notre croyance par des moyens convenables à son caractère et à l'esprit du christianisme. » L'auteur des *Girondins* a voulu opposer sur ce point Fénelon à Bossuet. Ce contraste n'existe que dans l'esprit de ceux qui n'ont lu attentivement ni l'un ni l'autre. Comme l'évêque de Meaux et la France entière, Fénelon approuvait la révocation de l'édit de Nantes. Missionnaire dans la Saintonge, il voulait, à la vérité, qu'on éloignât les dragons, mais il disait aussi que « l'autorité du roi ne devait se relâcher en rien, qu'elle devait être inflexible pour contenir ces esprits que la moindre mollesse rendrait insolents. » Archevêque de Cambrai, il demandait contre les jansénistes des mesures de rigueur que Bossuet n'eût pas tolérées. On retrouve le même principe jusque dans le Télémaque, où, traçant son gouvernement idéal, il fait dire à Idoménée, par la bouche de Mentor, que « les rois doivent réprimer ceux qui n'obéiront pas au jugement de la religion, quand il aura été prononcé. » Cela s'accorde peu, j'en conviens, avec la prétendue tolérance que le dix-huitième siècle prêtait à Fénelon, et que ce dernier eût repoussée comme une injure ; mais l'histoire impartiale doit faire à chaque homme la part d'opinions qui lui revient. D'accord sur ce principe incontestable, que la tolérance civile n'est pas une obligation pour tous les princes, en tout temps et en tout lieu, Bossuet et Fénelon se trompaient avec leur époque, en l'appliquant à une société où l'erreur avait conquis, pour ainsi dire, depuis un siècle et demi, droit de cité.

Ainsi donc, pour nous résumer, en révoquant l'édit de Nantes, Louis XIV ne faisait que mettre en pratique une maxime de droit public, qui avait cours dans toute l'Europe, notamment dans les États protestants, en Angleterre, en Suisse, en Hollande. L'édit de Nantes n'étant pas un traité de paix, mais un édit de tolérance, pouvait être révoqué pour des motifs graves, sans violation de la justice. Non-seulement Louis XIV pouvait, mais devait le révoquer en partie, pour faire entrer tous ses sujets dans le droit commun et pour empêcher toute révolte de se produire, comme par le passé, à l'ombre d'une loi. Cela posé, il eût été d'une politique sage et chrétienne de laisser aux protestants le libre exercice de leur culte, en s'efforçant de les ramener à la vraie foi par les moyens pacifiques de l'enseignement et de la persuasion. En suivant une ligne contraire, le gouvernement français s'est vu démenti par l'expérience ; mais il a le droit de faire valoir l'excuse la plus légitime que puisse trouver un pouvoir quelconque, celle d'avoir agi conformément au vœu général de la nation, à laquelle le souvenir d'un siècle entier de guerres sanglantes faisait désirer l'unité religieuse, comme son plus grand bien. Je ne crois pas qu'en examinant la question de sang-froid et sans parti pris, on puisse vouloir sérieusement infirmer nos conclusions.

Quant aux principes généraux qui dominent les faits particuliers, et que cette partie de l'oraison funèbre de Le Tellier a mis sur notre chemin, il est vrai, d'une part, que la tolérance civile n'est pas un devoir tellement absolu qu'un État catholique ne puisse jamais s'en départir dans des conditions déterminées ; et il est vrai, d'une autre part, qu'un État peut se trouver dans une situation telle que cette tolérance civile puisse devenir légitime. Et la liberté de conscience absolue et illimitée est une erreur, et l'intolérance civile sans exceptions ni limites est un système faux. La vérité est entre les deux extrêmes, défendant avec force ce qu'elle doit maintenir, et tolérant par la charité ce qu'elle ne peut empêcher.

Pour ce qui est du clergé de France, et de Bossuet en particulier, relativement à la révocation de l'édit de Nantes, il est certain que cette mesure a été prise sans leur participation. Ils y ont applaudi avec le reste de la nation ; mais, tout en l'approuvant, ils ont cherché à en atténuer l'effet : ils ont subi l'entraînement général, plutôt qu'ils ne l'ont commandé.

Messieurs, permettez-moi une réflexion, avant de terminer. Lorsqu'on agite des questions comme celle qui vient de nous occuper, le plus grand obstacle pour arriver à une entente réciproque, c'est qu'on suppose facilement, dans celui qui les traite, une arrière-pensée d'application à la situation du moment. Pour ma part, je le dis hautement, je ne me sens coupable d'aucune arrière-pensée de cette nature. Sans sacrifier le principe qui a régi les sociétés catholiques du moyen âge, sans déverser sur l'un des grands actes de la France du dix-septième siècle plus de blâme qu'il ne mérite, la situation actuelle ne m'inspire ni aversion, ni défiance. Je l'ai dit et je le répète, la liberté de conscience, telle qu'elle est inscrite dans nos lois et encore plus dans nos mœurs, est, relativement à notre époque, un fait légitime. Quiconque songerait à y porter une atteinte nuirait à la cause de la vérité, bien loin de la servir. La pratique sincère de la tolérance civile est devenue pour nous tous, en fait un devoir de conscience. Il a plu à Dieu de permettre que cette magnifique unité catholique, qui a fait la grandeur du passé, fût rompue par la faute des uns et les passions des autres. La reconstituer, c'est le devoir du présent, ce sera, sans nul doute, le résultat de l'avenir. Mais de même que la vérité s'est établie dans le monde par la force que Dieu a mise en elle, elle pourra s'y rétablir par les mêmes moyens ; et ce serait assurément la plus haute preuve de sa puissance que d'avoir triomphé derechef par elle-même, sans l'intervention d'une force étrangère, qui a trompé plus d'une fois ceux qui s'y

confiaient, et qui coûte toujours cher à ceux qui la demandent (1).

(1) Ici se termine le cours d'éloquence sacrée de l'année 1856-1857.
Comme il a été dit dans la Préface et à la fin de la vingtième leçon,
(tome II, page 96), cette étude si intéressante sur les oraisons
funèbres de Bossuet est malheureusement incomplète. Il y manque
l'oraison funèbre du prince de Condé, pour laquelle l'auteur avait
cependant réuni des notes et des matériaux. Dès la rentrée de 1857,
M. l'abbé Freppel, au lieu d'achever les leçons qu'il avait annoncées
l'année précédente, commença immédiatement ses cours sur les Pères
apostoliques.

(Note de l'éditeur.)

FIN DU TOME SECOND

TABLE DES MATIÈRES

DU TOME SECOND

DIX-NEUVIÈME LEÇON

SERMON SUR LA LOI DE DIEU

VINGTIÈME LEÇON

BOSSUET DEVANT LOUIS XIV — SERMON SUR LES DEVOIRS DES ROIS

VINGT-ET-UNIÈME LEÇON

DES ORIGINES DE L'ORAISON FUNÈBRE

VINGT-DEUXIÈME LEÇON

DE L'ÉLOGE FUNÈBRE DANS L'ANTIQUITÉ PROFANE

VINGT-TROISIÈME LEÇON

DE L'ÉLOGE DES MARTYRS DANS LES PREMIERS TEMPS DE L'ÉGLISE

VINGT-QUATRIÈME LEÇON

L'ORAISON FUNÈBRE DANS LES PÈRES DU QUATRIÈME SIÈCLE (SAINT GRÉGOIRE DE NYSSE, SAINT GRÉGOIRE DE NAZIANZE)

VINGT-CINQUIÈME LEÇON

DE L'ORAISON FUNÈBRE DANS LES PÈRES DU QUATRIÈME SIÈCLE (SAINT GRÉGOIRE DE NAZIANZE, SAINT AMBROISE)

VINGT-SIXIÈME LEÇON

DE L'ORAISON FUNÈBRE DANS LES PÈRES. — SAINT AMBROISE, SAINT JÉROME, SAINT BERNARD

VINGT-SEPTIÈME LEÇON

DE L'ORAISON FUNÈBRE AU XVᵉ ET AU XVIᵉ SIÈCLE

VINGT-HUITIÈME LEÇON

LES DEUX PREMIÈRES ORAISONS FUNÈBRES DE BOSSUET

VINGT-NEUVIÈME LEÇON

L'ORAISON FUNÈBRE DE NICOLAS CORNET

TRENTIÈME LEÇON

L'ORAISON FUNÈBRE DE LA REINE D'ANGLETERRE

TRENTE-ET-UNIÈME LEÇON

L'ORAISON FUNÈBRE DE MADAME

TRENTE-DEUXIÈME LEÇON

L'ORAISON FUNÈBRE DE MARIE-THÉRÈSE

TRENTE-TROISIÈME LEÇON

L'ORAISON FUNÈBRE DE LA PRINCESSE PALATINE

ABBEVILLE. — TYP. ET STÉR. Vᵉ RETAUX. — 1881.

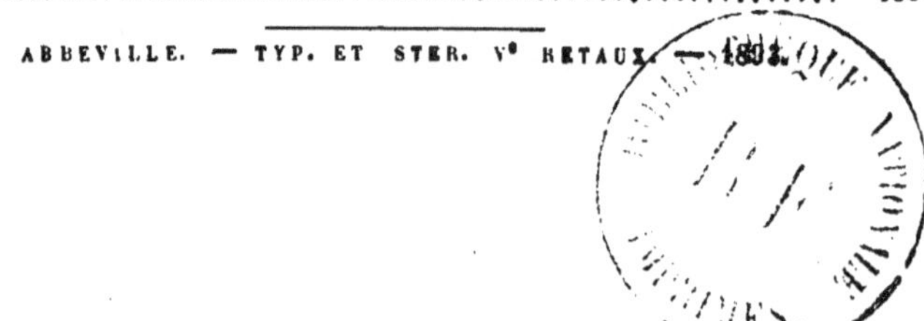

LE PRONE CATÉCHISTIQUE

D'après le Concile de Trente. Sa méthode et ses sources de développement, par J. FONTAINE, S. J. Un volume in-18 jésus........   2 fr. 50

Le prône a-t-il gardé parmi nous toute l'efficacité qu'il devrait
avoir ? D'où vient que les auditoires les meilleurs nous écoutent
trop souvent avec une sorte de passivité résignée qui déconcerte et
décourage ? Pourquoi les hommes, même chrétiens, évitent-ils de
venir nous entendre, comme si rien d'utile pour leur âme et de
véritablement instructif ne tombait de nos chaires ? Cela n'indique-
t-il pas que nos procédés sont vieillis et usés, puisqu'ils demeurent
si impuissants ? Et dès lors, n'est-il pas urgent d'apporter quelques
modifications à nos méthodes ?

Autant de questions qui préoccupent bien des esprits sérieux.
L'auteur de cet opuscule essaye d'y répondre. Il n'a fait que consigner ici ce qu'il a vu pratiquer autour de lui par de plus habiles,
ce que lui-même a tenté parfois avec quelque fruit.

(Extrait de la préface.)

LA FRANC-MAÇONNERIE

SYNAGOGUE DE SATAN

Par Mgr LÉON MEURIN, S. J.

Archevêque-évêque de Port-Louis

Un fort volume grand in-8 avec de nombreuses planches. Prix.   7 fr.

La découverte du secret le plus intime de la Franc-Maçonnerie, la
preuve de l'existence de ce secret dans les 33 degrés de la société
maçonnique, sa connexion évidente avec les religions antiques, avec
les initiations ésotériques, les hérésies principales des premiers
siècles du christianisme et surtout avec la Kabbale juive, donnent à
cet ouvrage une portée exceptionnelle. Il n'est pas seulement
descriptif, anecdotique ou historique, mais rigoureusement scien-
tifique ; toutes ses parties s'enchaînent et se déduisent les unes des
autres, avec une surprenante logique.

Quiconque voudra connaître à fond la Franc-Maçonnerie et avoir
une synthèse lumineuse de tout ce qui touche à cette redoutable et
mystérieuse puissance, devra lire l'ouvrage de Mgr Meurin ; il
éclaire, rectifie ou complète ce qui a été dit ou écrit sur ce sujet.
L'auteur ouvre en même temps la porte à l'intelligence intime et à
fond des mythologies ; le nombre 11 en donne le mot de l'énigme,
et, pour ainsi dire, le passe-partout.

ABBEVILLE, TYP. ET STÉR. Vᵉ RETAUX. — 1893.

9 782329 508252